Jean-Michel Léry

# Algorithmique

## Applications en C, C++ et Java



Relecture scientifique : Frédéric Jacquenod



PEARSON

Publié par Pearson France
Immeuble Terra Nova II
74, rue de Lagny
93100 Montreuil
Tél. : +33(0)1 43 62 31 00
www.pearson.fr

Mise en pages : Graph'im 64

**ISBN : 978-2-7440-7672-5**

# Table des matières

# Introduction

Ce livre a pour objectif de proposer une approche pédagogique de l'algorithmique. Il est structuré en deux grandes parties, la conception d'algorithmes et l'étude d'algorithmes existants.

La première partie traite de l'algorithmique et de l'analyse des données. Elle montre comment créer ses propres algorithmes, et présente la gestion de structures complexes comme les listes chaînées et les tableaux d'enregistrements ou d'objets qui servent de support à de nombreux algorithmes. Elle montre comment, à partir de l'analyse d'un problème, aboutir à un algorithme utilisant des mécanismes comme les boucles. Cette partie correspond à de l'algorithmique élémentaire. Elle permet d'assimiler les méthodes usuelles dans la conception logique des programmes, utiles à la compréhension d'algorithmes plus complexes.

La seconde partie présente des algorithmes connus. Elle en analyse le fonctionnement et détaille, pour chacun d'eux, les processus logiques utilisés. On y trouve, par exemple, des algorithmes de tri et de recherche.

Les exercices permettent au lecteur de mettre en pratique les notions présentées. Les algorithmes ainsi que les programmes C, C++ et Java associés sont fournis sur le site http://compagnons.pearson.fr/algorithmique, ce qui facilite le travail d'apprentissage en épargnant la saisie.

## Qu'est-ce qu'un algorithme ?

Un algorithme est une *méthode logique de résolution d'un problème donné*, en vue d'être développé dans un langage de programmation. C'est la suite logique des actions à entreprendre pour aboutir à la solution finale, c'est donc… *un programme*.

Ce qui différencie un algorithme d'un programme écrit dans un langage de programmation est l'aspect *logique*. En algorithmique, le développeur se concentre sur la logique d'action pour produire un programme qui fournit une solution, en essayant de minimiser le temps de calcul et/ou l'espace mémoire occupé, sans se soucier des contraintes techniques de l'écriture du programme. La logique et l'efficacité du programme sont privilégiées. L'algorithme utilise souvent un langage simplifié (appelé pseudo-langage) pour décrire la méthode qui aboutit à la solution, et présenter la logique d'action. L'intérêt principal du pseudo-langage est de s'affranchir des contraintes techniques liées à un langage de programmation particulier. À l'inverse, ce n'est qu'un langage théorique, inventé pour les besoins de l'écriture de l'algorithme, qui ne peut pas être compilé directement.

L'étape finale du développement d'une application consiste à réécrire l'algorithme dans un langage de programmation pour produire un programme exécutable. Le travail porte alors sur la traduction de l'algorithme dans le langage choisi. Cette étape n'est que technique, car la logique du programme est déjà décrite dans l'algorithme.

L'algorithme est donc primordial, car ce sont les solutions qu'il propose qui seront programmées. La qualité et la rapidité du programme final découlent directement de l'algorithme.

## Pseudo-langage et langages C, C++ ou Java comme support de développement

Le choix du pseudo-langage ou d'un langage de programmation particulier pour écrire l'algorithme est un débat qui n'est toujours pas tranché. Les partisans du pseudo-langage mettent en avant que la priorité de l'algorithme est de présenter la méthode qui aboutit à la solution, et qu'un langage de programmation risque de noyer le lecteur dans des détails techniques, et de spécialiser la solution selon les contraintes du langage choisi. Les adeptes du langage de programmation argumentent qu'un programme écrit en pseudo-langage ne peut être ni compilé, ni exécuté, ce qui lui enlève tout intérêt puisque l'utilisateur ne peut pas l'évaluer réellement. Nous pensons que c'est un faux débat, et que les deux méthodes sont complémentaires. Il est souhaitable de présenter la logique sous-jacente à l'algorithme en pseudo-langage pour se concentrer sur l'essentiel, et indispensable d'en proposer une version finale en langage de programmation pour permettre de le tester. Avec ces deux versions, le lecteur peut différencier la logique du programme de son aspect technique, ce qui lui laisse la liberté de le réécrire dans un autre langage que ceux qui sont proposés dans cet ouvrage.

De plus, un algorithme présenté uniquement en pseudo-langage revêt souvent une connotation théorique pour la plupart des étudiants qui ne perçoivent pas toujours son utilité, et surtout qui ne savent pas le traduire dans un langage de programmation. Il est donc important de présenter l'algorithme réécrit dans un langage de programmation usuel, sous la forme d'un programme qui peut être compilé et exécuté.

Cet ouvrage utilise les langages C, C++ et Java comme langages de développement. Ces langages présentent beaucoup d'avantages. Ils sont à la fois évolués et structurés, ce qui en font d'excellents supports pour l'apprentissage de la programmation en général, mais ils sont également très utilisés dans le monde industriel, scientifique ou Internet.

Les langages C++ et Java sont des langages objet. Ils permettent d'écrire plus facilement certains algorithmes qui portent sur des données structurées possédant leurs propres méthodes de traitement, comme les files, les piles ou les arbres. Cependant, cet ouvrage d'algorithmique n'a pas vocation à être spécifique à la programmation objet, les algorithmes présentés en pseudo-langage utilisent une programmation classique pour privilégier la logique du traitement, seuls les programmes sources C++ et Java en présentent une version objet.

Enfin, le langage C a fortement inspiré les concepteurs d'autres langages comme le PHP. Les techniques utilisées pour réécrire les algorithmes en langage C peuvent facilement être adaptées aux autres langages.

Malheureusement il serait fastidieux de présenter in-extenso les programmes sources des trois langages pour chaque algorithme décrit dans cet ouvrage. Les programmes sources sont donc téléchargeables sur le site des éditions Pearson. Nous présentons l'algorithme en pseudo-code ainsi qu'un exemple de compilation et d'exécution du programme source équivalent écrit en C, C++ ou Java.

## Le fond et la forme

Cet ouvrage est conçu pour donner des bases d'algorithmique avant d'aborder des algorithmes plus complexes.

Chaque chapitre est divisé en deux parties, *Théorie* et *Exercices*. La partie théorique présente les notions algorithmiques et l'analyse des données. Elle comprend des figures et des encadrés qui insistent sur les points importants, et s'appuie sur des exemples. Elle se termine par un résumé qui rappelle les notions importantes étudiées. La partie *Exercices* reprend les notions présentées dans la partie *Théorie*. Les corrigés des exercices ainsi que des exercices complémentaires sont téléchargeables sur le site http://compagnons.pearson.fr/algorithmique.

Les exercices sont très importants. Leur rôle est d'asseoir l'apprentissage de l'algorithmique sur la pratique. Chaque développeur possède sa propre logique de programmation. Faire les exercices permet à chacun de trouver *sa* solution. Les solutions commentées aident le lecteur dans cette démarche.

Les programmes sources téléchargeables sont développés en respectant les langages C, C++ ou Java normalisés. Ils sont donc exploitables dans n'importe quel environnement de programmation. Le but recherché est de proposer des programmes facilement lisibles. Par conséquent, ils n'intègrent pas certaines astuces de programmation particulières à chaque langage, qui permettent de faire des codes plus courts. Les programmeurs avertis pourront donc encore améliorer ces programmes sources.

## Prérequis

Cet ouvrage est conçu pour permettre l'écriture des algorithmes présentés dans n'importe quel langage de programmation. Cependant, le choix des langages C, C++ et Java comme supports de développement du programme final suppose la maîtrise d'un de ces langages de la part du lecteur, pour comprendre les codes sources (aucune description technique de ces langages n'est présentée dans ce livre).

## Conventions

L'emploi de polices différentes permet de distinguer les syntaxes écrites en pseudo-langage, ou bien de faire ressortir un nouveau terme ou un concept important.

- Les instructions en pseudo-langage sont dans une police à espacement fixe, par exemple `tab[i]`.
- Les termes nouveaux ou importants sont en italique, par exemple *modélisation des données*.
- Dans les programmes donnés en exemples ou en exercices, les syntaxes nouvelles ou importantes sont en police à espacement fixe et en gras, comme la syntaxe suivante : **`Lire(article.prix)`**.
- Les exemples d'exécution des programmes C, C++ et Java présentent la saisie en gras pour la différencier de l'affichage.

## Le contenu

La première partie de l'ouvrage traite de la conception d'algorithmes. Elle englobe les chapitres 1, 2 et 3.

**Chapitre 1 : Environnement algorithmique et conventions.** Il détaille le rôle de l'algorithme dans le développement des applications, et les règles à respecter pour son écriture.

**Chapitre 2 : Les traitements logiques.** Il présente les grands mécanismes utilisés dans les algorithmes comme les tests, les boucles et les sous-programmes. Il présente également la notion de complexité algorithmique.

**Chapitre 3 : La gestion des données.** Ce chapitre détaille les différents types de données qui servent de support aux algorithmes, comme les tableaux ou les listes chaînées.

La seconde partie de l'ouvrage, qui présente des algorithmes importants ou des méthodes algorithmiques spécifiques, est constituée des chapitres 4, 5, 6, 7, 8 et 9.

**Chapitre 4 : La récursivité.** Ce chapitre détaille le fonctionnement de la programmation récursive, et en présente l'intérêt.

**Chapitre 5 : Les données abstraites.** Ce chapitre présente les piles, les files et les arbres qui sont utilisés dans de nombreux algorithmes.

**Chapitre 6 : Les tris.** Ce chapitre porte sur les algorithmes de tri, qui sont répartis en tris élémentaires et en tris avancés.

**Chapitre 7 : Les recherches.** Ce chapitre présente quelques algorithmes de recherche. Cela va de la recherche séquentielle aux algorithmes plus sophistiqués, comme les tables de hachage.

**Chapitre 8 : Les méthodes numériques.** Ce chapitre présente, la mise en œuvre d'algorithmes mathématiques, tels que la recherche des racines d'une équation ou l'interpolation polynomiale.

**Chapitre 9 : Les algorithmes classiques.** Ce chapitre présente quelques algorithmes incontournables.

## Les suppléments

Les programmes des exercices et des exemples au format source « .c », « .cpp » ou « .java » sont disponibles au téléchargement sur le site : http://compagnons.pearson.fr/algorithmique. Le lecteur pourra les utiliser pour son apprentissage, mais aussi les compléter et se constituer ainsi sa propre base d'exemples. Le site contient également les corrigés des exercices du livre et des exercices supplémentaires entièrement corrigés. Pour y accéder, le mot de passe est : **tdqKvB569Exn**

## Remerciements

Je tiens à remercier Frédéric Jacquenod pour sa relecture avisée. Une attention toute particulière pour Sylvie, Guillaume et Julien qui ont fait preuve de beaucoup de patience.

# 1

# Environnement algorithmique et conventions

Un algorithme est un maillon de la chaîne de développement d'une application. Il est le lien indispensable entre l'analyse et le développement final. Ce chapitre présente le rôle d'un algorithme dans cette chaîne de production, et les conventions syntaxiques utilisées pour son écriture. Il aborde également les notions de performances et de génie logiciel, qui servent souvent de guides dans la phase de conception algorithmique.

## 1. Les étapes de développement d'une application

L'écriture d'un programme dans un langage de programmation n'est que l'étape finale d'un développement qui se déroule en trois phases : *l'analyse*, *l'algorithme* et *la programmation.*

### 1.1. L'analyse

Le but de tout développement est de fournir une solution informatique à un problème donné. La première étape est *l'analyse du problème.* Elle consiste à explorer le domaine d'application pour en déduire les contraintes et les limites de l'étude, à définir les principales fonctionnalités qui devront être couvertes par le logiciel, à mettre en évidence les problèmes connexes, à faire l'inventaire des acteurs (utilisateurs, gestionnaires, etc.) et à en déduire l'interface d'exploitation du produit, etc. L'analyse tend à cerner complètement le sujet et à apporter des solutions aux problèmes dévoilés par l'étude.

L'analyse se termine généralement sur des considérations plus techniques qui font le lien avec l'algorithme. Il s'agit de l'*analyse des données* qui aboutit à leur *modélisation*, de la définition des *modules de traitement*, ainsi que leurs interactions réciproques qui débouchent sur la création des sous-programmes. L'analyse conditionne le développement futur, car ce sont les solutions proposées à cette étape qui seront programmées. Une mauvaise analyse produira un logiciel médiocre ou qui ne répondra pas aux attentes initiales, quelle que soit la qualité de l'algorithme ou de la programmation.

Voici deux exemples d'analyses partielles. Le premier montre l'incidence de l'étude du domaine d'application sur le résultat de l'analyse. Le second propose une analyse des données et montre comment les structurer en fonction des traitements à effectuer.

L'analyse du premier exemple va évoluer au fur et à mesure que les bonnes questions seront soulevées. Elle produira au final un programme très différent dans sa complexité. Prenons le problème de l'interprétation du numéro de Sécurité sociale (sans la clé finale). La signification des champs de ce numéro est indiquée à la figure 1.1.

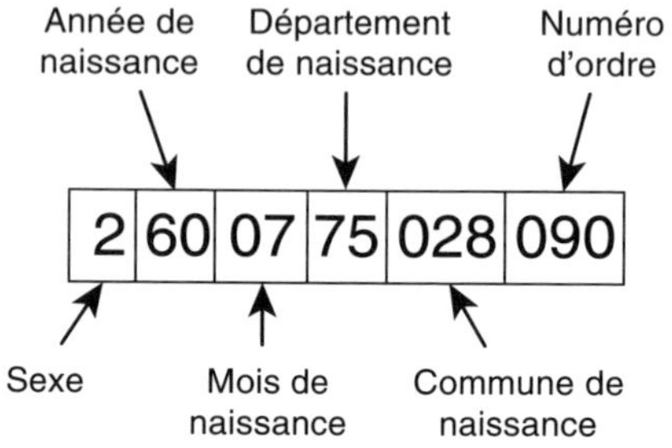


**Figure 1.1** • L'interprétation d'un numéro de Sécurité sociale.

Une première analyse de ce numéro montre qu'il s'agit d'une *femme*, née en *1960*, au mois de *juillet*, à *Paris*. Or, l'interprétation du quatrième élément de cet exemple est fausse ! Cette personne est née dans le département de la Seine qui, en 1960, regroupait Paris et les départements limitrophes (Val-de-Marne, Val d'Oise, etc.). Cette remarque soulève d'autres questions qui vont compliquer l'analyse, en intégrant un volet historique :

- Comment le découpage des départements a-t-il évolué (Île-de-France, Corse, Outre-Mer, etc.) ?
- Qu'en est-il des personnes nées dans les colonies françaises avant leur indépendance ?
- Comment le problème des centenaires est-il réglé ?

L'analyse simpliste du début aurait conduit à écrire un programme ne traitant qu'une partie de la problématique. Le problème est en réalité beaucoup plus complexe qu'il n'y paraît. L'erreur qu'il ne faut pas faire pendant la phase d'analyse est d'apporter des solutions basées sur ses certitudes, au lieu de se poser d'abord des questions.

Le second exemple montre comment, à partir de l'analyse des données, on peut aboutir à leur modélisation. L'exemple étudié est celui d'une course hippique. La première question à se poser est « qu'est-ce qu'un cheval ? ». La réponse n'est pas liée à la nature de l'animal, mais aux actions à entreprendre pour gérer une course. On peut les résumer à :

- indiquer la liste des chevaux au départ de la course ;
- affecter le temps de chaque cheval à la fin de la course ;
- afficher l'ordre d'arrivée.

On peut déduire qu'une donnée représentant un cheval doit contenir :

- le nom du cheval ;
- le numéro du dossard ;
- le temps d'arrivée ;
- le classement.

On peut également ajouter le nom du jockey, celui du propriétaire, et le montant des gains si on désire ajouter un volet financier à la gestion de la course.

La figure 1.2 présente une modélisation des données de la course hippique. Les chevaux sont gérés comme une liste, où chaque élément est une structure contenant le nom du cheval, le numéro du dossard, le temps effectué durant la course et le classement final. La liste peut être représentée sous la forme d'un tableau, où chaque case contient toute l'information d'un cheval, ou bien sous la forme d'éléments distincts liés entre eux par la connaissance de l'élément précédent et suivant (liste chaînée de structures ou d'objets). La modélisation des données est ensuite suivie par la description de leurs traitements, ce qui est le but de l'algorithme.

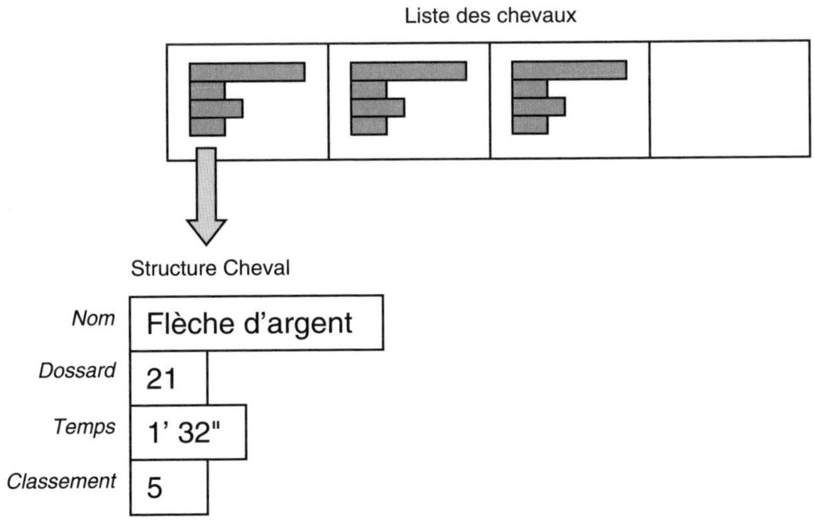


**Figure 1.2** • Modélisation des données d'une course hippique.

## 1.2. L'algorithme

Le rôle de l'algorithme est avant tout d'organiser et de structurer l'ensemble des solutions apportées par l'analyse pour aboutir à la solution globale. Il doit surtout présenter la logique aboutissant au résultat final et être dissocié de l'aspect technique des langages informatiques. Il est généralement présenté en pseudo-langage (langage simplifié), ce qui facilite sa traduction dans un langage de programmation. Voici l'algorithme interprétant le numéro de Sécurité sociale, correspondant à une analyse ne traitant pas l'aspect historique.

**« Pseudo-code »**

```
Programme  Num_Sec_Soc
Déclarations
   Variables  Num_Sec, Libellé, Nom_Mois  en Chaînes_de_Caractères
   Variables  Sexe, Année, Mois, Département, Commune, Num_Ordre  en Entier
Début
  Écrire ("Entrez votre numéro de Sécurité sociale :")
  Lire(Num_Sec)
  Sexe ← Conversion_En_Entier(sous_chaîne(Num_Sec,1,1)
  Si (Sexe = 1) alors
     Libellé ← "Monsieur"
  Sinon
     Libellé ← "Madame"
  Finsi
  Année ← Conversion_En_Entier(sous_chaîne(Num_Sec,2,2))
  Année ← Année + 1900
  Mois ← Conversion_En_Entier(sous_chaîne(Num_Sec,4,2))
  Selon  Mois  Faire
    Cas 1 : Nom_Mois ← "Janvier"
    Cas 2 : Nom_Mois ← "Février"
    Cas 3 : Nom_Mois ← "Mars"
    Cas 4 : Nom_Mois ← "Avril"
    Cas 5 : Nom_Mois ← "Mai"
    Cas 6 : Nom_Mois ← "Juin"
    Cas 7 : Nom_Mois ← "Juillet"
    Cas 8 : Nom_Mois ← "Août"
    Cas 9 : Nom_Mois ← "Septembre"
    Cas 10 : Nom_Mois ← "Octobre"
    Cas 11 : Nom_Mois ← "Novembre"
    Cas 12 : Nom_Mois ← "Décembre"
  FinSelon
  Département ← Conversion_En_Entier(sous_chaîne(Num_Sec,6,2))
  Commune ← Conversion_En_Entier(sous_chaîne(Num_Sec,6,5))
  Num-Ordre ← Conversion_En_Entier(sous_chaîne(Num_Sec,11,3))
  Écrire ("Bonjour : ", Libellé)
  Écrire ("Vous êtes né en : ", Année)
  Écrire ("Au mois de : ", Nom_Mois)
  Écrire ("Dans le département : ", Département)
  Écrire ("Dans la commune : ", Commune)
  Écrire ("Avec le numéro d'ordre : ", Num_Ordre)
Fin
```

La syntaxe du pseudo-langage est librement choisie par le développeur. Cependant, elle respecte certaines règles et conventions usuelles qui sont décrites dans ce chapitre.

## 1.3. L'écriture du programme dans un langage de programmation

Une fois l'algorithme écrit, il faut le traduire en un *programme source*. Cela consiste à écrire un fichier texte contenant la traduction de l'algorithme dans un langage de programmation. Le programme source est ensuite traduit en langage binaire du processeur grâce au compilateur. Le fichier résultat de cette opération est le *programme exécutable*.

Dans l'absolu, le développeur doit choisir le langage de programmation le plus adapté au domaine d'application et aux contraintes liées à l'algorithme. En effet, les langages de programmation ont été créés pour répondre à des besoins spécifiques. Par exemple, le langage Fortran est dédié au calcul scientifique, le langage C est polyvalent et il excelle dans les applications systèmes et réseaux, le langage C++ est très présent dans les applications temps réel, le langage Java est conçu pour les développements liés au Web, etc. En réalité, le développeur choisit le langage qu'il connaît le mieux ou, de manière plus pragmatique, pour lequel il possède un compilateur. Ce n'est donc pas toujours le langage le mieux adapté aux spécificités du développement qui est utilisé.

Afin de permettre au lecteur de tester les programmes sources C, C++ et Java qui sont téléchargeables sur le site de Pearson, nous présentons la réécriture des algorithmes de ce chapitre dans les trois langages, les syntaxes de compilation de chaque programme source ainsi qu'un exemple d'exécution. Par la suite, dans les autres chapitres, seuls les syntaxes de compilation et un exemple d'exécution seront proposés pour ne pas alourdir cet ouvrage par de nombreux codes sources. Cependant, quand la présentation du code source est nécessaire pour une parfaite compréhension de l'algorithme et de sa réécriture dans un langage de programmation, le programme C est alors présenté, en plus de l'algorithme en pseudo-langage.

Voici le programme source `numsecsoc.c` écrit en langage C qui correspond à l'algorithme du numéro de Sécurité sociale. La syntaxe du langage C n'admet aucun caractère accentué dans le nom des variables. La variable `Libellé` de l'algorithmique est ainsi écrite `Libelle` dans le programme C.

**« C »**

```
/* numsecsoc.c       */
#include <stdio.h>
#include <string.h>
#include <stdlib.h>
main()
{/* --- déclarations des variables --- */
 char Num_Sec[14], Libelle[9], Nom_Mois[10], Dept[3], Com[6] ;
 int Sexe, Annee, Mois, Num_Ordre, Departement, Commune ;
 /* --- instructions --- */
```

```
/* saisie du numéro sous la forme d'une chaîne */
printf("Entrez votre numéro de Sécurité sociale : ") ;
scanf("%s",Num_Sec) ;
/* récupération du numéro 1 ou 2 du Sexe */
Sexe = Num_Sec[0]-48 ;
/* Affectation du Libellé */
if (Sexe == 1)
  strcpy(Libelle,"Monsieur") ;
else
  strcpy(Libelle,"Madame") ;
/* récupération de l'année de naissance */
Annee = ((Num_Sec[1]-48)*10) + (Num_Sec[2]-48) ;
Annee = Annee + 1900 ;
/* récupération du mois de naissance */
Mois = ((Num_Sec[3]-48)*10) + (Num_Sec[4]-48) ;
switch (Mois)
{
  case 1  : strcpy(Nom_Mois,"Janvier") ;
            break ;
  case 2  : strcpy(Nom_Mois,"Février") ;
            break ;
  case 3  : strcpy(Nom_Mois,"Mars") ;
            break ;
  case 4  : strcpy(Nom_Mois,"Avril") ;
            break ;
  case 5  : strcpy(Nom_Mois,"Mai") ;
            break ;
  case 6  : strcpy(Nom_Mois,"Juin") ;
            break ;
  case 7  : strcpy(Nom_Mois,"Juillet") ;
            break ;
  case 8  : strcpy(Nom_Mois,"Août") ;
            break ;
  case 9  : strcpy(Nom_Mois,"Septembre") ;
            break ;
  case 10 : strcpy(Nom_Mois,"Octobre") ;
            break ;
  case 11 : strcpy(Nom_Mois,"Novembre") ;
            break ;
  case 12 : strcpy(Nom_Mois,"Décembre") ;
            break ;
}
/* récupération du département  */
/* qui reste une chaîne         */
Dept[0]=Num_Sec[5] ;
Dept[1]=Num_Sec[6] ;
Dept[2]='\0'       ;
Departement=atoi(Dept) ;
/* récupération de la Commune */
Com[0]=Num_Sec[5] ;
Com[1]=Num_Sec[6] ;
Com[2]=Num_Sec[7] ;
Com[3]=Num_Sec[8] ;
```

```
 Com[4]=Num_Sec[9] ;
 Com[5]='\0'       ;
 Commune=atoi(Com) ;
 /* récupération du numéro d'ordre */
 Num_Ordre=((Num_Sec[10]-48)*100)+((Num_Sec[11]-48)*10)+(Num_Sec[12]-48);
 /* Affichage des résultats */
 printf("Bonjour                    %s\n",Libelle)      ;
 printf("Vous êtes né en          : %d\n",Annee)        ;
 printf("Au mois de               : %s\n",Nom_Mois)     ;
 printf("Dans le département      : %d\n",Departement);
 printf("Dans la commune          : %d\n",Commune)      ;
 printf("Avec le numéro d'ordre : %d\n",Num_Ordre)  ;
}
```

La compilation de ce programme est obtenue par la commande suivante :

```
$ make numsecsoc
```

Voici l'exécution du logiciel (fichier exécutable) `numsecsoc` produit par la compilation précédente (le caractère `$` représente le prompt du système UNIX) :

```
$ numsecsoc
Entrez votre numéro de Sécurité sociale : 1650475110019
Bonjour                Monsieur
Vous êtes né en        : 1965
Au mois de             : Avril
Dans le département    : 75
Dans la commune        : 75110
Avec le numéro d'ordre : 19
```

Voici le programme source `numsecsoc.cpp` écrit en langage C++ qui correspond à l'algorithme du numéro de Sécurité sociale. Aucun caractère accentué n'est utilisé dans le nom des variables.

**« C++ »**

```
// ----------------
// numsecsoc.cpp
// ----------------
#include <cstdio>
#include <cstring>
#include <cstdlib>
int main()
{// --- déclarations des variables ---
 char Num_Sec[14], Libelle[9], Nom_Mois[10], Dept[3], Com[6];
 // --- instructions ---
 // saisie du numéro sous la forme d'une chaîne
 printf("Entrez votre numéro de Sécurité sociale : ") ;
 scanf("%s",Num_Sec) ;
 // récupération du numéro 1 ou 2 du Sexe
 int Sexe = Num_Sec[0]-48 ;
 // Affectation du Libellé
 if (Sexe == 1)
```

```
    strcpy(Libelle,"Monsieur") ;
  else
    strcpy(Libelle,"Madame") ;
  // récupération de l'année de naissance
  int Annee = ((Num_Sec[1]-48)*10) + (Num_Sec[2]-48) ;
  Annee = Annee + 1900 ;
  // récupération du mois de naissance
  int Mois = ((Num_Sec[3]-48)*10) + (Num_Sec[4]-48) ;
  switch (Mois)
  {
    case 1  : strcpy(Nom_Mois,"Janvier") ;
              break ;
    case 2  : strcpy(Nom_Mois,"Février") ;
              break ;
    case 3  : strcpy(Nom_Mois,"Mars") ;
              break ;
    case 4  : strcpy(Nom_Mois,"Avril") ;
              break ;
    case 5  : strcpy(Nom_Mois,"Mai") ;
              break ;
    case 6  : strcpy(Nom_Mois,"Juin") ;
              break ;
    case 7  : strcpy(Nom_Mois,"Juillet") ;
              break ;
    case 8  : strcpy(Nom_Mois,"Août") ;
              break ;
    case 9  : strcpy(Nom_Mois,"Septembre") ;
              break ;
    case 10 : strcpy(Nom_Mois,"Octobre") ;
              break ;
    case 11 : strcpy(Nom_Mois,"Novembre") ;
              break ;
    case 12 : strcpy(Nom_Mois,"Décembre") ;
              break ;
  }
  // récupération du département
  // qui reste une chaîne
  Dept[0]=Num_Sec[5] ;
  Dept[1]=Num_Sec[6] ;
  Dept[2]='\0'       ;
  int Departement=atoi(Dept);
  // récupération de la Commune
  Com[0]=Num_Sec[5] ;
  Com[1]=Num_Sec[6] ;
  Com[2]=Num_Sec[7] ;
  Com[3]=Num_Sec[8] ;
  Com[4]=Num_Sec[9] ;
  Com[5]='\0'       ;
  int Commune=atoi(Com);
  // récupération du numéro d'ordre
  int Num_Ordre=((Num_Sec[10]-48)*100)+((Num_Sec[11]-48)*10)+(Num_Sec[12]-48);
  // Affichage des résultats
  printf("Bonjour                %s\n",Libelle)      ;
```

```
  printf("Vous êtes né en          : %d\n",Annee)       ;
  printf("Au mois de               : %s\n",Nom_Mois)    ;
  printf("Dans le département      : %d\n",Departement);
  printf("Dans la commune          : %d\n",Commune)     ;
  printf("Avec le numéro d'ordre : %d\n",Num_Ordre)   ;
}
```

La compilation de ce programme est obtenue par la commande suivante (le caractère $ représente le prompt du système UNIX) :

```
$ make numsecsoc
```

Voici l'exécution du fichier exécutable `numsecsoc` produit par la compilation précédente :

```
$ numsecsoc
Entrez votre numéro de Sécurité sociale : 2621133028088
Bonjour                Madame
Vous êtes né en        : 1962
Au mois de             : Novembre
Dans le département    : 33
Dans la commune        : 33028
Avec le numéro d'ordre : 88
```

Voici le programme source `numsecsoc.java` écrit en langage Java qui correspond à l'algorithme du numéro de Sécurité sociale. Aucun caractère accentué n'est utilisé dans le nom des variables.

« **Java** »

```
// numsecsoc.java
import java.io.*;
class Num_Sec_Soc {
  private String ch ;

  public Num_Sec_Soc() {
   ch=Saisie.lire_String("Entrez votre numéro de Sécurité sociale : ") ;
  }
  public void interprete_sexe() {
   int sexe=Integer.parseInt(ch.substring(0,1));
   if (sexe == 1) System.out.println("Bonjour  Monsieur");
   else System.out.println("Bonjour  Madame");
  }
  public void interprete_annee() {
   int annee=Integer.parseInt(ch.substring(1,3))+1900;
   System.out.println("Vous êtes né en        : "+annee);
  }
  public void interprete_mois() {
   int mois=Integer.parseInt(ch.substring(3,5));
   String Nom_mois=new String("");
   switch (mois)
   { case 1  : Nom_mois="Janvier" ; break ;
     case 2  : Nom_mois="Février" ; break ;
     case 3  : Nom_mois="Mars" ; break ;
```

```
      case 4  : Nom_mois="Avril"; break ;
      case 5  : Nom_mois="Mai" ; break ;
      case 6  : Nom_mois="Juin" ; break ;
      case 7  : Nom_mois="Juillet" ; break ;
      case 8  : Nom_mois="Août" ; break ;
      case 9  : Nom_mois="Septembre" ; break ;
      case 10 : Nom_mois="Octobre" ; break ;
      case 11 : Nom_mois="Novembre" ; break ;
      case 12 : Nom_mois="Décembre" ; break ;
    }
    System.out.println("Au mois de              : "+Nom_mois) ;
  }
  public void interprete_departement() {
    int departement=Integer.parseInt(ch.substring(5,7));
    System.out.println("Dans le département     : "+departement) ;
  }
  public void interprete_commune() {
    int commune=Integer.parseInt(ch.substring(5,10));
    System.out.println("Dans la commune         : "+commune)     ;
  }
  public void interprete_ordre() {
    int ordre=Integer.parseInt(ch.substring(10));
    System.out.println("Avec le numéro d'ordre : "+ordre)   ;
  }
}
// programme principal
public class numsecsoc {
  public static void main(String[] args) {
    Num_Sec_Soc Numero = new Num_Sec_Soc() ;
    Numero.interprete_sexe();
    Numero.interprete_annee();
    Numero.interprete_mois();
    Numero.interprete_departement();
    Numero.interprete_commune();
    Numero.interprete_ordre();
  }
}
```

Ce programme utilise la méthode `lire_String` de la classe `Saisie` pour lire le numéro de Sécurité Sociale sous la forme d'une chaîne de caractères. En langage Java, la gestion des flux d'entrée/sortie est un peu complexe à écrire. Nous utilisons ici la classe `Saisie` qui fournit plusieurs méthodes pour lire au clavier différents types de données. Cette classe est proposée dans le livre sur le langage Java, intitulé *Java 7*, de Robert Chevallier dans la collection Synthex. Le fichier `Saisie.java` doit se trouver dans le même répertoire que le fichier source qui l'utilise. Il est téléchargeable sur le site de l'éditeur. En voici le détail :

« **Java** »

```
//---Saisie.java
import java.io.*;
```

```
class Saisie
{public static String lire_String()
    {String ligne_lue=null;
     try {InputStreamReader isr = new InputStreamReader(System.in);
          BufferedReader br = new BufferedReader(isr);
          ligne_lue=br.readLine();
                }
     catch(IOException e) {System.err.println(e);}
     return ligne_lue;
        }
 public static String lire_String(String question)
  {System.out.print(question);
   return(lire_String());}
 public static int lire_int()
    {return Integer.parseInt(lire_String());}
 public static int lire_int(String question)
    {System.out.print(question);
         return Integer.parseInt(lire_String());}
 public static double lire_double()
    {return Double.parseDouble(lire_String());}
 public static double lire_double(String question)
    {System.out.print(question);
         return Double.parseDouble(lire_String());}
 public static float lire_float()
    {return Float.parseFloat(lire_String());}
 public static float lire_float(String question)
    {System.out.print(question);
         return Float.parseFloat(lire_String());}
 public static char lire_char()
    {String reponse=lire_String();
         return reponse.charAt(0);}
 public static char lire_char(String question)
    {System.out.print(question);
         String reponse=lire_String();
         return reponse.charAt(0);}
}
```

La compilation de ce programme est obtenue par la commande suivante (le caractère $ représente le prompt du système UNIX) :

```
$ javac numsecsoc.java
```

Les fichiers `.class` suivants sont produits :

```
$ ls *.class
numsecsoc.class  Num_Sec_Soc.class  Saisie.class
```

Voici l'interprétation du binaire `numsecsoc` produit par la compilation précédente :

```
$ java numsecsoc
Entrez votre numéro de Sécurité sociale : 1920275112851
Bonjour  Monsieur
Vous êtes né en        : 1992
Au mois de             : Février
```

```
Dans le département    : 75
Dans la commune        : 75112
Avec le numéro d'ordre : 851
```

# 2. Le pseudo-langage

Le pseudo-langage n'est pas un langage normalisé. Chaque développeur peut définir son propre langage et ses conventions syntaxiques. Il est important de préciser son rôle et les conventions habituellement rencontrées.

## 2.1. Son rôle

Le but de ce langage est de simplifier l'écriture du programme en s'affranchissant des contraintes syntaxiques liées aux langages de programmation, et d'en souligner sa logique. Si le pseudo-langage, par sa simplicité, aide à présenter l'algorithme, il sert aussi à formaliser plus clairement la structure du programme. Le pseudo-langage doit refléter, le plus possible, les instructions couramment rencontrées dans les différents langages de programmation. Sans être l'image d'un langage spécifique, il doit néanmoins être facilement traduisible dans différents langages, ce qui suppose l'utilisation d'une syntaxe proche de ce que les langages de programmation proposent généralement.

## 2.2. Conventions syntaxiques

Même si chaque développeur définit son propre pseudo-langage, certaines conventions sont couramment employées. Nous en détaillons quelques-unes, à partir de l'exemple présenté précédemment. Les autres conventions utilisées dans cet ouvrage seront décrites au fur et à mesure de leur emploi.

### La structure du programme

Un programme est structuré en une partie *déclaration* et une partie *instruction*. Même si tous les langages ne proposent pas une structure rigoureuse, il est préférable de la présenter dans l'algorithme. Les mots clés sont « `Programme` » pour le début du programme, « `Déclarations` » pour la déclaration des variables, et « `Début` » puis « `Fin` » pour la partie instruction.

```
Programme  Num_Sec_Soc
Déclarations
   Variables  Num_Sec, Dépt, Libellé, Nom_Mois  en Chaînes_de_Caractères
   Variables  Sexe, Année, Mois, Commune, Num_Ordre  en Entier
Début
  Écrire ("Entrez votre numéro de Sécurité sociale :")
  ...
Fin
```

### Les entrées/sorties

Les instructions qui effectuent l'affichage à l'écran et la saisie au clavier sont respectivement « `Écrire()` » et « `Lire()` ». La première instruction affiche un message à l'écran, la seconde saisit une valeur qu'elle range dans la variable `Num_Sec`.

```
Écrire ("Entrez votre numéro de Sécurité sociale :")
Lire(Num_Sec)
```

### L'affectation

L'affectation d'une valeur ou du résultat d'un calcul dans une variable est représentée par la flèche « ← ». Le calcul à droite de la flèche est affecté à la variable située à gauche.

```
Année ← Année + 1900
```

### Les instructions composées

Les instructions composées se terminent généralement par un mot clé qui dépend de l'instruction. Ainsi, le test « `Si` » se termine par « `FinSi` », et la boucle « `Tant que` » par « `FinTantQue` ».

```
Si (Sexe = 1) alors
   Libellé ← "Monsieur"
Sinon
   Libellé ← "Madame"
FinSi
```

### Les sous-programmes

Les sous-programmes sont les modules de traitement. Leur nom reflète généralement leur rôle, et leurs arguments indiquent sur quelles données ils travaillent. La fonction `sous_chaîne()` donnée en exemple extrait une partie de la chaîne `Num_sec`, à partir du quatrième caractère, sur une longueur de `2` caractères. La fonction `Conversion_En_Entier()` convertit le texte (par exemple «08») en son équivalent entier (8).

```
Mois ← Conversion_En_Entier(sous_chaîne(Num_Sec,4,2))
```

## 3. Le génie logiciel

Le génie logiciel est un concept complexe qui regroupe des notions et des méthodes permettant de concevoir un logiciel de qualité. Nous n'allons pas détailler ici ses concepts, mais rappeler quelques règles de bon sens qui en guident la pratique.

### 3.1. La modélisation des données

Tout développement doit commencer par l'étude des données. C'est le rôle de l'analyse des données. La gestion d'une base de noms de personnes dépend, par exemple, de la nature des noms et de leur taille maximale. Une étude qui porterait uniquement sur des noms simples comme « Dupont » déboucherait sur un logiciel incapable de gérer les noms composés comme « De la Fontaine » (l'espace est un séparateur générique entre les mots). D'autre part, la structure des données est souvent déduite des traitements. C'est l'exemple de la course hippique, où la modélisation d'un cheval dépend des actions à effectuer pour gérer la course (voir figure 1.2). Une mauvaise analyse des données aboutit à un logiciel incomplet, ou à sa réécriture partielle si la structure des données doit être modifiée.

## 3.2. La modularité du programme

Un programme doit organiser le traitement global en s'appuyant sur des modules de traitement autonomes. Chaque module est une *boîte noire* ; son fonctionnement interne est invisible aux autres modules. Il travaille sur les données fournies au moment de l'appel, et retourne le résultat du traitement. L'avantage de cette modularité est la possibilité de modifier le traitement interne d'un des modules par un algorithme plus performant, sans intervenir sur le reste du programme. Ainsi, les différents modules de traitement possibles dans le cas de la course hippique sont par exemple : `saisie_chevaux()` qui met à jour le nom et le dossard des chevaux, `saisie_des_temps()` qui renseigne le champ `Temps` de chaque cheval à l'arrivée, `tri_chevaux()` qui établit le classement, et `affichage_chevaux()` qui affiche les informations des chevaux.

## 3.3. La lisibilité du programme

Un programme doit être lisible pour vous, mais aussi pour les autres. Il n'est pas rare qu'un développement initial soit modifié par d'autres personnes. Un moyen simple d'assurer une bonne lisibilité est d'utiliser abondamment les commentaires, et de choisir avec soin les noms des variables et des procédures afin qu'ils reflètent leur rôle. Indiquez également en haut du programme les différentes évolutions du logiciel avec le nom du programmeur, la date de modification et la modification apportée. Enfin, la structure du programme doit être visible au premier coup d'œil. Il faut présenter le programme avec *indentation*, c'est-à-dire décaler de quelques espaces le début des instructions internes à une boucle ou à un test pour faire apparaître leur niveau d'imbrication.

## 3.4. Privilégier les solutions simples

Les solutions les plus simples sont les meilleures. Nous aurons l'occasion dans cet ouvrage de démontrer qu'en réfléchissant plus longtemps sur les données, on trouve souvent un algorithme plus simple et plus efficace. Malheureusement, les solutions simples sont plus difficiles à trouver car elles nécessitent une réflexion approfondie. Ce n'est qu'une fois trouvées qu'elles semblent simples voire même évidentes. Le principal défaut des programmeurs débutants est de se jeter sur des solutions basées sur des techniques de programmation, plutôt que de privilégier la réflexion, et donc l'algorithmique.

### 3.5. L'utilisation de conventions d'écriture

Le développement d'un programme peut devenir fastidieux si aucune méthode n'est utilisée. Pour gagner du temps et obtenir une meilleure lisibilité, il faut définir des conventions d'écriture. On peut par exemple écrire les noms des constantes en majuscules, comme `PI`, ou utiliser des libellés de variables plus clairs, comme `nombre_de_mois` ou `NombreDeMois`.

## 4. La performance algorithmique

Un algorithme doit proposer une solution logique à un problème donné, mais ce n'est pas sa seule finalité. Il doit également fournir le résultat rapidement. Il est possible de concevoir une solution qui s'avère catastrophique en temps de calcul. Or, à quoi sert un algorithme qui donne le résultat au bout d'un temps interminable ? C'est l'une des principales différences entre les mathématiques et l'informatique ; en informatique, on effectue réellement les calculs, d'où l'importance de contrôler leur nombre et leur temps d'exécution. Cet aspect performance est l'objectif principal des algorithmes présentés en deuxième partie de cet ouvrage : trouver des traitements optimisés.

La performance d'un algorithme porte sur deux aspects, le *temps de calcul* et *l'espace mémoire*. Dans les deux cas, on tente de minimiser le volume du traitement. Malheureusement, ces deux points s'opposent. Il faut souvent utiliser plus de mémoire pour gagner en temps de calcul, ou écrire plus d'instructions, et donc faire plus de calculs, pour aboutir à une gestion mémoire optimale.

## Résumé

Un algorithme organise les solutions préconisées dans la phase d'analyse. Il est souvent écrit en pseudo-langage car il doit présenter la logique du programme sans intégrer les aspects techniques des langages de programmation. L'analyse est primordiale car ce sont les solutions préconisées à ce niveau qui seront programmées. La modélisation des données débouche sur l'algorithme qui formalise les données et les traitements associés. La phase finale d'écriture dans un langage spécifique n'est qu'une étape technique.

L'écriture de l'algorithme requiert une méthodologie que l'on retrouve dans le concept de génie logiciel. Il faut définir clairement les modules de traitement et s'astreindre à une certaine rigueur de développement pour aboutir à un programme lisible et évolutif. D'autre part, la conception d'algorithmes doit tendre à optimiser le temps de calcul, ou l'espace mémoire, pour produire des programmes performants.

# Problèmes et exercices

Le premier exercice montre comment utiliser le pseudo-langage. Le deuxième exercice porte sur la modélisation des données et sur la conception de modules autonomes. Les solutions des exercices, ainsi que 12 exercices supplémentaires sont au téléchargement sur le site compagnon.

## Exercice 1 : Syntaxe algorithmique

1. Écrivez l'algorithme qui calcule la mensualité d'un crédit immobilier à taux fixe. Il demandera le montant du capital emprunté, le nombre d'années et le taux annuel. La formule de calcul est la suivante :

$$M = C \times T \times \frac{(1+T)^N}{(1+T)^N - 1}$$

   Où M est la mensualité, C, le capital emprunté, T, le taux mensuel (taux annuel/12), N, le nombre de mois (nombre d'années/12).

2. Écrivez le programme C, C++ ou Java qui implémente cet algorithme.

## Exercice 2 : Modélisation de données

Faites la modélisation des données d'un programme de gestion du stock d'un magasin d'articles de sport.

1. Faites l'inventaire des actions courantes de gestion.
2. Déduisez-en la structure d'un article de sport.

# 2

# Les traitements logiques

Un algorithme est une suite de traitements logiques appliqués aux données. Ces traitements sont organisés autour de deux grands processus communs à tous les langages : les tests et les boucles. Les tests permettent d'envisager les différents cas de traitement et d'indiquer pour chacun les instructions à effectuer. Les boucles répètent un calcul qui, en progressant, aboutit au résultat final. La plupart des algorithmes utilisent les boucles. Leur compréhension est donc indispensable.

Ce chapitre présente ces deux grands processus, ainsi que les sous-programmes qui structurent l'algorithme en modules de traitement autonomes.

## 1. Les tests

Cette partie aborde la logique sous-jacente aux tests. Elle présente les opérateurs et les variables booléennes qui sont utilisés dans l'écriture de la condition du test. La syntaxe du test est abordée de manière succincte, car elle est davantage liée aux langages de programmation qu'à l'algorithmique.

### 1.1. Présentation

Les tests correspondent à des *branchements conditionnels*. Selon la valeur VRAI ou FAUX de l'expression logique testée, le programme exécute un groupe d'instructions donné. Cette expression, également appelée condition, est construite à partir d'opérateurs de comparaison, ou d'opérateurs booléens, comme le ET, le OU et le NON. Une fois les instructions du test exécutées, le programme reprend son déroulement normal.

Quand l'algorithme doit envisager plus de deux cas de traitement, il devient nécessaire d'utiliser plusieurs tests en cascade, on parle de *tests imbriqués*. Certains langages proposent alors des instructions spécifiques de choix multiples plus simples à écrire.

## 1.2. La logique booléenne

La logique booléenne est au cœur du dispositif des tests. L'expression logique évaluée utilise souvent des opérateurs, comme le ET et le OU. Une mauvaise évaluation de la condition est la cause principale de dysfonctionnement des tests, et donc du programme. Cette partie rappelle quelques notions élémentaires sur la logique booléenne.

### Les opérateurs logiques

Les trois opérateurs booléens couramment employés sont le ET, le OU et le NON.

Le ET utilise deux opérandes (arguments de l'opérateur). Son résultat est VRAI quand les deux opérandes sont VRAI ; il est FAUX dans tous les autres cas. Dans l'expression suivante, « je désire une voiture *rapide* ET *rouge* », seule une voiture répondant aux deux conditions comme une Ferrari rouge conviendra.

Avec le OU, il suffit qu'un seul des deux opérandes soit VRAI pour obtenir un résultat VRAI. Une Ferrari grise ou une 2CV rouge satisferont à l'expression « je désire une voiture *rapide* OU *rouge* ». Le OU est FAUX si les deux opérandes sont FAUX.

Le NON donne le résultat inverse de son opérande. NON VRAI est FAUX et NON FAUX est VRAI. Ce fonctionnement simpliste se complique avec une expression contenant un ET (ou bien un OU). Énoncer « je désire une voiture NON (*rapide* ET *rouge*) » revient à dire « je désire une voiture (NON *rapide*) OU (NON *rouge*) ». Cette règle de distribution du NON sur un ET se note en algèbre de boole : NON (A ET B) équivaut à (NON A) OU (NON B). Elle s'applique de la même manière sur un OU, qui se transforme en ET appliqué à la négation des opérandes. Le NON est également très utile quand il est plus simple d'énoncer le cas qui ne convient pas, plutôt que d'énumérer tous les cas satisfaisants.

Un autre opérateur, le OUexclusif (noté OUex ou XOR), existe. Il est parfois absent de certains langages comme le C. C'est un OU qui n'accepte pas les deux opérandes à VRAI. Dans ce cas, le résultat est FAUX. Le OUexclusif est VRAI quand l'un des deux opérandes est VRAI, à l'exclusion des deux simultanément. L'expression (A OUex B) est équivalente à (A OU B) ET (NON (A ET B)). Il est utile dans le domaine social, où les aides sont parfois exclusives les unes des autres.

La notation en C, C++ et Java des opérateurs ET, OU, NON est respectivement, `&&`, `||`, `!`.

### Les opérateurs de comparaison

Les opérateurs de comparaison travaillent sur des entiers, des caractères ou des chaînes de caractères (en pseudo-langage seulement), et retournent une valeur booléenne VRAI ou FAUX. Leur notation algorithmique diffère de la notation mathématique. Voici la convention syntaxique utilisée dans cet ouvrage : *égal* se note « = », *différent* se note « <> », *inférieur* se note « < », *supérieur* se note « > », *inférieur ou égal* se note « <= » (cette comparaison s'écrit comme elle se prononce, avec deux symboles), *supérieur ou égal* se note « >= ».

### Les variables booléennes

La description d'une condition peut conduire à écrire une expression booléenne complexe qui intègre plusieurs opérateurs. L'emploi de variables booléennes permet de décomposer l'expression logique en expressions plus simples à écrire. Ces variables contiennent les valeurs VRAI ou FAUX. Elles peuvent recevoir le résultat d'un calcul logique, comme dans la syntaxe suivante :

```
EstMajeur ← (âge >= 18)
```

Un test vérifiant si une personne est majeure peut s'écrire :

```
Si (âge >= 18) Alors …
```

Il est également possible d'utiliser une variable booléenne qui peut être directement testée, car elle contient la valeur VRAI ou la valeur FAUX :

```
EstMajeur ← (âge >= 18)
Si (EstMajeur) Alors …
```

## 1.3. L'instruction SI ALORS SINON

Cette partie présente la forme usuelle d'un test. Sa syntaxe varie légèrement selon les langages de programmation.

### Description

Cette instruction possède une version complète et une version courte, qui ne traite pas le cas FAUX. Sa syntaxe générale est :

```
Si (test_booléen) Alors
      instruction1
      instruction2
      ...
Sinon
      instruction3
      instruction4
      ...
FinSi
```

Si la condition testée est VRAI, le premier groupe d'instructions est exécuté (instruction1, instruction2, etc.). Si la condition est FAUX, le second groupe est exécuté (instruction3, instruction4, etc.). Le programme se poursuit ensuite à l'instruction située après le `FinSi`.

La version courte exécute les instructions internes quand la condition est VRAI, et ne fait rien quand la condition est FAUX. Sa syntaxe est :

```
Si (test_booléen) Alors
      instruction1
      instruction2
      ...
FinSi
```

L'instruction `if` des langages C, C++ ou Java ne possède aucun délimiteur de fin équivalent à `FinSi`, et une seule instruction est autorisée dans le cas VRAI ou dans le cas FAUX. Pour effectuer plusieurs instructions, il faut les regrouper en les encadrant par des accolades.

**« C, C++ »**

```
if ( (Age >= 60) && (Duree_Cotisee >= 40) )
{
  printf("Vous pouvez partir à la retraite\n") ;
}
else
{
  printf("Vous ne pouvez pas encore partir à la retraite\n") ;
  nban=60-Age ;
  printf("Votre départ est prévu dans %d années\n",nban) ;
}
```

Dans cet exemple, l'instruction `printf()` de C ou C++ doit être remplacée par `System.out.printf()` en Java.

Les accolades qui encadrent l'instruction après le `if` ne sont pas obligatoires (une seule instruction utilisée), contrairement à celles qui se trouvent après le `else`. En mettre systématiquement constitue une bonne habitude de travail. Cela autorise l'ajout d'une seconde instruction sans provoquer d'erreur.

Un test est une *instruction composée*, c'est-à-dire qu'il contient d'autres instructions internes. C'est aussi le cas des boucles. Les instructions internes peuvent également être des instructions composées, ce qui rend parfois difficile l'interprétation logique du programme. Une bonne présentation du programme devient indispensable pour repérer les différents niveaux d'imbrication. Cela s'obtient en décalant de quelques espaces le début des lignes des instructions internes. On dit alors que ces instructions sont *indentées*. L'indentation est une des règles d'écriture préconisées en génie logiciel.

## Gestion des intervalles

L'appartenance à un intervalle vérifie que la variable testée est supérieure (ou égale) à la borne initiale et inférieure (ou égale) à la borne finale de l'intervalle. Vérifier si l'âge d'une personne est compris entre 16 ans (inclus) et 65 ans (exclus) se note :

```
Si ((age >= 16) ET (age < 65)) Alors …
```

Les bornes de l'intervalle sont de même type que la variable testée. Vérifier qu'une lettre est une majuscule revient à la comparer aux constantes caractères 'A' et 'Z'.

```
Si ((lettre >= 'A') ET (lettre <= 'Z')) Alors …
```

Tester si une lettre n'est pas une majuscule s'écrit :

```
Si (NON ((lettre >= 'A') ET (lettre <= 'Z'))) Alors …
```

Cela revient à écrire (d'après la distribution du NON sur le ET) :

```
Si ((NON(lettre >= 'A')) OU (NON(lettre <= 'Z'))) Alors …
```

Cette dernière ligne se réécrit :

```
Si ((lettre < 'A') OU (lettre > 'Z')) Alors …
```

## 1.4. Le choix multiple

Le choix multiple intervient quand plus de deux cas sont envisagés. Il s'écrit avec des SI imbriqués, ou avec une instruction spécifique. Cette dernière possibilité n'est pas disponible dans tous les langages.

### Imbrication de SI ALORS SINON

Pour assimiler l'écriture d'un choix multiple, prenons l'exemple d'un programme qui teste si une lettre est une majuscule, une minuscule, ou bien si ce n'est pas une lettre de l'alphabet. Le programme envisage d'abord l'appartenance aux majuscules, et si ce n'est pas le cas, regarde si c'est une minuscule. Si aucun des deux premiers cas n'est vérifié, un message apparaît, indiquant que ce n'est pas une lettre de l'alphabet.

```
Si ((lettre >= 'A') ET (lettre <= 'Z')) Alors
   Écrire("C'est une majuscule")
Sinon
   Si ((lettre >= 'a') ET (lettre <= 'z')) Alors
      Écrire("C'est une minuscule")
   Sinon
      Écrire("Ce n'est pas une lettre de l'alphabet")
   FinSi
FinSi
```

Le nombre d'imbrications s'accroît en fonction du nombre de cas à traiter. Deux cas impliquent un SI, trois cas demandent deux SI imbriqués, et ainsi de suite. Un programme qui présente un menu de sélection, où chaque choix déclenche une action, possède un nombre important d'imbrications, ce qui diminue sa lisibilité, comme le montre le programme de billetterie suivant dont voici l'interface :

```
-1- Consultation des horaires
-2- Consultation des tarifs
-3- Réservation
-0- Quitter
Choix :
```

Supposons que ce programme soit structuré autour des procédures `Consultation_horaires()`, `Consultation_tarifs()` et `Réservation()`, qui effectuent les traitements liés à chacun des choix. Le programme conçu avec des SI imbriqués s'écrit :

**« Pseudo-code »**

```
Écrire("-1- Consultation des horaires")
Écrire("-2- Consultation des tarifs")
Écrire("-3- Réservation")
Écrire("-0- Quitter")
Écrire("Choix : ")
```

```
Lire(Choix)
Si (choix = 1) Alors
   Consultation_horaires()
Sinon
   Si (choix = 2) Alors
      Consultation_tarifs()
   Sinon
      Si (choix = 3) Alors
         Réservation()
      Sinon
         Si (choix = 0) Alors
            Écrire("Merci de votre visite")
         Sinon
            Écrire("choix incorrect")
         FinSi
      FinSi
   FinSi
FinSi
```

Avec seulement quatre choix, le programme devient difficile à lire. C'est pourquoi certains langages proposent une instruction dédiée aux choix multiples.

## L'instruction spécifique SELON FAIRE

L'instruction de choix multiple SELON FAIRE est dédiée aux programmes qui déclenchent des actions en fonction de valeurs précises, comme les menus. Le programme précédent se réécrit :

**« Pseudo-code »**

```
Selon (choix) Faire
   Cas 1 : Consultation_horaires()
   Cas 2 : Consultation_tarifs()
   Cas 3 : Réservation()
   Cas 0 : Écrire("Merci de votre visite")
   Cas par défaut : Écrire("choix incorrect")
FinSelon
```

Le cas `par défaut` est équivalent au SINON de l'instruction SI. Il est optionnel. Voici la syntaxe C ou C++ :

**« C, C++ »**

```
switch(choix)
{
   case 1 : Consultation_horaires() ;          break ;
   case 2 : Consultation_tarifs()   ;          break ;
   case 3 : Reservation()           ;          break ;
   case 0 : printf("Merci de votre visite\n") ; break ;
   default: printf("choix incorrect\n")       ; break ;
}
```

Voici la syntaxe Java équivalente, les sous-programmes sont ici les méthodes d'une classe `ListeTrains` :

**« Java »**

```
switch(choix)
{
   case 1: ListeTrains.Consultation_horaires(); break ;
   case 2: ListeTrains.Consultation_tarifs()  ; break ;
   case 3: ListeTrains.Reservation(); break   ;
   case 0: System.out.printf("Merci de votre visite\n"); break ;
   default : System.out.printf("choix incorrect\n")    ; break ;
}
```

Les programmes sources téléchargeables C, C++ et Java implémentant cette instruction se nomment respectivement `choix_multiples.c`, `choix_multiples.cpp` et `choix_multiples.java`.

La syntaxe de l'instruction SELON convient également aux ensembles de valeurs. Le programme qui évalue l'appartenance d'une lettre aux majuscules ou aux minuscules s'écrit :

**« Pseudo-code »**

```
Selon (lettre) Faire
   Cas 'A' ... 'Z' : Écrire("C'est une majuscule")
   Cas 'a' ... 'z' : Écrire("C'est une minuscule")
   Cas par défaut : Écrire("Ce n'est pas une lettre de l'alphabet")
FinSelon
```

La suite de points « ... » représente toutes les valeurs intermédiaires. On peut également définir une liste de valeurs explicites séparées par des virgules, par exemple « `'A', 'B', 'C', 'D', 'E', 'F'` ». Les langages C, C++ ou Java n'autorisent pas la définition d'un ensemble à partir de ses seules bornes. Il faut lister toutes les valeurs.

La variable utilisée par cette instruction se nomme le *sélecteur*. C'est généralement une variable *scalaire*, c'est-à-dire appartenant à un ensemble ordonné où chaque élément possède un prédécesseur et un successeur. C'est le cas des entiers et des caractères (ordre défini par la table ASCII), mais pas des réels qui possèdent une infinité de valeurs entre deux valeurs précises (comme entre 2,3 et 2,4).

## 2. Les boucles

L'étude des tests montre comment traiter les différents cas d'un problème donné. Les boucles permettent de multiplier les traitements et d'utiliser pleinement la puissance de calcul des ordinateurs.

## 2.1. Présentation des boucles

Les boucles sont des *instructions répétitives*. Tout comme les tests, ce sont des instructions composées contenant des instructions internes, qui peuvent être simples ou composées. Les instructions internes sont répétées tant qu'un *test d'arrêt* n'est pas vérifié. Chaque passage dans la boucle s'appelle une *itération*. Les langages de programmation proposent deux types de boucles, les boucles *déterministes* et *non déterministes.*

Une boucle *déterministe* est une boucle dont on connaît *à l'avance* le nombre d'itérations, il en existe généralement qu'une seule, c'est la boucle POUR. Elle se sert d'une variable pour compter le nombre d'itérations effectuées, le *compteur de boucle.*

Une boucle *non déterministe* est une boucle dont on *ne connaît pas à l'avance* le nombre d'itérations. La boucle s'arrêtera, mais on ne sait pas quand ! C'est l'exemple d'une boucle de saisie qui se terminera quand l'utilisateur du logiciel le décidera. Au moment d'écrire le programme, le développeur ne connaît pas le nombre de fois que la boucle sera exécutée. Les boucles non déterministes les plus courantes sont la boucle TANT QUE (while), la boucle FAIRE TANT QUE (do … while) et la boucle RÉPETER JUSQU'À (repeat … until).

### La boucle POUR

La boucle POUR se nomme `for` dans les différents langages de programmation. Les domaines d'application de cette boucle sont, par exemple, les tableaux (abordés au chapitre 3), puisqu'on connaît le nombre total de cases ou le nombre d'éléments qu'ils contiennent, ou les traitements portant sur N données, N étant connu à l'avance. Voici un exemple de syntaxe de cette boucle. Le traitement présenté effectue la somme des 10 premiers entiers positifs.

**« Pseudo-code »**

```
j ← 0
Pour i variant de 1 à 10 Faire
    j ← j+i
FinPour
```

À chaque passage dans la boucle, le compteur de boucle `i` progresse de 1. Il prend successivement les valeurs 1, 2, 3, …, 10. À la fin de la première itération, `j` vaut 1 ; à la fin de la deuxième, `j` vaut 3 (1 + 2) ; à la fin de la troisième, `j` vaut 6 (3+3), etc. Quand la boucle est terminée, `j` contient le résultat du calcul 1 + 2 + 3 + 4 + 5 + 6 + 7 + 8 + 9 + 10, soit la valeur finale 55. La boucle équivalente C, C++ ou Java se note :

**« C, C++, Java »**

```
j = 0;
for (i=1 ; i<11 ; i++)
{
  j = j+i ;
}
```

Dans l'en-tête de l'instruction `for`, l'expression `i=1` précise la valeur initiale du compteur, `i<11` indique le test logique d'arrêt, `i++` indique le pas de progression. `i` évolue de 1 en 1. La condition `i<11` est moins coûteuse en temps de calcul que `i<=10`, car elle n'effectue qu'une seule comparaison. Elle est donc à privilégier. La boucle `for` n'admet qu'une seule instruction interne, les accolades sont obligatoires quand il y a plusieurs instructions.

Les programmes sources téléchargeables C, C++ et Java implémentant cette boucle se nomment respectivement `somme_entiers.c`, `somme_entiers.cpp` et `somme_entiers.java`.

La boucle POUR peut définir un *pas de progression* explicite. Le compteur est augmenté de cette valeur à chaque passage. La somme des 10 premiers nombres pairs s'écrit :

« **Pseudo-code** »

```
j ← 0
Pour i variant de 2 à 20 par pas de 2 Faire
    j ← j+i
FinPour
```

L'en-tête de la boucle C, C++ ou Java devient :

« **C, C++, Java** »

```
for (i=2 ; i<21 ; i+=2) ...
```

La boucle POUR s'exécute 0 fois si la valeur initiale est au-delà de la valeur finale. La boucle suivante qui progresse (de 1 par défaut), possède une valeur initiale 10 plus grande que sa valeur finale 1. Aucune exécution de la boucle n'est effectuée.

« **Pseudo-code** »

```
j ← 0
Pour i variant de 10 à 1 Faire
    j ← j+i
FinPour
```

Dans le cas d'une boucle qui régresse, il faut indiquer un *pas* négatif. Voici une correction de la boucle précédente qui fait varier le compteur de 10 à 1 par *pas* de –1.

« **Pseudo-code** »

```
j ← 0
Pour i variant de 10 à 1 par pas de -1 Faire
    j ← j+i
FinPour
```

Le compteur de boucle peut être un caractère, comme le montre la boucle suivante qui parcourt les lettres majuscules et en fait l'écho à l'écran :

« **Pseudo-code** »

```
Pour lettre variant de 'A' à 'Z' Faire
    Écrire(lettre)
FinPour
```

Cette boucle s'écrit en C ou C++ :

« **C,C++** »

```
for (lettre='A' ; lettre<='Z' ; lettre++)
{
    printf("%c\n",lettre) ;
}
```

En Java, la boucle est identique, seule l'instruction `printf()` devra être remplacée par `System.out.printf()`.

Les programmes sources téléchargeables C, C++ et Java implémentant cette boucle se nomment respectivement `boucle_lettre.c`, `boucle_lettre.cpp` et `boucle_lettre.java`.

**Attention**

La variable qui sert de compteur de boucle (`i` dans les exemples précédents) ne doit jamais être modifiée dans la boucle, ce qui exclut la possibilité de changer sa valeur par une affectation. Dans le cas contraire, le comportement de la boucle est indéterminé. Elle peut très bien s'arrêter tout de suite comme devenir infinie. Même si certains langages autorisent cette astuce, il n'est pas sain de modifier « à la main » le compteur de la boucle, car cela revient à changer son comportement déterministe (prévu dès le départ). Si on désire arrêter la boucle avant son terme, c'est que la boucle est non déterministe et qu'il faut utiliser une autre instruction que la boucle POUR.

## La boucle TANT QUE

Comme la boucle POUR, c'est une boucle généraliste car elle peut s'exécuter de 0 à N fois. Son test est évalué au début de chaque itération, ce qui permet d'exécuter cette boucle un nombre quelconque de fois, y compris 0 fois si le test est FAUX dès le premier passage. La condition utilisée est un *test de continuité*. Tant que la condition est VRAI, la boucle *continue*. Elle s'arrête quand la condition devient FAUX. L'exemple suivant montre une boucle TANT QUE qui effectue la somme des nombres entrés par l'utilisateur tant que la valeur –1 n'est pas saisie :

« **Pseudo-code** »

```
nb ← 0
somme ← 0
```

```
Tant Que (nb <> -1) Faire
    Écrire("Entrez un nombre (-1 pour terminer) :")
    Lire(nb)
    Si (nb <> -1) Alors
       somme ← somme + nb
    FinSi
FinTantQue
```

Cette boucle est une *boucle de saisie*. Sa particularité est que la saisie est *dans* la boucle. Au début, la valeur de nb qui est utilisée dans le test est encore inconnue. Elle ne sera définie qu'une fois la boucle commencée. Il faut donc lui affecter une valeur initiale arbitraire pour démarrer la boucle. Cette valeur peut être quelconque, à l'exception de –1 qui arrête la boucle. La valeur initiale fixée est ici 0. La valeur –1 ne doit pas être ajoutée à la somme, un test interne à la boucle l'exclut du calcul. Voici l'écriture de cet exemple en C et C++ :

**« C, C++ »**

```
int nb    = 0 ;
int somme = 0 ;
while (nb != -1)
{
  printf("Entrez un nombre (-1 pour terminer) : ") ;
  scanf("%d",&nb) ;
  if (nb != -1)
  {
     somme = somme + nb ;
  }
}
```

Voici son écriture en Java avec l'utilisation de la classe Saisie présentée au chapitre 1 :

**« Java »**

```
int nb    = 0 ;
int somme = 0 ;
while (nb != -1)
{
  nb=Saisie.lire_int("Entrez un nombre (-1 pour terminer) : ");
  if (nb != -1)
  {
     somme = somme + nb ;
  }
}
```

Les programmes sources téléchargeables C, C++ et Java implémentant cette boucle se nomment respectivement boucle_saisie_entiers.c, boucle_saisie_entiers.cpp et boucle_saisie_entiers.java. Ces programmes n'intègrent aucun test sur les valeurs saisies qui doivent donc être uniquement des entiers.

La boucle TANT QUE peut remplacer une boucle POUR en gérant « à la main » le compteur. Voici le programme calculant la somme des 10 premiers nombres entiers.

**« Pseudo-code »**

```
j ← 0
i ← 1
Tant Que (i < 11) Faire
   j ← j+i
   i ← i+1
FinTantQue
```

> **Info**
>
> La boucle TANT QUE est la principale boucle non déterministe rencontrée dans les différents langages de programmation. C'est la boucle généraliste par excellence ; elle s'exécute de 0 à N fois, et continue tant que son test est vrai.

## La boucle FAIRE TANT QUE

Cette boucle est une variante de la précédente. Son test est évalué à la fin, ce qui implique que cette boucle est *toujours exécutée au moins une fois*. Il faut ajouter un test interne pour les traitements qui peuvent s'exécuter 0 fois. Voici la boucle de saisie précédente réécrite avec cette instruction. L'initialisation de la variable `nb` devient inutile :

**« Pseudo-code »**

```
somme ← 0
Faire
    Écrire("Entrez un nombre (-1 pour terminer) :")
    Lire(nb)
    Si (nb <> -1) Alors
       somme ← somme + nb
    FinSi
Tant Que (nb <> -1)
```

## La boucle RÉPÉTER JUSQU'À

Cette boucle est semblable à la précédente. Elle en diffère par son test, qui est un *test d'arrêt*. Quand il est vrai, la boucle s'arrête. Le programme précédent peut s'écrire :

**« Pseudo-code »**

```
somme ← 0
Répéter
    Écrire("Entrez un nombre (-1 pour terminer) :")
    Lire(nb)
    Si (nb <> -1) Alors
       somme ← somme + nb
```

```
    FinSi
Jusqu'à (nb = -1)
```

## Imbrication de boucles

Comme les instructions de test, les boucles peuvent contenir d'autres boucles imbriquées. Une application directe de cette technique est la gestion de tableaux à plusieurs dimensions (les tableaux sont abordés dans le chapitre 3). Quand deux boucles sont imbriquées, la deuxième boucle interne s'exécute complètement pour chaque valeur du compteur de la boucle externe. Elle tourne donc « plus vite ». Dans le cas d'un tableau à deux dimensions, l'indice de la boucle externe représente généralement le numéro de ligne, et l'indice de la boucle interne définit le numéro de colonne. Le programme suivant présente deux boucles imbriquées. La boucle externe affiche son numéro d'itération, et la boucle interne affiche le texte « interne » suivi du numéro d'itération.

#### « Pseudo-code »

```
Pour i variant de 1 à 3 Faire
    Écrire("Boucle externe, itération : ",i)
    Pour j variant de 1 à 4 Faire
      Écrire("interne",j)
    FinPour
FinPour
```

Les programmes sources C, C++ et Java téléchargeables qui implémentent cet algorithme se nomment respectivement : `boucles_for_imbriquees.c`, `boucles_for_imbriquees.cpp`, `boucles_for_imbriquees.java`.

La commande de compilation pour les programmes C et C++ est :

```
$ make boucles_for_imbriquees
```

Voici un exemple d'exécution de ce programme :

```
$ boucles_for_imbriquees
-- Boucle externe, itération : 1 --
     interne1 interne2 interne3 interne4
-- Boucle externe, itération : 2 --
     interne1 interne2 interne3 interne4
-- Boucle externe, itération : 3 --
     interne1 interne2 interne3 interne4
```

La commande de compilation pour le programme Java est :

```
$ javac boucles_for_imbriquees.java
```

La syntaxe pour exécuter le programme compilé Java est :

```
$ java boucles_for_imbriquees
```

## 2.2. Comprendre le fonctionnement d'une boucle

La construction d'une boucle suppose souvent que l'on ajuste les valeurs initiales et le test booléen en la faisant *tourner à la main*. Cette opération consiste à simuler l'exécution de la boucle à la place de l'ordinateur, et à noter à chaque itération les valeurs des différentes variables. On a souvent recours à ce système pour comprendre le dysfonctionnement d'une instruction répétitive, lors d'un développement. Il permet également de comprendre quel calcul effectue une boucle écrite par un autre. C'est la méthode utilisée pour assimiler les algorithmes rencontrés dans la littérature informatique.

Cette partie propose l'étude de l'algorithme `calcul_élémentaire` en le faisant tourner à la main. Ce programme est une variante de l'algorithme d'Euclide, qui calcule le PGCD (plus grand commun diviseur) par la méthode des soustractions. L'opérateur MOD représente le modulo, c'est-à-dire le reste de la division entière. Ainsi, 25 modulo 12 est égal à 1.

**« Pseudo-code »**

```
Programme calcul_élémentaire
Déclarations
  Variables i,j,k,cpt en Entier
Début
  Écrire("Entrez 2 nombres: ")
  Lire(i,j)
  cpt ← 0
  Tant que (j<>0) Faire
    k ← i MOD j
    i ← j
    j ← k
    cpt ← cpt + 1
  FinTantQue
  Écrire("Résultat : ",i)
  Écrire("Nombre d'itérations : ",cpt)
Fin
```

Supposons que les valeurs saisies pour `i` et `j` soient 24 et 42. La figure 2.1 présente les valeurs de `i`, `j`, `k` et `cpt` pour les différentes itérations (N°) de la boucle. L'itération N°0 correspond aux valeurs avant le début de la boucle.

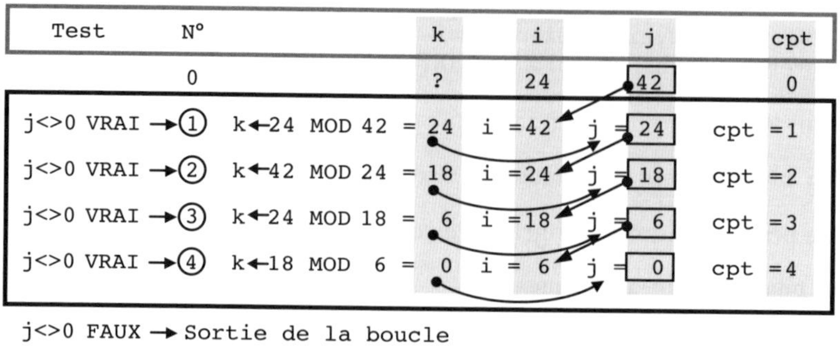


**Figure 2.1** • Le déroulement d'une boucle.

À l'étape N°0, les valeurs de `i` et `j` sont 24 et 42. `cpt` vaut 0 et `k` est indéfini. `j` étant différent de 0, on entre dans la boucle.

À l'itération N°1, `k` vaut 24, `i` possède la valeur 42 et `j` la valeur 24. `cpt` passe à 1. Cette étape inverse les valeurs de `i` et de `j`. `j` étant différent de 0, on boucle une nouvelle fois.

À l'itération N°2, `k` vaut 18, `i` possède la valeur 24 et `j` la valeur 18. `cpt` passe à 2. `j` étant différent de 0, on boucle une nouvelle fois.

À l'itération N°3, `k` vaut 6, `i` possède la valeur 18 et `j` la valeur 6. `cpt` passe à 3. `j` étant différent de 0, on boucle une nouvelle fois.

À l'itération N°4, `k` vaut 0, `i` possède la valeur 6 et `j` la valeur 0. `cpt` passe à 4. `j` étant égal à 0, on sort de la boucle.

Le résultat final est contenu dans la variable `i`. Les valeurs 24 et 42, ainsi que 24 et 30, donnent le résultat 6. Les valeurs 24 et 36 donnent le résultat 12. Ces résultats sont les plus grands diviseurs communs aux valeurs initiales. La variable `cpt` comptabilise le nombre d'itérations.

Le calcul du PGCD possède une application directe dans la réduction des fractions, en déterminant le plus grand diviseur commun au numérateur et au dénominateur. Une fois connu, on peut réduire la fraction en divisant le haut et le bas de la fraction par leur PGCD.

**Info**

Faire tourner une boucle à la main est le seul moyen fiable pour la comprendre ou la corriger. Il faut appliquer « mécaniquement » les instructions, et comparer leurs résultats avec les valeurs espérées à chaque itération, ou à la fin de la boucle. Les différences permettent de trouver les instructions défaillantes.

Les programmes sources C, C++ et Java téléchargeables qui implémentent cet algorithme se nomment respectivement : `calcul_elementaire.c`, `calcul_elementaire.cpp`, `calcul_elementaire.java`.

## 2.3. Construire une boucle

L'étape suivante consiste à construire une boucle qui doit résoudre un problème donné. Elle se fera en trois phases : la constitution du corps de la boucle, la définition des valeurs initiales et l'écriture du test d'arrêt (ou de continuité). Prenons l'exemple d'un programme qui doit calculer $x^m$. La première étape consiste à réécrire le calcul sous une forme itérative : $x^m = x * x * x * \ldots * x$, $m$ fois. Il devient évident qu'un calcul se répète : il s'agit de la multiplication par x.

### Constitution du corps de la boucle

Trouver les instructions internes à la boucle revient à pointer le calcul qui fait passer de l'étape N à l'étape N+1. Le résultat de l'étape N est supposé connu, c'est l'*ancien* résultat. Il faut trouver le résultat de l'étape N+1, soit le *nouveau* résultat. Celui-ci servira de point de départ au calcul suivant (N+2). Il deviendra l'ancien résultat pour l'étape N+2. C'est donc la même variable qui contient l'*ancien* et le *nouveau* résultat. À droite du signe d'affectation se trouve la valeur précédente, puisqu'on lit sa valeur. À gauche du signe se trouve la nouvelle valeur, puisqu'on l'affecte. La figure 2.2 présente ce système.

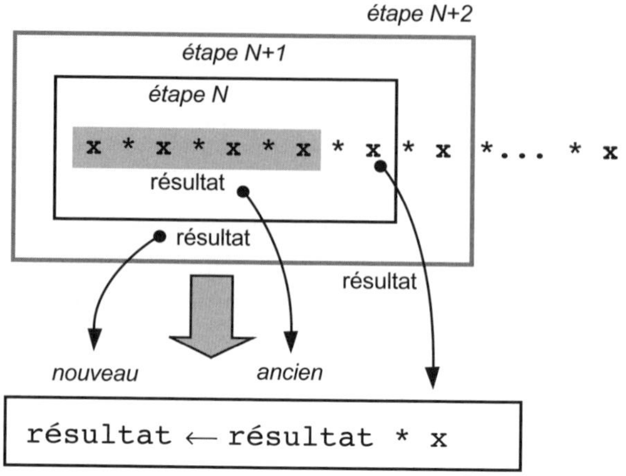


**Figure 2.2** • Le corps de la boucle.

Le corps de la boucle est constitué de l'instruction suivante :

```
résultat ← résultat * x
```

La boucle devra être effectuée *m* fois. Il faut ajouter une autre instruction, qui permet de compter le nombre de passages. Le nouveau corps est le suivant :

```
compteur ← compteur + 1
résultat ← résultat * x
```

## Définition des valeurs initiales

Les variables du corps de la boucle, utilisées à droite d'un signe d'affectation, doivent avoir une valeur de départ. Deux variables sont concernées : `résultat` et `compteur`. Leur valeur initiale, en dehors de la boucle, doit permettre d'obtenir à la fin du premier passage le résultat $x^1$, soit x. Pour que le calcul `résultat*x` donne x, il faut que la valeur initiale de `résultat` soit 1. De même, `compteur` doit contenir la valeur 1 à la fin de la première itération. Sa valeur initiale doit être 0. La boucle devient :

**« Pseudo-code »**

```
compteur ← 0
résultat ← 1
Tant que (    ) Faire
  compteur ← compteur + 1
  résultat ← résultat * x
FinTantQue
```

### Écriture du test d'arrêt (ou de continuité)

Le test doit permettre d'exécuter la boucle *m* fois. Une méthode consiste à poser un test *a priori*, et à le vérifier en faisant tourner la boucle. `compteur` indique le nombre de passages ; il sert de test d'arrêt. Posons le test suivant :

```
Tant que (compteur <= m) Faire
```

En faisant tourner la boucle, on s'aperçoit que ce test est FAUX. Il effectue un calcul de trop. Prenons le calcul de $x^3$ : la valeur de *m* est 3.

Test d'entrée 1er passage : `compteur` vaut 0, `compteur <= 3` est VRAI. À la fin du 1er passage, `compteur` = 1 et `résultat` vaut x.

Test d'entrée 2e passage : `compteur` vaut 1, `compteur <= 3` est VRAI. À la fin du 2e passage, `compteur` = 2 et `résultat` vaut $x^2$.

Test d'entrée 3e passage : `compteur` vaut 2, `compteur <= 3` est VRAI. À la fin du 3e passage, `compteur` = 3 et `résultat` vaut $x^3$.

Test d'entrée 4e passage : `compteur` vaut 3, `compteur <= 3` est VRAI. La boucle s'exécute une nouvelle fois alors qu'elle devrait s'arrêter. La valeur 3 ne doit pas permettre une nouvelle exécution. Le test doit être corrigé en strictement inférieur :

```
Tant que (compteur < m) Faire
```

Voici l'algorithme qui calcule la puissance entière d'un nombre.

**« Pseudo-code »**

```
Programme puissance
Déclarations
  Variables x, résultat  en Réel
  Variables compteur, m  en Entier
Début
  Écrire("Entrez le nombre et sa puissance :")
  Lire(x,m)
  compteur ← 0
  résultat ← 1
  Tant que (compteur < m) Faire
    compteur ← compteur + 1
    résultat ← résultat * x
  FinTantQue
  Écrire(x," à la puissance ",m," = ",résultat)
Fin
```

Les programmes sources C, C++ et Java téléchargeables qui implémentent cet algorithme se nomment respectivement : `puissance.c`, `puissance.cpp`, `puissance.java`.

La commande de compilation pour les programmes C et C++ est :

```
$ make puissance
```

Voici un exemple d'exécution de ce programme :

```
$ puissance
Entrez le nombre et sa puissance :2.5 5
 2.50 puissance 5 =    97.656
```

La commande de compilation pour le programme Java est :

```
$ javac puissance
```

La syntaxe pour exécuter le programme compilé Java est :

```
$ java puissance
Entrez le nombre et sa puissance :2,5 5
 2,50 puissance 5 =    97,656
```

# 3. Les sous-programmes

Un sous-programme possède la même structure qu'un programme. Il déclare des *variables locales*, que lui seul connaît, et effectue des traitements dans sa partie instructions. Il implémente un calcul particulier, et est appelé par le programme principal ou par un autre sous-programme. Le sous-programme communique avec le programme appelant grâce aux *paramètres* ou aux *variables globales*. Il existe deux types de sous-programmes : les *procédures* et les *fonctions*. En programmation objet, les sous-programmes intégrés aux objets se nomment des *méthodes*, et les variables globales se présentent sous forme de *propriétés* de la classe.

## 3.1. Les procédures

Une procédure effectue un traitement qui peut être un calcul, la lecture ou la sauvegarde d'un fichier. Le programme appelant peut lui transmettre les valeurs initiales sur lesquelles effectuer le travail, au moment de l'appel. Ces valeurs initiales se nomment les *paramètres*. Le résultat du traitement s'affiche généralement à l'écran, est stocké dans un fichier, ou bien est rangé dans une *variable globale* ou dans *une propriété de l'objet* que le programme (ou sous-programme) appelant peut ensuite consulter.

Si on prend le modèle d'une équipe de personnes, la procédure est comparable au collaborateur qui fait un travail en complète autonomie, soit à partir d'un dossier transmis par le directeur (paramètres), soit sans information initiale. Il range ensuite son rapport final dans un casier dédié au courrier interne pour son directeur (variable globale), ou il le présente aux autres collaborateurs (affichage à l'écran).

## 3.2. Les fonctions

Une fonction effectue les mêmes actions qu'une procédure. Elle possède en plus la faculté de retourner le résultat du traitement directement au programme appelant, sans passer par une variable. Pour le programme appelant, le nom de la fonction contient la valeur retournée. La fonction peut participer à un calcul du programme appelant, ce que ne peut pas faire la procédure. La fonction est plus générale que la procédure, et certains langages comme le C n'hésitent pas à ne définir que des sous-programmes fonctions. Une procédure C est assimilée à une fonction retournant un entier.

En conservant l'analogie avec l'équipe de collaborateurs, le collaborateur « fonction » possède les mêmes possibilités que le collaborateur « procédure », mais il est capable, en plus, de rendre le résultat de son travail en « main propre » à son directeur. Il peut se passer du casier courrier.

## 3.3. Organisation en modules autonomes

### Principe

Chaque sous-programme implémente un calcul et participe au traitement général du programme. Les autres sous-programmes ignorent son mode de fonctionnement interne. Seule l'information échangée *via* les paramètres entre les modules de traitement est connue. Cette segmentation des traitements améliore le fonctionnement global du programme en dédiant des modules de traitement à des tâches particulières, et facilite le développement qui se fait par modules. De plus, il devient possible d'optimiser le fonctionnement interne d'un module sans intervenir sur le reste du programme. Dans la phase de conception de l'algorithme global, le développeur doit définir clairement la liste des modules de traitement, leur rôle respectif et leurs interactions réciproques.

### Communication entre les modules

Les modules de traitement sont autonomes, mais pas indépendants. Ils s'échangent des informations, grâce aux *paramètres* et aux *variables globales*. Les paramètres sont les données que le sous-programme doit traiter, ils sont généralement présentés entre parenthèses. La syntaxe suivante montre que le calcul de la fonction `puissance()` s'applique aux paramètres `x` et `m`. Il s'agit ici des *paramètres effectifs*, c'est-à-dire des variables utilisées au moment de l'appel de la fonction.

```
res ← puissance(x,m)
```

Les valeurs sur lesquelles travaille réellement le sous-programme ne sont connues qu'au moment de l'appel, et non lorsque l'on décrit le traitement à effectuer. L'écriture du sous-programme utilise des variables locales qui formalisent les valeurs reçues au moment de l'appel. Ces variables se nomment les *paramètres formels*. La fonction `puissance()` présentée possède les paramètres formels `nb` et `exposant`. Tout le calcul est décrit avec ces variables locales. La valeur finale du calcul de la fonction, contenue dans une variable locale `résultat` du sous-programme, est retournée au programme appelant par une instruction spécifique, `Retourner`.

**« Pseudo-code »**

```
Fonction puissance(nb, exposant)
Déclarations
```

```
  Paramètre nb          en Réel
  Paramètre exposant    en Entier
  Variable résultat     en Réel
  Variable compteur     en Entier
Début
  compteur ← 0
  résultat ← 1
  Tant que (compteur < exposant) Faire
    compteur ← compteur + 1
    résultat ← résultat * nb
  FinTantQue
  Retourner résultat
Fin
```

Le passage des informations entre les paramètres effectifs et les paramètres formels peut se faire par *valeur* ou par *adresse.*

Le passage *par valeur* fournit une copie des paramètres effectifs aux paramètres formels. Dans l'exemple précédent, `x` et `m` transmettent leur valeur à `nb` et à `exposant`. Les paramètres effectifs ne sont donc pas modifiables par le sous-programme, qui ne travaille que sur des copies. Le langage Java impose le passage par valeur aux types de bases comme les entiers, les réels, les caractères et le type String (chaîne de caractères).

Si le passage est *par adresse*, les paramètres effectifs deviennent modifiables par le sous-programme, car ils transmettent leur adresse, ce qui implique que le paramètre effectif et le paramètre formel associé pointent sur la même case mémoire. Le langage Java impose le passage par adresse aux objets, ce qui implique qu'un type simple qui doit être passé par adresse doit être contenu dans un objet. La fonction précédente peut être réécrite en une procédure qui utilise un troisième paramètre passé par adresse, `résultat`. Le symbole « `@` » représente le passage par adresse.

**« Pseudo-code »**

```
Procédure puissance_bis(nb, exposant,@résultat)
Déclaration
  Paramètres nb,résultat  en Réel
  Paramètre  exposant     en Entier
  Variable  compteur      en Entier
Début
  compteur ← 0
  résultat ← 1
  Tant que (compteur < exposant) Faire
    compteur ← compteur + 1
    résultat ← résultat * nb
  FinTantQue
Fin
```

L'appel de la nouvelle procédure par le programme principal diffère de celui d'une fonction. Le programme fournit une troisième variable, passée par adresse, qui contiendra la valeur finale.

```
puissance_bis(x,m,@res)
```

**Info**

Le passage par valeur protège les variables du programme appelant en ne fournissant au sous-programme qu'une copie des données à traiter. Le passage par adresse peut servir à retourner une information du sous-programme vers le programme appelant. Cependant, si le rôle du sous-programme est d'effectuer un calcul et de retourner le résultat obtenu, il faut privilégier l'écriture d'une fonction.

La communication entre les sous-programmes n'est pas uniquement basée sur le passage de paramètres. En effet, pour certaines « grandes données » du programme qui possèdent un rôle « transversal » à l'ensemble des modules de traitement, le passage de paramètres devient inapproprié. Il faut les rendre visibles pour tous les modules de traitement. C'est le principe des variables *globales* en programmation procédurale ou des *propriétés* de l'objet accessibles à l'ensemble des méthodes de la classe, en programmation objet. Nous utiliserons la syntaxe « `variable globale` » pour déclarer de telles variables.

# 4. Complexité algorithmique

Le but de tout algorithme est de proposer une solution à un problème posé, en minimisant le temps de traitement. Celui-ci dépend directement du nombre de calculs mis en œuvre. La *complexité algorithmique* informe sur le nombre de calculs, et donc sur la performance d'un programme. Plus la complexité algorithmique est faible, moins l'algorithme effectue de calculs, et plus il est performant.

## 4.1. Principe

La notion de complexité algorithmique peut paraître abstraite pour de nombreux étudiants. Elle est cependant bien concrète, et son incidence sur le fonctionnement d'un programme est réelle. Les boucles sont la principale cause du nombre important de calculs. Si elles sont indispensables à la programmation, leur utilisation mal contrôlée engendre un nombre croissant de traitements. Au-delà d'un certain nombre, le temps de calcul devient un frein à l'utilisation du programme, ou remet en cause le bien fondé de tel ou tel algorithme. Quelle est l'utilité d'un algorithme dont le nombre trop important de calculs produit un programme qui donne le résultat au bout d'une semaine ? Il faut donc pouvoir évaluer la performance de l'algorithme avant de le programmer.

Un même problème possède généralement plusieurs solutions, implémentées par des algorithmes différents. La comparaison entre ces algorithmes passe par l'étude de leur complexité. Celui qui requiert le moins de calculs est à privilégier, car le programme qui en découle s'exécute plus rapidement.

La gestion de la mémoire est un autre facteur important dans le choix de l'algorithme. Si cet aspect n'est pas pris en compte dans la notion de complexité, il en dépend souvent. Il est usuel d'utiliser plus d'espace mémoire pour minimiser le nombre de traitements. Il faut donc vérifier que la gestion mémoire d'algorithmes performants ne devient pas une nouvelle contrainte à leur utilisation.

## 4.2. L'analyse de la complexité

Il existe plusieurs méthodes pour analyser la performance d'un algorithme, comme *l'analyse moyenne* ou *l'analyse pessimiste*. L'analyse pessimiste est la plus courante. Elle informe sur le nombre de calculs à prendre en compte dans le pire des cas (contrairement à l'analyse moyenne, qui informe sur le temps moyen des calculs). Si un algorithme de recherche d'une donnée parmi N données initiales parcourt, dans le pire des cas, toutes les données, l'analyse pessimiste indique que la recherche effectue N comparaisons. Dans cet exemple, la complexité algorithmique est notée *O(N)*. La notation O formalise que l'analyse de performance porte sur la limite supérieure. La valeur N indique qu'il faut faire, au maximum, N traitements quand il y a N données initiales. L'intérêt principal de l'analyse pessimiste est d'évaluer les algorithmes dans leur fonctionnement extrême. Aucune mauvaise surprise n'est donc à prévoir, car le pire des cas est connu à l'avance.

## 4.3. Les grandes familles de complexité

Les complexités sont très diverses d'un algorithme à l'autre. On peut néanmoins les regrouper en quelques grandes familles :

- **Les algorithmes *logarithmiques*.** Leur notation est de la forme O(log N). Ce sont des algorithmes très performants en temps de traitement. Le nombre de calculs dépend du logarithme du nombre de données initiales à traiter. La fonction log(n) présente une courbe qui « s'aplatit horizontalement » quand le nombre de données grandit. Ainsi, le nombre de calculs grandit faiblement quand on augmente le nombre de données à traiter. La fonction logarithmique donne un résultat différent selon sa base de calcul. Le logarithme en base 10 de 1000 noté $\log_{10}(1000)$ est égal à 3, le logarithme en base 2 de 1000 noté $\log_2(1000)$ est égal à 9,97, et le logarithme népérien (base 2,718281828) noté ln(1000) est égal à 6,9. Les algorithmes logarithmiques traitent l'ensemble des données en le divisant en deux parties égales, puis recommence le processus sur chaque moitié qui est de nouveau coupée en deux, etc. Il s'agit donc du logarithme en base 2, $\log_2(N)$. Pour simplifier l'écriture de la complexité des algorithmes étudiés, nous utiliserons la notation log(N) à la place de $\log_2(N)$. La recherche par dichotomie fait partie de cette famille d'algorithmes. On recherche dans quelle moitié se trouve la donnée, puis on recommence la recherche en divisant par deux la moitié sélectionnée.
- **Les algorithmes *linéaires*.** Leur notation est de la forme O(N). Ce sont des algorithmes rapides. Le nombre de calculs dépend, de manière linéaire, du nombre de données initiales à traiter. Si le traitement de 1000 données initiales (N données) requiert 1000 calculs de base pour trouver le résultat, l'algorithme est de complexité O(N). Si, pour la même quantité de données initiales, un autre

programme réalise 2000 calculs pour obtenir le résultat, sa complexité est notée : O(2N). C'est l'exemple d'un programme de recherche d'un nom dans une liste de 1000 noms, qui compare ce nom à chacun des noms de la liste, ce qui fait 1000 comparaisons.

- **Les algorithmes *linéaires* et *logarithmiques*.** Leur notation est de la forme O(N log N). Ce sont des algorithmes qui découpent répétitivement un ensemble en deux parties, et qui parcourent complètement chaque partie.
- **Les algorithmes de type *puissance*.** Leur notation est de la forme $O(N^p)$, où « p » est la puissance. On aura par exemple $O(N^2)$ ou $O(N^3)$. Un algorithme qui compare une liste de 1000 noms à une autre liste de 100 noms, et qui parcourt entièrement la seconde liste pour chaque nom de la première, procède à $1000 \times 1000$ calculs. Il est de type $O(N^2)$. Les algorithmes dont la complexité est en puissance de 2 sont aussi appelés *quadratiques*.
- **Les algorithmes *exponentiels* ou *factoriels*.** Leur notation est de la forme $O(e^N)$ ou O(N !). Ce sont les algorithmes les plus complexes. Le nombre de calculs augmente de manière exponentielle ou factorielle en fonction des données à traiter. Ainsi, un algorithme exponentiel traitant 10 données initiales effectuera 22 026 calculs, alors que l'algorithme factoriel fera 3 628 800 calculs. On dit généralement que les problèmes produisant ce type d'algorithmes sont « non calculables ». Ils donnent un résultat, mais on ne sait pas quand ! On rencontre ce type d'algorithmes dans les problématiques liées à la programmation de fonctions humaines comme la vision, la reconnaissance des formes, ou l'intelligence artificielle.

### 4.4. Choisir un algorithme

La littérature propose un nombre important d'algorithmes. Pour un problème donné, il en existe souvent plusieurs. La notion de complexité permet de choisir le meilleur algorithme en temps de traitement. Ce critère ne doit pas être le seul à déterminer le choix. L'espace mémoire nécessaire, et son mode de gestion, doivent aussi être pris en compte. Cet aspect est abordé dans le chapitre 3 portant sur les tableaux et les listes chaînées.

La complexité algorithmique est à prendre en compte quand le traitement porte sur un grand nombre de données. La réduction du temps de traitement justifie le choix d'algorithmes parfois difficiles à programmer. Si le nombre de données est réduit, il est inutile de choisir un algorithme de complexité faible. Une solution plus simple à programmer sera tout aussi performante.

## Résumé

Les principaux traitements logiques des programmes sont les tests et les boucles. Les premiers envisagent tous les cas de traitement. Ils déroutent l'exécution du programme vers un groupe d'instructions selon une condition généralement booléenne.

Les boucles représentent le traitement de référence dans les algorithmes. Elles répètent les traitements en faisant progresser le calcul vers sa solution finale. La construction d'une boucle requiert une certaine méthode. Il faut tout d'abord construire le corps de la boucle, puis fixer les valeurs initiales et, enfin, définir le test d'arrêt ou de continuité.

Les sous-programmes organisent le programme en modules de traitement autonomes. Ils segmentent le traitement global en modules plus simples à développer. La communication entre les sous-programmes passe par les paramètres ou les variables globales.

La complexité d'un algorithme est une mesure de son niveau de performance. L'analyse pessimiste qui indique le nombre maximal de calculs à envisager est la plus utilisée.

# Problèmes et exercices

Les exercices 1 à 3 étudient la conception des boucles. Le dernier exercice porte sur la complexité algorithmique et montre son incidence directe sur le temps de calcul. Les solutions des exercices ainsi que 12 exercices supplémentaires sont en téléchargement sur le site compagnon.

## Conception de boucles

### Exercice 1 : Tableau d'amortissement d'un crédit

Cet exercice propose d'afficher le tableau d'amortissement d'un crédit immobilier à taux fixe. C'est une application de la boucle POUR, puisque le nombre de mensualités est connu à l'avance. Le calcul de la mensualité a été proposé à l'exercice 1 du chapitre 1. L'algorithme présentera un affichage en colonnes de la mensualité, de l'amortissement, des intérêts, du capital restant dû et du coût de l'assurance.

- L'assurance est un taux mensuel appliqué au capital initial.
- La mensualité hors assurance (M) est calculée en fonction du nombre de mois restant (N), du capital restant dû (C) à l'échéance précédente, du taux d'intérêt mensuel hors assurance (T).

$$M = C \times T \times \frac{(1+T)^N}{(1+T)^N - 1}$$

La mensualité à afficher est celle avec assurance. C'est la somme de la mensualité calculée avec la formule précédente et du coût mensuel de l'assurance.

- Les intérêts sont calculés suivant le taux mensuel appliqué au capital restant dû.
- L'amortissement est la différence entre la mensualité hors assurance et les intérêts.

## Exercice 2 : Calcul d'une factorielle

La factorielle de x, notée x!, est le résultat de l'opération 1 * 2 * 3 * ... * x. Ainsi, 4 ! = 24, soit le résultat de 1 * 2 * 3 * 4. Écrivez l'algorithme qui calcule la factorielle du nombre demandé à l'utilisateur.

## Exercice 3 : Décomposition d'un nombre décimal en base 8

L'intérêt de cet exercice est de montrer qu'il est plus facile d'aborder un problème complexe en le décomposant en sous-problèmes moins complexes, puis en traitant chaque problème indépendamment.

Nous proposons d'écrire, en plusieurs étapes, un programme qui convertit un nombre décimal en un nombre exprimé dans une autre base comprise entre 2 et 36. Voici quelques exemples de la valeur décimale 2500 exprimée dans les bases 2, 8, 16 ou 36. La valeur de la base est indiquée en indice du nombre.

$$(2500)_{10} = (100111000100)_2 = (4704)_8 = (9C4)_{16} = (1XG)_{36}$$

On constate que les chiffres de certaines bases sont des « lettres ». C'est le cas de toutes les bases supérieures à 10, comme la base 16 qui possède les chiffres 0,1,2,3,4,5,6,7,8,9,A,B,C,D,E,F. Le problème de conversion dans une base supérieure à 10 introduit donc un traitement spécifique aux caractères. Dans un premier temps, simplifions le problème en le réduisant à la conversion dans une base inférieure à 10, comme la base octale (base 8).

La conversion de 2500 en base 8 s'obtient par une suite de divisions entières en cascades (voir figure 2.3). Le reste de la première division exprime les unités, le reste de la deuxième division indique les dizaines, le reste de la troisième représente les centaines, et le reste de la quatrième les milliers.

Les informations obtenues sont dans l'ordre inverse. Les unités apparaissent d'abord. Afficher le résultat sans le traiter donnerait la valeur octale inversée 4074, ce qui est faux. Nous tombons sur un autre problème : il faut ordonner les informations au fur et à mesure que nous les obtenons. Mettre dans l'ordre une suite d'éléments pouvant être des caractères revient à faire du traitement de chaînes. Une nouvelle fois, simplifions le problème en faisant une simple décomposition et non une conversion. Chaque reste obtenu s'affichera simplement.

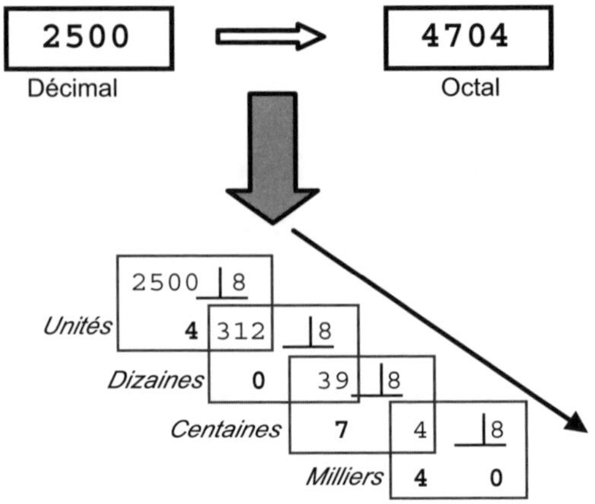


**Figure 2.3** • Décomposition en base 8.

Nous avons réduit le problème initial à une décomposition en une base inférieure à 10. L'extension aux bases supérieures à 10 et l'inversion du résultat seront traitées au chapitre 3. Voici l'énoncé simplifié.

Écrivez un algorithme qui décompose un entier décimal en un nombre exprimé dans une base comprise entre 2 et 9. Il demandera le nombre à décomposer, la base de calcul, puis il affichera les unités, les dizaines, les centaines, et ainsi de suite. Voici un exemple de son exécution :

```
Entrez un nombre entier : 2500
Base de conversion : 8
4
0
7
4
```

# Complexité algorithmique

Cet exercice met en évidence l'importance de la complexité algorithmique. Plus le travail d'analyse est poussé, plus l'algorithme minimise le nombre de calculs et produit un programme performant.

## Exercice 4 : Nombre premier

Le problème est de déterminer si un nombre entier est un *nombre premier*. Pour mémoire, un *nombre premier* est un nombre strictement supérieur à 1, et qui n'est pas divisible (au sens de la division entière) sauf par 1 et par lui-même. Ainsi, 2 est un nombre premier (il est uniquement divisible par 1 et lui-même), 3 aussi, 4 n'est pas premier (il est divisible par 2), 5 est premier, etc. Le nombre 1 pourrait être considéré comme un nombre premier (il n'est pas divisible sauf par 1 et par lui-même). Il est exclu de la liste des nombres premiers par commodité, car il ne respecte pas certaines lois communes à tous les autres nombres premiers.

La méthode de base consiste à prouver que le nombre à traiter n'est pas premier en recherchant un diviseur qui donne un reste égal à 0. Si on en trouve un, le nombre n'est pas premier. Si aucun diviseur n'est trouvé, il s'agit d'un nombre premier.

1. Écrivez l'algorithme `premier` qui effectue ce calcul. On utilisera une boucle POUR afin de tester tous les diviseurs de 2 au nombre –1. Indiquez quelle est sa complexité algorithmique. Le programme demandera un nombre entier et indiquera s'il est premier ou non.
2. Améliorez cet algorithme afin de minimiser le nombre de calculs. La première piste à explorer est de traiter le cas des nombres pairs à part. La seconde piste est de travailler sur les nombres qui possèdent plusieurs diviseurs comme 24, pour mettre en évidence une propriété des diviseurs qui en limite la plage de recherche. Écrivez l'algorithme `premier1` qui implémente cette méthode et indiquez quelle est sa complexité algorithmique.
3. Modifiez le programme `premier1` pour arrêter le traitement quand un diviseur est trouvé. On remplacera la boucle POUR par une boucle TANT QUE plus adaptée à ce type de traitement.

# 3

# La gestion des données

La définition d'une méthode de traitement et la modélisation des données sont les deux axes complémentaires de la conception algorithmique. Certains traitements sont spécifiques à un type de données, tandis que des organisations particulières de données débouchent sur des traitements originaux et parfois plus rapides.

Ce chapitre étudie la structure des données et leur modélisation, et montre l'incidence du choix d'un modèle sur le temps de traitement ou sur la gestion de la mémoire.

## 1. Principe de traitement des données

Les données sont localisées en mémoire centrale sous la forme de variables, ou stockées sur le disque dur. Chaque type de mémoire (centrale ou disque dur) possède un rôle différent.

### 1.1. Le rôle des variables

Les données traitées dans un programme sont localisées dans des zones réservées dans la *mémoire centrale* de l'ordinateur appelées *variables*. Leur taille et le codage dépendent du *type* de la variable. Les variables peuvent être allouée *statiquement* au début du programme ou *dynamiquement* pendant l'exécution. La grande majorité des langages (à l'exception de Java) réserve l'espace mémoire pour la variable sans le nettoyer. La variable possède alors une valeur quelconque et indéterminée, dès sa création. Il faut l'*initialiser*, c'est-à-dire lui affecter une « bonne » valeur initiale avant de lui appliquer des traitements.

Les variables peuvent être simples ou structurées. Les variables structurées servent à modéliser les données, car elles peuvent aussi bien contenir une grande quantité de données identiques, ce qui est le cas des tableaux, qu'une donnée constituée de plusieurs éléments de types différents, comme les enregistrements ou les objets. Les variables sont détruites quand le programme s'arrête, il faut donc conserver leurs données. C'est le rôle des fichiers.

### 1.2. Le rôle des fichiers

Un fichier conserve une copie des données située en mémoire. Ce n'est qu'un espace de stockage sur le disque dur. Leur traitement se limite à la lecture et à l'écriture. La lecture charge les données dans des variables en mémoire, l'écriture sauvegarde le contenu des variables. Le traitement des donnnées, donc les algorithmes, s'applique aux données contenues dans les variables. Ainsi, « trier un fichier » est un abus de langage, car ce sont les données, copiées en mémoire à partir du fichier, qui sont traitées, en aucun cas les données situées dans le fichier.

Les bases de données qui ne peuvent pas être chargées en totalité dans la mémoire dérogent à cette règle. Le fichier est alors géré par morceaux. Les deux modèles de données privilégiés pour charger un fichier en mémoire sont les tableaux et les listes chaînées.

## 2. Les tableaux

### 2.1. Description

Un tableau est une variable qui peut contenir plusieurs *données du même type*. On parlera d'un tableau d'entiers quand chaque case du tableau contient un entier. Il existe des tableaux de réels ou de caractères, mais aussi des tableaux plus complexes, comme des tableaux de tableaux ou d'enregistrements ou d'objets. Dans chaque cas, tous les éléments sont identiques, qu'ils correspondent à des données simples ou à des données complexes.

Un tableau possède des *dimensions*. Un tableau à une dimension est un tableau ligne, aussi appelé *vecteur*. Ce type de variable est très utile pour mémoriser une liste de données. Un tableau à deux dimensions (ligne, colonne) trouve son utilité dans le traitement d'images. Un tableau à trois dimensions est un cube. Il peut contenir, par exemple, des données spatiales. Un tableau à quatre dimensions peut mémoriser des données spatiales qui évoluent dans le temps. Le nombre de dimensions n'est pas limité, mais la taille globale d'un tableau augmente fortement avec le nombre de dimensions. La limite vient de l'espace mémoire disponible ou de la limite imposée par le compilateur.

L'accès à une case d'un tableau utilise un indice. Dans un tableau ligne, un seul indice est utilisé. Dans un tableau à deux dimensions, le premier indice représente le numéro de ligne et le deuxième, le numéro de colonne. Un tableau à trois dimensions possède des indices lignes, colonnes et profondeurs. Selon les langages de programmation, l'indice est numérique, caractère ou chaîne de caractères. L'indice numérique débute à 0 pour certains langages ou à n'importe quelle valeur positive ou négative pour d'autres. Nous utiliserons la convention des langages C, C++ et Java, qui utilisent un indice numérique commençant par 0. La figure 3.1 représente un tableau d'entiers à deux dimensions, constitué de 1000 lignes et de 500 colonnes.

Colonnes

| Lignes | 0 | 1 | 2 | ... | 499 |
|---|---|---|---|---|---|
| 0 | 0 | 5 | 10 | ... | 5 |
| 1 | 2 | 200 | 189 | ... | 11 |
| 2 | 255 | 200 | 150 | ... | 128 |
| 3 | 200 | 12 | 100 | ... | 145 |
| ... | ... | ... | ... | ... | ... |
| 999 | 5 | 6 | 14 | ... | 6 |

**Figure 3.1** • Tableau à deux dimensions.

## 2.2. L'allocation mémoire

La particularité d'un tableau est qu'il correspond à une *allocation statique* de la mémoire, ce qui signifie que l'espace mémoire est réservé en début de programme une fois pour toute. Cette allocation statique possède l'avantage de réserver toutes les cases du tableau dès le début du programme, en une seule fois. En contrepartie, le tableau possède une taille fixe, ce qui limite le nombre d'éléments que le programme peut traiter. Pour éviter une limitation trop restrictive, les tableaux sont souvent surdimensionnés par rapport à leur usage courant, ce qui assure un fonctionnement normal, même dans le cas ponctuel d'une grande quantité d'informations.

Voici la convention syntaxique utilisée dans cet ouvrage pour déclarer un tableau. La variable `liste_notes` est un tableau de réels de 50 cases. Le tableau `image` est un tableau d'entiers de 1000 lignes par 500 colonnes.

**« Pseudo-code »**

```
Déclarations
  Variable liste_notes  en Tableau[50]        de Réels
  Variable image        en Tableau[1000][500] d'Entiers
```

### Info

La taille d'un tableau doit être évaluée pour éviter de produire un programme qui ne pourra pas être compilé ou exécuté. Si un entier occupe 4 octets, alors le tableau `image` précédent possède une taille approximative de 2 Mo (1000 × 500 × 4 octets). La déclaration de cette variable réserve 2 Mo dans la mémoire centrale. Un tableau `cube` de 1000 × 1000 × 1000 entiers aura une taille de 4 Go, ce qui risque de poser des problèmes à la compilation.

## 2.3. Gestion d'un tableau

### Boucles d'initialisation

Initialiser un tableau revient à affecter une valeur initiale à chacune des cases. Comme le nombre de cases est connu à l'avance, l'initialisation se sert de boucles POUR. Les instructions suivantes affectent la valeur –1 à chaque case du tableau à une dimension `liste_notes`. La boucle POUR parcourt toutes les cases du numéro 0 (indice de la première case) au numéro 49 (indice de la dernière case).

**« Pseudo-code »**

```
Pour i variant de 0 à 49 Faire
   liste_notes[i] ← -1
FinPour
```

Dans le cas d'un tableau à deux dimensions, une première boucle balaye les lignes. Une deuxième boucle imbriquée parcourt, pour chaque numéro de ligne, toutes les colonnes. Voici l'initialisation du tableau d'entiers `image` de 1000 lignes par 500 colonnes. Chaque case reçoit la valeur 0.

**« Pseudo-code »**

```
Pour ligne variant de 0 à 999 Faire
   Pour colonne variant de 0 à 499 Faire
       image[ligne][colonne] ← 0
   FinPour
FinPour
```

Le nombre total de traitements est de 1000 × 500. La complexité de l'initialisation d'un tableau de M lignes par N colonnes est en O(M×N). Si M=N, la complexité est en $O(N^2)$.

### Boucles de chargement

Le chargement d'un tableau lit une suite de valeurs et les range dans les cases successives du tableau. Le chargement se sert d'une boucle POUR quand le nombre de données est connu à l'avance, et d'une boucle TANT QUE s'il est inconnu. L'exemple suivant charge des notes d'étudiants dans le tableau à une dimension `liste_notes` déclaré précédemment. L'utilisateur saisit une série de notes terminée par la valeur –1, qui sert de critère d'arrêt. Un test interne à la boucle empêche le rangement de la valeur d'arrêt.

**« Pseudo-code »**

```
nb ← 0
i ← 0
Écrire("Entrez une liste de notes (-1 pour terminer) :")
Tant Que (nb <> -1) Faire
   Lire(nb)
   Si (nb <> -1) Alors
```

```
        liste_notes[i] ← nb
        i ← i+1
    FinSi
FinTantQue
nbnotes ← i
```

La figure 3.2 montre l'état du tableau en cours de chargement après la lecture de quatre notes, ainsi que la position du compteur `i`. À chaque itération, la variable `nb` lit une note et la range dans la i$^{ème}$ case du tableau. À la première itération, `i` vaut 0 ; la note 12.5 est rangée dans la case 0. À la deuxième itération, `i` vaut 1 ; la note 8.5 est rangée dans la case 1, etc. Le compteur `i`, incrémenté après chaque rangement, « pointe » sur la prochaine case de libre. Il indique également le nombre d'éléments présents dans le tableau. La dernière instruction conserve la valeur finale de `i` dans `nbnotes`.

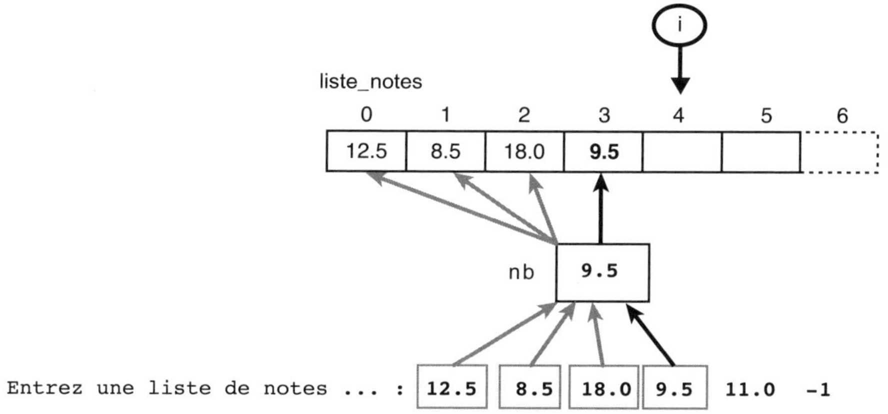


**Figure 3.2** • Chargement d'un tableau.

La variable `nbnotes` permet par la suite de contrôler l'accès au tableau. Le surdimensionnement du tableau implique que seule une partie contiendra des données. Les traitements ultérieurs ne doivent accéder qu'aux cases « valides ». Le contenu des autres cases doit être ignoré, car elles n'ont jamais été affectées. Il existe deux méthodes pour limiter l'accès aux cases qui contiennent des données :

1. La première méthode initialise chaque case avec une valeur qui ne peut pas être confondue avec une « bonne » donnée, par exemple –1 pour un tableau de notes variant de 0 à 20. L'accès à une case vérifie son contenu. Si elle contient la valeur initiale, alors cette case ne doit pas être traitée. Cette méthode est pénalisante, car il faut parcourir le tableau en totalité, ce qui est souvent inutile.
2. La seconde méthode utilise une variable qui indique le nombre d'éléments contenus dans le tableau. C'est la variable `nbnotes`. La boucle de traitement limitera les calculs aux `nbnotes` premières cases valides. Il devient inutile d'initialiser le tableau, ce qui réduit le nombre de traitements, et seules les cases qui contiennent des données sont parcourues. La contrainte est que les données doivent se trouver dans des cases contiguës, car aucun « trou » n'est permis dans la liste.

Avec l'utilisation de la variable `nbnotes`, la boucle de chargement précédente peut être améliorée. La variable `nbnotes` remplace la variable `i` comme indice du tableau. On peut également supprimer le test situé dans la boucle, ce qui a pour effet de ranger la note finale –1 dans le tableau. Il suffit ensuite de diminuer `nbnotes` de 1 pour exclure la valeur d'arrêt des traitements ultérieurs.

**« Pseudo-code »**

```
nb ← 0
nbnotes ← 0
Écrire("Entrez une liste de notes (-1 pour terminer) :")
Tant Que (nb <> -1) Faire
   Lire(nb)
   liste_notes[nbnotes] ← nb
   nbnotes ← nbnotes+1
FinTantQue
nbnotes ← nbnotes-1
```

Il faut apporter une dernière modification à la boucle TANT QUE pour éviter le dépassement de la taille du tableau et limiter la saisie à son nombre de cases. Un test supplémentaire affiche un message d'erreur en cas de dépassement de la limite.

**« Pseudo-code »**

```
Tant Que ((nb <> -1) ET (nbnotes<50)) Faire
   ...
FinTantQue
Si (nb = -1) Alors
  nbnotes ← nbnotes-1
Sinon
  Écrire("nombre de notes limité à 50")
FinSi
```

Le chargement d'un tableau à deux dimensions pose un autre problème, celui du passage à la ligne suivante. Seule la connaissance du nombre de lignes (`nblignes`) et de colonnes (`nbcolonnes`) permet de charger correctement les données. Prenons l'exemple d'un fichier qui contient les notes d'une classe d'élèves. Si le nombre d'élèves et le nombre de notes par élève sont connus à l'avance, il n'y a aucun problème. Dans le cas contraire, le fichier doit contenir cette information supplémentaire avant la liste des notes, comme le suggère la figure 3.3, qui présente une première ligne contenant le nombre de lignes et de colonnes.

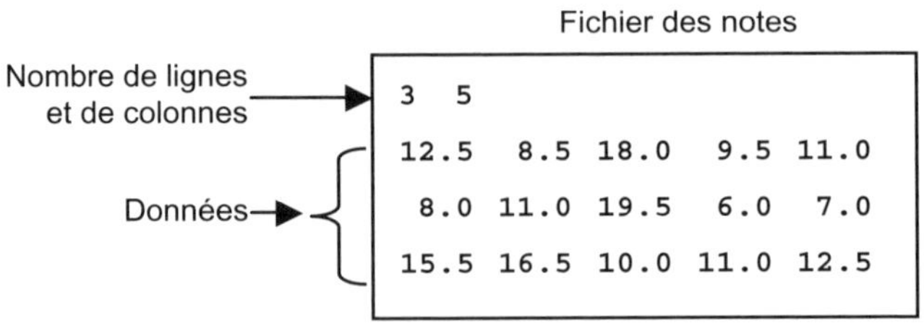


**Figure 3.3** • Exemple de format d'un fichier.

Voici les instructions qui effectuent le chargement du fichier de notes présenté à la figure 3.3 dans le tableau `tab_notes` de 100 lignes par 20 colonnes. La variable `fic` utilisée dans l'instruction de lecture indique une lecture dans le fichier.

**« Pseudo-code »**

```
Déclarations
  Variable tab_notes  en Tableau[100][20] de Réels
  Variables ligne, colonne, nblignes, nbcolonnes  en Entier
Début
  ...
  Lire(fic,nblignes, nbcolonnes) // Lecture du format du fichier
  Si ((nblignes>100) OU (nbcolonnes>20)) Alors
     Écrire("Fichier trop grand")
  Sinon // Chargement du tableau
     Pour ligne variant de 0 à nblignes-1 Faire
        Pour colonne variant de 0 à nbcolonnes-1 Faire
            Lire(fic,tab_notes[ligne][colonne])
        FinPour
     FinPour
  FinSi
...
Fin
```

## Boucles d'affichage

La boucle d'affichage d'un tableau à une dimension est une simple boucle POUR, qui parcourt toutes les cases contenant des données, de 0 à `nbnotes-1`.

**« Pseudo-code »**

```
Pour i variant de 0 à nbnotes-1 Faire
  Écrire(liste_notes[i])
FinPour
```

L'affichage du tableau à deux dimensions `tab_notes` se sert de deux boucles POUR imbriquées. Les variables `nblignes` et `nbcolonnes` contiennent le nombre de lignes et de colonnes. Les autres cases du tableau qui n'ont pas été affectées par un calcul ou une lecture ne s'affichent pas.

**« Pseudo-code »**

```
Pour ligne variant de 0 à nblignes-1 Faire
  Pour colonne variant de 0 à nbcolonnes-1 Faire
    Écrire(tab_notes[ligne][colonne])
  FinPour
  Écrire(SAUT_DE_LIGNE)
FinPour
```

Si l'affichage de la série de notes se fait sur la même ligne d'écran, un saut de ligne explicite doit être effectué après la boucle interne, comme le suggère la syntaxe `Écrire(SAUT_DE_LIGNE)`.

Les programmes sources C, C++ et Java téléchargeables qui implémentent cet algorithme se nomment respectivement : `chargement_liste_notes.c`, `chargement_liste_notes.cpp`, `chargement_liste_notes.java`. Ils chargent et affichent le tableau à une dimension `tab_notes`.

Dans le programme Java `chargement_liste_notes.java`, la classe `CTabNotes` définit un objet contenant le tableau `tab_notes`, et un entier `nbnotes`. Le constructeur de cette classe alloue le tableau par l'instruction `new`, initialise `nbnotes` à 0 et charge le tableau. Cette classe possède la méthode `affichage()`. L'objet `Liste` est une instance de cette classe.

La commande de compilation pour les programmes C et C++ est :

```
$ make chargement_liste_notes
```

Voici un exemple d'exécution de ce programme :

```
$ chargement_liste_notes
Entrez une liste de notes (-1 pour terminer) :12.0 8.5 11.5 7.5 -1
12.00  8.50 11.50  7.50
```

La commande de compilation pour le programme Java est :

```
$ javac chargement_liste_notes.java
```

La syntaxe pour exécuter le programme compilé Java est :

```
$ java chargement_liste_notes
Entrez une liste de notes (-1 pour terminer) : 12,0 8,5 11,5 7,5 -1
Contenu du tableau : 12,00  8,50 11,50  7,50
```

Les programmes sources C, C++ et Java téléchargeables chargeant les notes à partir d'un fichier `notes.txt` se nomment respectivement : `chargement_fichier.c`, `chargement_fichier.cpp`, `chargement_fichier.java`.

## Boucles de traitement

La boucle de traitement d'un tableau dont on connaît le nombre d'éléments est une boucle POUR. Le traitement suivant calcule la moyenne des notes contenues dans `liste_notes`. La boucle POUR fait la somme des cases qui contiennent une note (de 0 à `nbnotes-1`). Cette somme est ensuite divisée par le nombre de notes pour obtenir la moyenne.

**« Pseudo-code »**

```
somme ← 0
Pour i variant de 0 à nbnotes-1 Faire
  somme ← somme + liste_notes[i]
```

```
FinPour
moyenne ← somme / nbnotes
```

Certains traitements n'ont pas besoin de parcourir toutes les cases. C'est le cas de la recherche séquentielle, qui s'arrête quand la donnée est trouvée. La boucle POUR est remplacée par une boucle TANT QUE, avec un double critère d'arrêt. La boucle continue tant que la donnée n'est pas trouvée et que la fin du tableau n'est pas atteinte. La variable `numcase` indique le numéro de la case où se trouve la donnée recherchée.

**« Pseudo-code »**

```
Écrire("Note à rechercher :")
Lire(note_recherchée)
trouvé ← FAUX
i ← 0
Tant que ((NON trouvé) ET (i<nbnotes)) Faire
  Si (note_recherchée = liste_notes[i]) Alors
     trouvé ← VRAI
     numcase ← i
  Sinon
     i ← i+1
  FinSi
FinTantQue
```

Les programmes sources C, C++ et Java téléchargeables qui implémentent cet algorithme se nomment respectivement : `recherche_liste_notes.c`, `recherche_liste_notes.cpp`, `recherche_liste_notes.java`.

## Accès à un élément

Chaque élément du tableau est accessible directement grâce à l'indice de sa case (ou les indices quand il y a plusieurs dimensions), ce qui est le principal avantage de ce type de données. Le tableau occupe un seul bloc en mémoire. L'accès à une case provoque un déplacement en mémoire à partir du début de cet espace. Le bloc est linéaire, même pour un tableau à plusieurs dimensions. Les lignes sont disposées les unes derrières les autres (voir figure 3.4).

La figure 3.4 montre que, pour accéder à la case 1 (la deuxième case) de la ligne n° 2 (la troisième ligne), il faut se déplacer de 1001 cases, soit $(2 \times 500) + 1$. Chaque accès à un élément occasionne une multiplication (du nombre de lignes) et une addition (du numéro de colonne). Ce fonctionnement interne influence le temps d'exécution des algorithmiques qui parcourent de nombreuses fois les tableaux à deux dimensions (ou plus), comme les traitements d'images. Comme la multiplication est coûteuse en temps CPU, il est préférable de la remplacer par un accès direct à une ligne *via* son adresse. Il faut donc calculer l'adresse de toutes les lignes à l'avance et les conserver dans un tableau de pointeurs (un pointeur est l'adresse d'une cellule mémoire). La figure 3.5 montre la nouvelle organisation des données. Le tableau à deux dimensions est remplacé par un tableau colonne, qui pointe sur autant de tableaux lignes. La syntaxe de cette organisation est présentée avec les pointeurs.

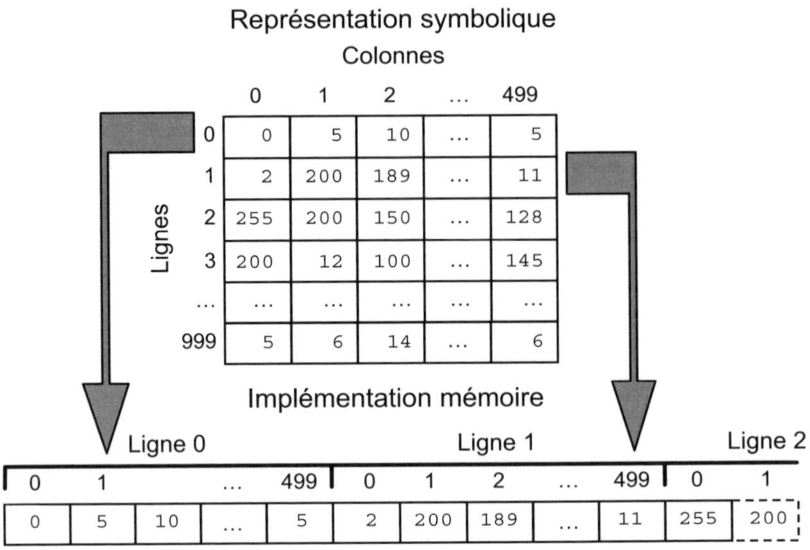


**Figure 3.4** • Implémentation mémoire d'un tableau à deux dimensions.

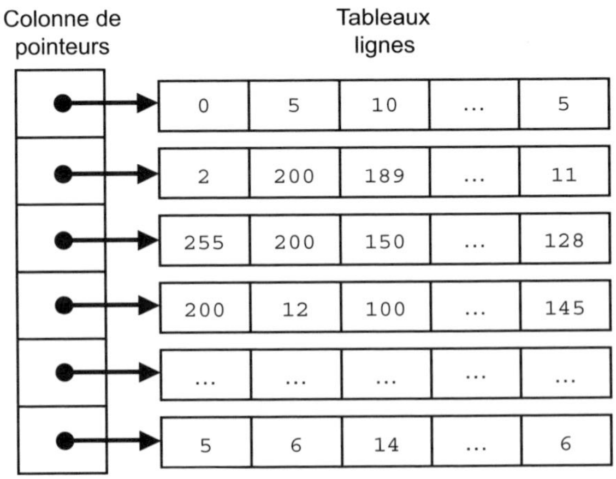


**Figure 3.5** • Tableau de pointeurs de lignes.

## Insertion d'un nouvel élément

Dans cette partie, nous montrons comment insérer un élément dans un tableau ligne. Afin d'optimiser l'accès aux données quand le tableau n'est pas totalement rempli, toutes les données sont regroupées au début du tableau. Il n'y a donc aucun « trou ». L'ajout d'un nouvel élément à la fin de la liste ne pose aucun problème. Il suffit de déduire le numéro de la case de rangement à partir du nombre d'éléments. Le problème change si le tableau est trié, car l'ajout d'une donnée doit respecter l'ordre établi. Il faut insérer la nouvelle donnée directement à la bonne place. C'est le mécanisme de base du *tri par insertion*.

L'insertion d'une donnée à une place précise doit libérer la case qui doit recevoir la donnée, en décalant d'une case toute la partie droite du tableau à partir de cette position, puis copier la donnée dans la case libérée. Pour éviter toute perte de données, le décalage part de la fin pour remonter vers la position d'insertion. Le décalage débute à la dernière case qui contient une donnée, se poursuit sur l'avant-dernière case, et ainsi de suite. Ce processus est présenté à la figure 3.6.

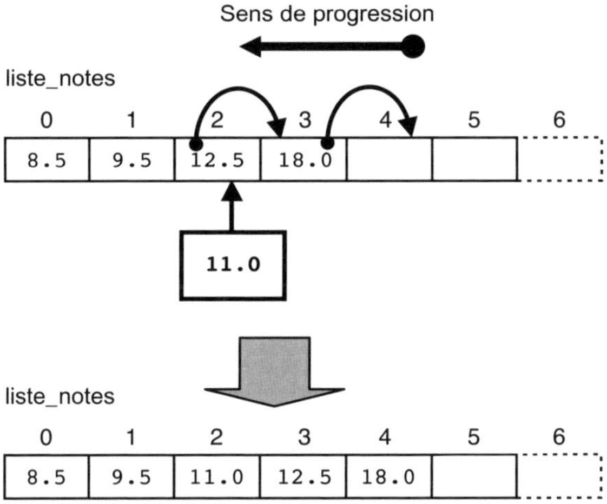


**Figure 3.6** • Insertion d'un élément dans un tableau ligne.

Voici les instructions qui insèrent une note à la case `numcase` définie par l'utilisateur. La boucle POUR, qui régresse, effectue le décalage des cases de `nbnotes` à `numcase+1`. La case indiquée par `i` (`liste_notes[i]`) reçoit le contenu de la case précédente (`liste_notes[i-1]`). La variable `i` est décrémentée à chaque itération. La dernière itération affecte le contenu de la case `numcase` à la case `numcase+1`. La variable `nbnotes` est mise à jour pour les traitements ultérieurs.

**« Pseudo-code »**

```
Écrire("Écrire entrez une note à insérer et un numéro de case :")
Lire(note_a_inserer,numcase)
// boucle de décalage
Pour i variant de nbnotes à numcase+1 par pas de -1 Faire
    liste_notes[i] ← liste_notes[i-1]
FinPour
// insertion dans la case numcase
liste_notes[numcase] ← note_a_inserer
nbnotes ← nbnotes+1
```

Les programmes sources C, C++ et Java téléchargeables qui implémentent cet algorithme se nomment respectivement : `insertion_liste_notes.c`, `insertion_liste_notes.cpp`, `insertion_liste_notes.java`.

## Suppression d'un élément

De la même manière que l'insertion, la suppression d'un élément d'un tableau qui contient une liste de données ne modifie pas le nombre de cases, mais décale vers la gauche les éléments situés à droite de l'élément à supprimer (voir figure 3.7). Le premier décalage écrase la valeur à supprimer par le contenu de la case de droite. Les décalages suivants répètent cette opération sur les cases suivantes, jusqu'à la fin des données.

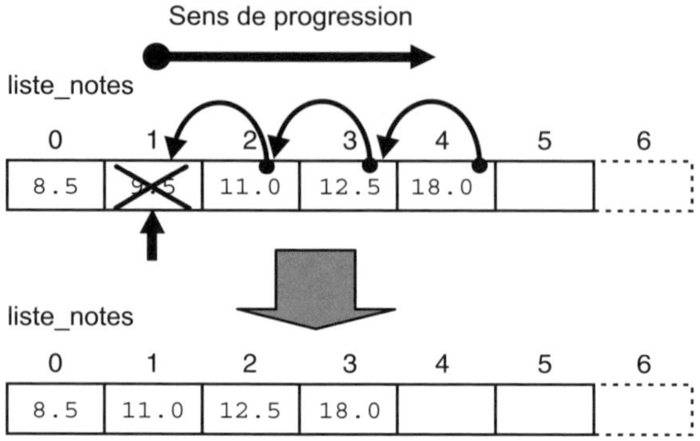


**Figure 3.7** • Suppression d'un élément dans un tableau ligne.

Les instructions suivantes décalent les données à partir de la case `numcase`. La case indiquée par `i` (`liste_notes[i]`) reçoit le contenu de la case suivante (`liste_notes[i+1]`). `i` est incrémentée à chaque itération de la boucle. La variable `nbnotes` est mise à jour pour les traitements ultérieurs.

**« Pseudo-code »**

```
Pour i variant de numcase à nbnotes-2 Faire
  liste_notes[i] ← liste_notes[i+1];
FinPour
nbnotes ← nbnotes-1
```

Les programmes sources C, C++ et Java téléchargeables qui implémentent cet algorithme se nomment respectivement : `suppression_liste_notes.c`, `suppression_liste_notes.cpp`, `suppression_liste_notes.java`.

## Inversion de deux éléments

L'inversion du contenu de deux cases est le processus élémentaire de l'algorithme du *tri par bulles*, étudié au chapitre 6. Le contenu de la première case est d'abord mémorisé dans une variable annexe. Cette case reçoit ensuite le contenu de la deuxième. Puis la deuxième case reçoit la donnée sauvegardée dans la variable annexe. Ce processus est décrit à la figure 3.8.

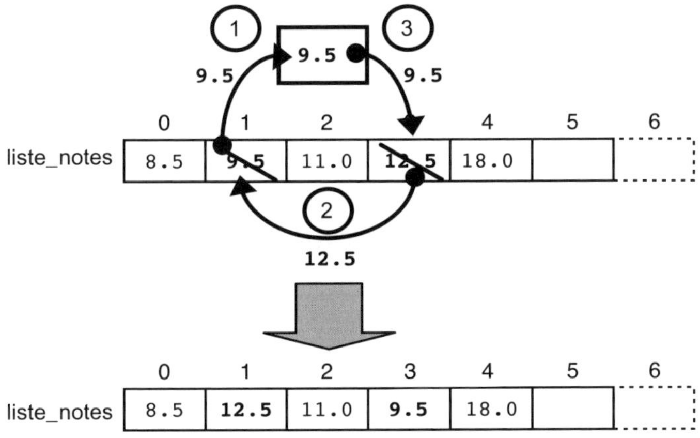


**Figure 3.8** • Inversion de deux cases.

Les instructions suivantes effectuent l'inversion des cases d'indices `pos1` et `pos2`. La variable `nb` reçoit la copie de la première des deux cases à inverser.

« **Pseudo-code** »

```
nb ← liste_notes[pos1]
liste_notes[pos1] ← liste_notes[pos2]
liste_notes[pos2] ← nb
```

Les programmes sources C, C++ et Java téléchargeables qui implémentent cet algorithme se nomment respectivement : `inversion_liste_notes.c`, `inversion_liste_notes.cpp`, `inversion_liste_notes.java`.

# 3. Les enregistrements

Les *enregistrements* ou *structures* viennent en complément des tableaux dans la gestion de données complexes. Lorsqu'ils contiennent à la fois les données et les traitements qui leur sont appliqués, on parle alors d'*objets*.

## 3.1. Description

Un enregistrement, comme un tableau, est un agrégat de données. Il regroupe un ensemble d'informations dans une même zone mémoire. Alors qu'un tableau ne peut contenir qu'un ensemble de données identiques, un enregistrement est constitué d'une suite d'éléments qui peuvent être de types différents. Un enregistrement permet la modélisation de données constituées d'un ensemble d'informations différentes, comme un cheval dans une course hippique représenté par son nom (une chaîne), son dossard (un entier), son temps à l'arrivée (un réel), et son classement (un entier).

Chaque élément d'un enregistrement se nomme un *champ*. Dans le cas d'un objet ont parle d'*attributs* ou de *propriétés*. L'ensemble des champs forme la donnée. Contrairement au tableau où toutes les cases sont identiques, et donc assimilables entre elles, ce qui autorise leur numérotation, les champs d'un enregistrement sont *nommés*, car ils diffèrent les uns des autres.

## 3.2. Gestion d'un enregistrement

La définition d'un nom de champ à la place d'un indice numérique empêche tout traitement des éléments d'un enregistrement par une boucle, ce qui constitue le principal inconvénient de ce type de données. Chaque champ doit être géré individuellement.

De plus, un enregistrement est conçu pour contenir les informations d'une même et unique donnée. On peut, par exemple, gérer un cheval de course, mais pas l'ensemble des chevaux d'une course hippique. Pour cela, il faut combiner les enregistrements avec les tableaux, ou bien construire des listes chaînées d'enregistrements grâce aux pointeurs. Ces deux organisations, qui servent à modéliser des listes de données complexes, sont étudiées aux sections 5 et 6 de ce chapitre.

La figure 3.9 présente un enregistrement qui symbolise un cheval d'une course hippique. Il possède les champs `nom`, `dossard`, `temps` et `classement`.

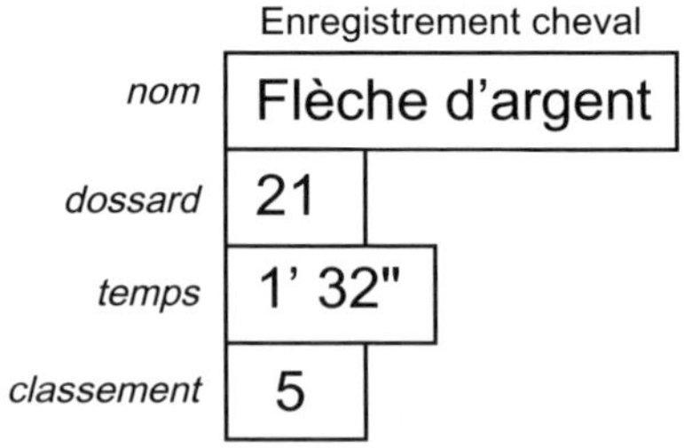


**Figure 3.9** • Représentation d'un enregistrement.

Les syntaxes suivantes déclarent le type `cheval_de_course` et la variable `cheval` en pseudo-langage. En langage objet, la déclaration du type est remplacée par celle de la *classe*. La variable `cheval` devient alors une instance de cette classe. On parle alors d'*instanciation*, ce qui désigne la création d'un objet (cheval) à partir d'un modèle ou d'une classe (`cheval_de_course`).

« **Pseudo-code** »

```
Déclaration
  Type cheval_de_course  en Enregistrement
                                  champ nom        en Chaîne
                                  champ dossard    en Entier
                                  champ temps      en Réel
                                  champ classement en Entier
```

```
                              Fin d'Enregistrement
   Variable cheval          en cheval_de_course
```

L'accès au champ dossard de la variable cheval se note cheval.dossard. Le programme suivant saisit les informations de cheval, affecte les champs temps et classement par des valeurs initiales, puis affiche l'ensemble des champs.

**« Pseudo-code »**

```
// saisie des informations
Écrire("Nom du cheval     : ")
Lire(cheval.nom)
Écrire("Dossard du cheval : ")
Lire(cheval.dossard)
// initialisation de deux champs
cheval.temps ← 0
cheval.classement ← 0
// affichage des informations
Écrire(cheval.nom, cheval.dossard, cheval.temps, cheval.classement)
```

Les programmes sources C, C++ et Java téléchargeables qui implémentent cet algorithme se nomment respectivement : lecture_affichage_cheval.c, lecture_affichage_cheval.cpp, lecture_affichage_cheval.java.

La commande de compilation pour les programmes C et C++ est :

```
$ make lecture_affichage_cheval
```

Voici un exemple d'exécution de ce programme :

```
$ lecture_affichage_cheval
Nom du cheval     : Flèche
Dossard du cheval : 18
Nom      Dossard Temps Classement
Flèche     18    0.00      0
```

La commande de compilation pour le programme Java est :

```
$ javac lecture_affichage_cheval.java
```

La syntaxe pour exécuter le programme compilé Java est :

```
$ java lecture_affichage_cheval
```

Un enregistrement ne contient qu'une seule donnée. Une liste de données complexes peut être construite à partir de tableaux d'enregistrements ou de listes chaînées, qui associent les enregistrements et les pointeurs. Pour bien comprendre l'intérêt de chaque modèle, il faut d'abord assimiler le fonctionnement des pointeurs.

# 4. Les pointeurs

L'étude des pointeurs débouche sur l'allocation dynamique de la mémoire. Cette gestion optimale, où seul l'espace mémoire nécessaire est réservé, possède un inconvénient majeur : sa complexité d'écriture. Avant d'aborder la gestion dynamique, il est nécessaire de se familiariser avec le fonctionnement des pointeurs.

## 4.1. Description

Un *pointeur* est une variable qui contient une *adresse mémoire*. Cette adresse peut être celle d'une autre variable, ou bien celle d'un espace mémoire alloué dynamiquement pendant l'exécution du logiciel. Cette allocation dynamique constitue le principal atout des pointeurs.

Bien qu'un pointeur puisse adresser une case mémoire sans préciser la nature de la donnée pointée (pointeur *générique*), la plupart des pointeurs sont *typés*. On parle alors de pointeur d'entier, de pointeur de réel, ou de pointeur d'enregistrement. Voici la déclaration de la variable `pt_ent` de type pointeur d'entier :

```
Déclaration
  Variable pt_ent  en Pointeur d'Entier
```

La syntaxe qui permet d'accéder à la donnée pointée varie d'un langage à l'autre. Nous utiliserons la convention qui s'appuie sur le caractère « `*` » comme préfixe. Si `pt_ent` est un pointeur d'entier, alors `*pt_ent` est la valeur entière pointée. La syntaxe suivante affecte la valeur 0 à l'entier adressé par `pt_ent` :

```
*pt_ent ← 0
```

La figure 3.10 montre, dans le cas d'un entier, la différence entre la déclaration d'une variable entière et la déclaration d'un pointeur d'entier.

Le cas 1 présente une variable `ent` de type *entier*. La valeur entière 12 est rangée directement dans la variable `ent`. L'espace mémoire est réservé au moment de la déclaration de la variable. On parle alors *d'allocation statique* de la mémoire. La syntaxe du « rangement » de la valeur 12 dans la zone mémoire est la suivante :

```
ent ← 12
```

Le cas 2 montre une variable `pt_ent` de type *pointeur d'entier*. La variable `pt_ent` contient l'adresse (symbolisée par la flèche) d'une zone mémoire de type entier. Seul l'espace du pointeur est réservé à sa déclaration. L'espace mémoire devant contenir la valeur entière 12 doit être alloué dynamique par l'instruction `allouer()` (`malloc` en C et `new` en C++ ou Java), durant l'exécution du programme. On parle alors *d'allocation dynamique* de la mémoire. La syntaxe du « rangement » de la valeur 12 dans la zone mémoire pointée par `pt_ent` est la suivante :

```
*pt_ent ← 12
```

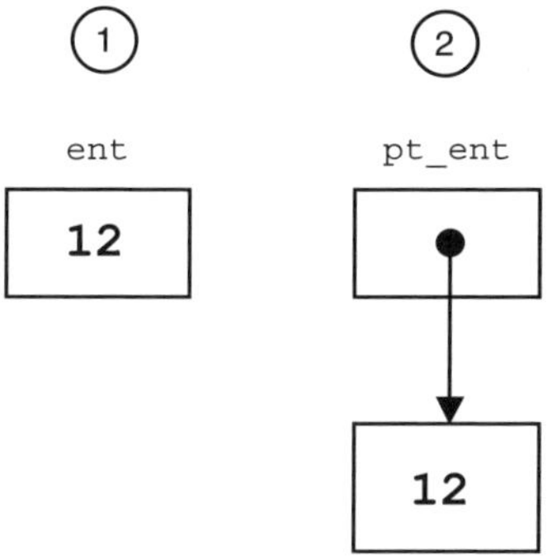


**Figure 3.10** • Comparaison entre une variable de type entier et un pointeur d'entier.

## 4.2. Les pointeurs et l'allocation statique de la mémoire

Les pointeurs sont avant tout dédiés à l'allocation dynamique de la mémoire, mais ils peuvent aussi servir à accélérer le traitement des tableaux statiques, comme cela a été évoqué au paragraphe 2.3 de ce chapitre. L'accès à un élément du tableau, représenté à la figure 3.4, s'obtient par le calcul résultat d'une multiplication (du nombre de lignes) et d'une addition (du numéro de colonne). La multiplication peut être remplacée par un accès à un tableau (colonne) de pointeurs, qui contient l'adresse de chaque ligne (voir figure 3.5). Si `col_pt` est la colonne de pointeurs, les instructions suivantes effectuent son initialisation, à partir des adresses (notées `@`) des lignes du tableau `image`.

**« Pseudo-code »**

```
Déclarations
  Variable image  en Tableau[1000][500] d'Entiers
  Variables ligne, colonne, nb  en Entier
  Variable  col_pt en tableau[1000] de Pointeurs d'Entier
Début
  Pour ligne variant de 0 à 999 Faire
     col_pt[ligne] ← @(image[ligne][0])
  FinPour
  ...
Fin
```

Pour accéder à une case particulière d'une ligne, il suffit d'utiliser l'arithmétique sur les pointeurs. Quand ils sont typés, les pointeurs ont connaissance de la taille de la donnée qu'ils pointent. Ajouter la valeur 1 à un pointeur équivaut à accéder à la donnée suivante dans la mémoire. Dans notre exemple, l'affichage de la totalité du tableau se note :

**« Pseudo-code »**

```
Pour ligne variant de 0 à 999 Faire
  Pour colonne variant de 0 à 499 Faire
```

```
      nb ← *(col_pt[ligne]+colonne)
      Écrire(nb)
   FinPour
FinPour
```

La syntaxe affectant la valeur entière à `nb` est un peu particulière. `col_pt[ligne]` est l'adresse de la case 0 d'une `ligne`. `col_pt[ligne]+colonne` est l'adresse de la case d'une `colonne` particulière de cette `ligne`. `*(col_pt[ligne]+colonne)` est le contenu de cette case. Voici la syntaxe C et C++ des boucles d'initialisation et d'affichage (programmes sources `colonne_de_pointeurs.c` et `colonne_de_pointeurs.cpp` téléchargeables) :

**« C, C++ »**

```
// --- initialisation de la colonne de pointeurs ---
for (ligne=0;ligne<NBLIG;ligne++)
   col_pt[ligne]= &(image[ligne][0]) ;
// --- boucle d'affichage ---
for (ligne=0;ligne<NBLIG;ligne++)
{
     for (colonne=0 ; colonne<NBCOL ; colonne++)
     {
        nb= *(col_pt[ligne]+colonne) ;
        printf("%d ", nb) ;
     }
     printf("\n") ;
}
```

Les langages C, C++ et Java considèrent les tableaux comme des pointeurs. L'accès à la première dimension (ligne) d'un tableau à deux dimensions revient à indiquer l'adresse de la ligne. L'instruction interne d'initialisation se réécrit :

```
col_pt[ligne] = image[ligne] ;
```

De même, l'affectation de la variable `nb` se réécrit plus simplement :

```
nb=col_pt[ligne][colonne] ;
```

Cette syntaxe montre qu'un tableau colonne de pointeurs est assimilé à un tableau à deux dimensions. Ce nouveau tableau à deux dimensions « hybrides » possède la souplesse syntaxique des tableaux dont les cases sont accessibles *via* des indices, et la rapidité des pointeurs, car c'est bien l'adresse de la ligne qui est utilisée en remplacement d'un calcul de déplacement.

## 4.3. L'allocation dynamique de la mémoire

Un pointeur occupe un espace dans la mémoire centrale, comme n'importe quelle variable. Le pointeur est lui-même une variable créée à la déclaration. Seule la donnée qu'il pointe est allouée dynamiquement au cours de l'exécution du programme.

Les lignes suivantes déclarent un pointeur d'entier `pt_ent`, affectent une valeur initiale au pointeur (`AUCUNE_ADRESSE` représente la valeur nulle pour un pointeur ; elle équivaut à 0 pour un entier), puis allouent une donnée de type `entier`. La fonction `allouer()` réserve un espace mémoire selon le type fourni en argument, et retourne l'adresse affectée à `pt_ent`. À la fin du traitement, la mémoire pointée par `pt_ent` est libérée grâce à la fonction `libérer()`.

**« Pseudo-code »**

```
Déclaration
  Variable  pt_ent en Pointeur d'Entier
Début
  pt_ent ← AUCUNE_ADRESSE
  pt_ent ← allouer(Entier)
  ...
  libérer(pt_ent)
Fin
```

La figure 3.11 présente l'état de la mémoire à chaque étape de ce programme. À la déclaration, le pointeur contient une adresse non définie (étape 1). Après l'initialisation, sa valeur correspond à `AUCUNE_ADRESSE` (étape 2). La fonction `allouer()` crée l'entier et retourne son adresse au pointeur (étape 3). La procédure `libérer()` détruit l'espace pointé par `pt_ent`. Le contenu du pointeur reste inchangé. Il pointe vers une donnée qui n'existe plus (étape 4). On dit que le pointeur est *pendant*. Les pointeurs pendants sont sources d'erreurs de traitements. Ils doivent donc être évités. Il faut mettre la valeur du pointeur à `AUCUNE_ADRESSE` lorsque la donnée qu'il pointe est détruite.

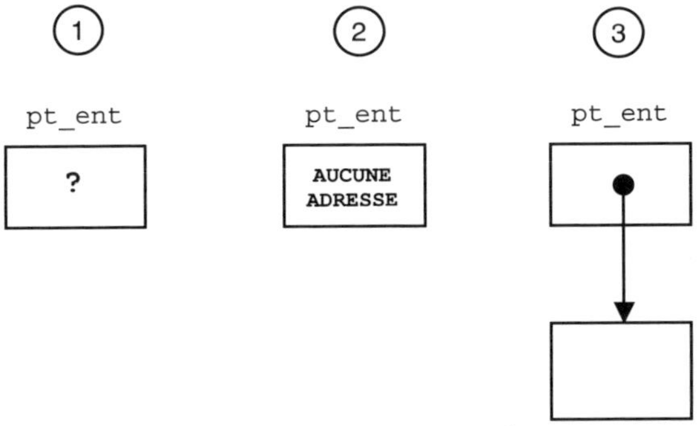


**Figure 3.11** • Étapes de création et de libération d'un pointeur.

Les pointeurs peuvent également adresser un tableau complet alloué dynamiquement. C'est même le fonctionnement standard en Java. L'intérêt de cette démarche est de pouvoir créer le tableau à la bonne taille, si l'utilisateur indique le nombre d'éléments à gérer, au début de l'exécution. Cela permet également de contourner les limitations des compilateurs liées à l'allocation statique de la mémoire. Mais le véritable intérêt des pointeurs est la gestion de listes chaînées.

### 4.4. La particularité de Java

Alors que la plupart des langages différencient syntaxiquement les pointeurs des autres données, le langage Java gère l'ensemble des données comme des pointeurs. Ainsi, le fait de ranger un entier dans une case de tableau ne copie pas sa valeur, mais son adresse. Cette spécificité est importante, car si la déclaration d'un tableau suffit dans la plupart des langages pour réserver l'espace mémoire associé, le langage Java impose d'allouer cet espace avec l'instruction `new`. Le langage Java propose une syntaxe simplifiée sans particularité syntaxique pour les pointeurs. La libération de l'espace créée dynamiquement est également automatique, dès que la donnée n'est plus référencée par un pointeur. C'est le mécanisme du « *garbage collector* », aussi appelé « ramasse-miettes », qui s'en charge.

## 5. Les listes chaînées

Les tableaux correspondent à une allocation statique de la mémoire. Les listes chaînées permettent de gérer la mémoire dynamiquement au fur et à mesure des besoins pendant l'exécution du logiciel.

### 5.1. Description

Dans une liste chaînée, plusieurs structures sont chaînées entre elles pour former une liste d'éléments. Chaque enregistrement (structure) connaît l'adresse de son successeur (chaînage avant) et éventuellement de son prédécesseur (chaînage arrière). Les listes doublement chaînées (avant et arrière) autorisent un parcours de la liste dans les deux sens. Le premier élément est accédé par un pointeur (`pt_début`), et le dernier peut aussi être pointé (`pt_fin`) pour un balayage inverse de la liste. Un troisième pointeur (`pt_courant`) adresse l'élément en cours de traitement. Dans les langages objets, les éléments sont des objets. La figure 3.12 présente une liste chaînée de notes (réels).

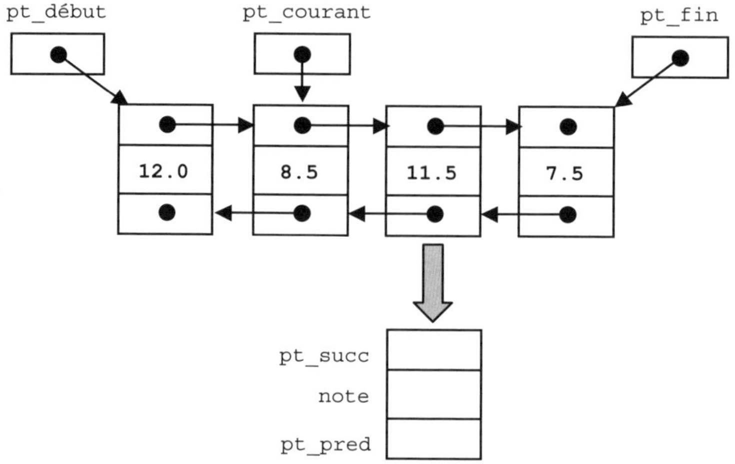


**Figure 3.12** • Structure d'une liste chaînée.

## 5.2. L'allocation mémoire

La gestion de la mémoire est totalement *dynamique*. Chaque saisie (ou chargement à partir d'un fichier) d'une donnée provoque la création d'un nouvel élément et son assemblage dans la liste existante. Le programme réserve exactement l'espace nécessaire au traitement des données. C'est le grand avantage sur les tableaux statiques, qui sont déclarés et dimensionnés au début du programme à un moment où le nombre effectif d'éléments à traiter n'est pas encore connu, ce qui oblige à les surdimensionner. À l'inverse, alors qu'un simple indice suffit pour accéder à une case d'un tableau statique, il faut parcourir la liste chaînée élément par élément avant d'atteindre la donnée désirée, ce qui complique la syntaxe du traitement des données organisées en liste.

L'élément d'une liste est un enregistrement (ou objet) qui contient deux pointeurs (un seul si la liste ne possède qu'un chaînage avant) vers les autres éléments, en plus des données effectives (ici un réel). Voici la déclaration du type enregistrement présenté à la figure 3.12.

**« Pseudo-code »**

```
Déclaration
  Type Enr_Note  en Enregistrement
                                    champ pt_succ  en Pointeur d'Enr_Note
                                    champ note     en Entier
                                    champ pt_pred  en Pointeur d'Enr_Note
                                Fin d'Enregistrement
```

Cette déclaration possède la particularité de « s'autodéfinir ». Les deux champs `pt_succ` et `pt_pred` sont des pointeurs vers des enregistrements de même type.

## 5.3. Gestion d'une liste chaînée

### Construction d'une liste

La boucle de construction ajoute un nouvel élément à la fin de la liste à chaque itération. Deux cas se présentent :

- Si la liste est vide, il suffit de modifier les pointeurs de début de liste (`pt_début`) et de fin de liste (`pt_fin`) pour qu'ils adressent le nouvel élément.
- Si la liste contient des éléments, le champ `pt_succ` du dernier élément (D) actuel de la liste, doit pointer vers le nouvel élément (N) à insérer (étape 1). Le champ `pt_pred` du nouvel élément (N) doit pointer vers le dernier élément (D) actuel (étape 2), et le pointeur de fin de liste (`pt_fin`) doit indiquer que le nouvel élément (N) est maintenant le dernier de la liste (étape 3). Ce processus est présenté à la figure 3.13.

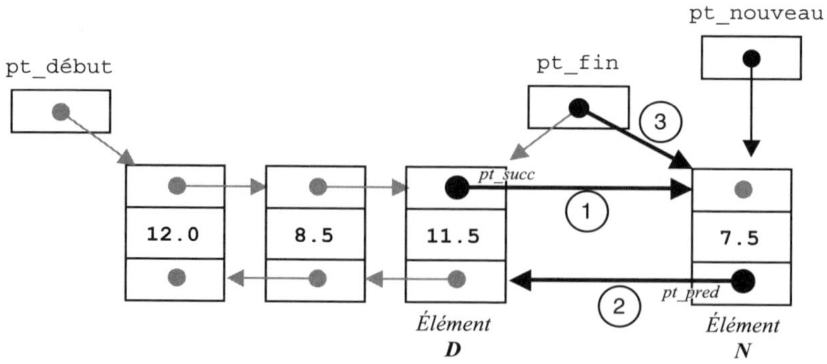


**Figure 3.13** • Ajout d'un élément en fin de liste.

Voici les instructions qui effectuent ce traitement. Elles forment le corps d'une boucle qui lit une note tant que la valeur –1 n'est pas saisie.

**« Pseudo-code »**

```
nb ← 0
Écrire("Entrez une liste de notes (-1 pour terminer) :")
Tant Que (nb <> -1) Faire
   Lire(nb)
   Si (nb <> -1) Alors
     // création du nouvel élément
     pt_nouveau ← allouer(Enr_Note)
     // Initialisation des champs note, pt_pred, pt_succ
     (*pt_nouveau).note    ← nb
     (*pt_nouveau).pt_pred ← AUCUNE_ADRESSE
     (*pt_nouveau).pt_succ ← AUCUNE_ADRESSE
     // Ajout du nouvel élément en fin de liste
     Si (pt_début = AUCUNE_ADRESSE) Alors
        // la liste est vide
        pt_début ← pt_nouveau
        pt_fin   ← pt_nouveau
     Sinon
        // étape 1 - on affecte le champ pt_succ du dernier élément (D)
        // Le dernier élément est l'élément actuellement
        // pointé par pt_fin (*pt_fin).
        // Donc on change la valeur du champ pt_succ
        // de l'élément pointé par pt_fin : (*pt_fin).pt_succ
        // en lui affectant l'adresse du nouvel élement
        // qui est contenue dans pt_nouveau
        (*pt_fin).pt_succ      ← pt_nouveau

        // étape 2 - on affecte le champ pt_pred du nouvel élément (N)
        // Le nouvel élément est pointé par pt_nouveau (*pt_nouveau).
        // Donc on change la valeur du champ pt_pred
        // de l'élément pointé par pt_nouveau: (*pt_nouveau).pt_pred
        // en lui affectant l'adresse du dernier élement actuel
        // qui est contenue dans pt_fin
```

```
        (*pt_nouveau).pt_pred ← pt_fin

        // étape 3 - on met à jour pt_fin
        // pt_fin doit maintenant pointer vers le nouvel élément (N)
        // car il est désormais en fin de liste
        pt_fin ← pt_nouveau
     FinSi
   FinSi
FinTantQue
```

## Parcours d'une liste

La liste est parcourue par une boucle, dans laquelle un pointeur autonome (pt_courant dans notre exemple) passe de l'élément actuel à l'élément suivant. Cette boucle continue tant que le pointeur est différent de AUCUNE_ADRESSE, ce qui arrive quand il parvient à la fin de la liste. À chaque itération de la boucle, pt_courant reçoit l'adresse de l'élément suivant qui est indiqué par le champ pt_succ de l'enregistrement qu'il pointe. La syntaxe permettant de passer d'un élément à l'autre est :

```
pt_courant ← (*pt_courant).pt_succ
```

Voici la boucle d'affichage des notes de la liste construite précédemment :

**« Pseudo-code »**

```
pt_courant ← pt_début
Tant que (pt_courant <> AUCUNE_ADRESSE) Faire
  Écrire((*pt_courant).note)
  // le futur pt_courant est le successeur du pt_courant actuel
  pt_courant ← (*pt_courant).pt_succ
FinTantQue
```

Les programmes sources C, C++ et Java téléchargeables qui implémentent cet algorithme se nomment respectivement : creation_affichage_liste_chainee.c, creation_affichage_liste_chainee.cpp, creation_affichage_liste_chainee.java.

La commande de compilation pour les programmes C et C++ est :

```
$ make creation_affichage_liste_chainee
```

Voici un exemple d'exécution de ce programme :

```
$ creation_affichage_liste_chainee
Entrez une liste de notes (-1 pour terminer) :12.0 8.5 11.5 7.5 -1
12.00  8.50 11.50  7.50
```

La commande de compilation pour le programme Java est :

```
$ javac creation_affichage_liste_chainee.java
```

La syntaxe pour exécuter le programme compilé Java est :

```
$ java creation_affichage_liste_chainee
Entrez une liste de notes (-1 pour terminer) : 12,0 8,5 11,5 7,5 -1
Contenu de la liste : 12,00  8,50 11,50  7,50
```

La syntaxe qui indique le champ d'une structure adressée par un pointeur est un peu complexe à écrire en C et C++. Ces langages prévoient la notation « -> » pour la simplifier. Avec cette notation, les instructions qui initialisent les champs `note`, `pt_pred` et `pt_succ` du nouvel élément se réécrivent par exemple :

**« C, C++ »**

```
pt_nouveau->note = nb ;
pt_nouveau->pt_pred = NULL ;
pt_nouveau->pt_succ = NULL ;
```

Dans les programmes C++ et Java, la classe `CNote` définit une note. La classe `CListeNotes` gère une liste d'objets `CNote`.

## Recherche d'un élément

Pour accéder à un élément, il faut parcourir la liste depuis le début jusqu'à l'élément désiré. C'est une boucle de recherche, dont les instructions sont semblables à celles d'une boucle d'affichage.

**« Pseudo-code »**

```
pt_courant ← pt_début
Écrire("Numéro de l'élément à rechercher : ")
Lire(i)
j ← 1
Tant que ((j<i) ET (pt_courant <> AUCUNE_ADRESSE)) Faire
   pt_courant ← (*pt_courant).pt_succ
   j ← j+1
FinTantQue
Écrire("note=",(*pt_courant).note)
```

Les programmes sources C, C++ et Java téléchargeables qui implémentent cet algorithme se nomment respectivement : `creation_recherche_liste_chainee.c`, `creation_recherche_liste_chainee.cpp`, `creation_recherche_liste_chainee.java`.

## Insertion d'un nouvel élément

L'insertion d'un élément dans une liste chaînée implique moins de traitements qu'avec un tableau, car il n'y a aucune donnée à déplacer. La syntaxe est cependant plus complexe. Il suffit de trouver l'emplacement d'insertion, et de modifier les pointeurs des deux enregistrements qui encadrent la position. La figure 3.14 présente le processus en trois phases : la création et l'initialisation du nouvel élément (N), le chaînage avec l'élément précédent (P), et le chaînage avec l'élément suivant (S).

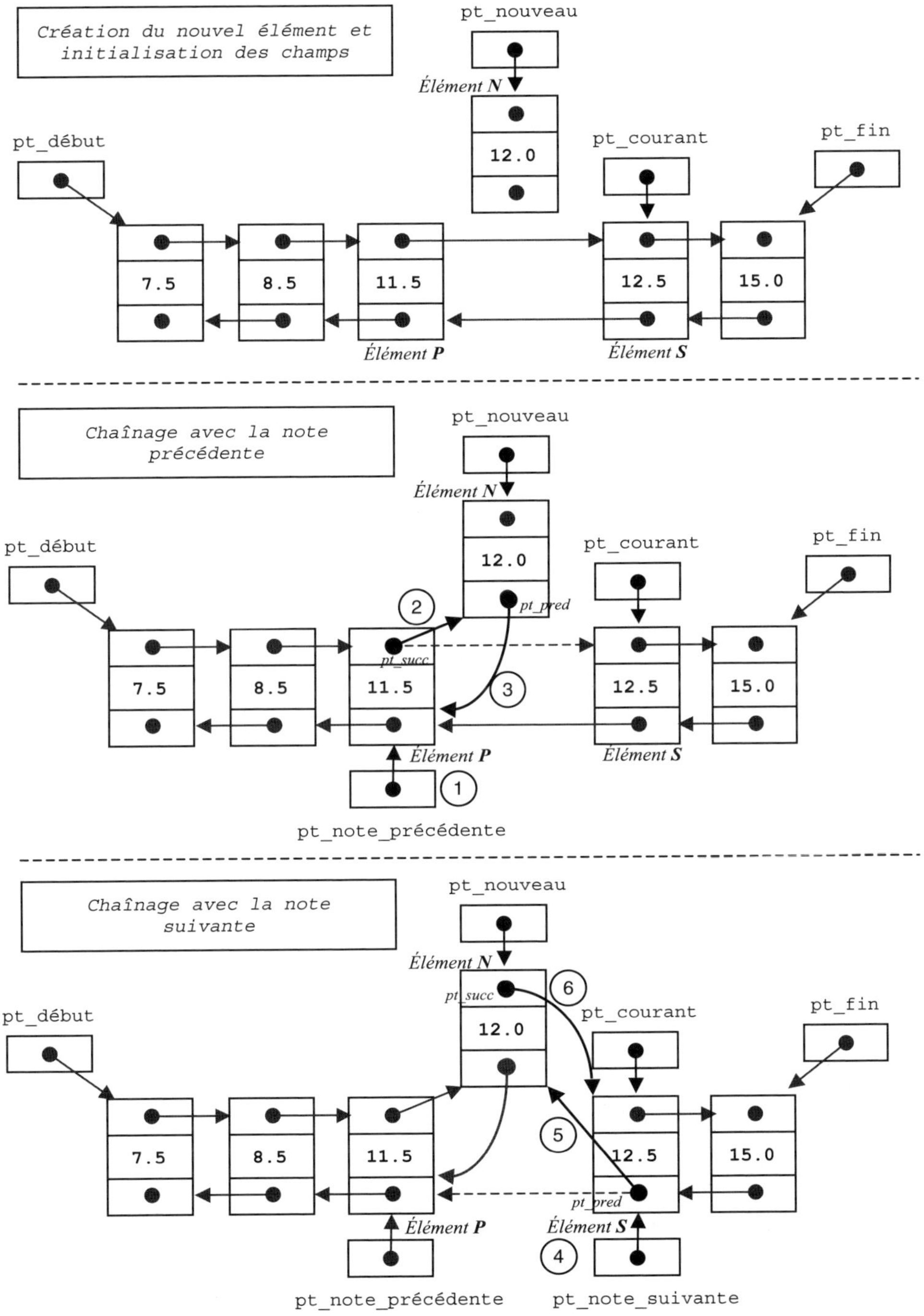


**Figure 3.14** • Insertion d'un élément dans la liste.

Voici l'algorithme qui insère la note nb avant l'enregistrement pointé par pt_courant. Le cas particulier de l'insertion en début de liste est traité. Puisque l'insertion s'effectue toujours avant la position indiquée, le cas particulier de l'ajout en fin de liste ne peut pas arriver. Si le traitement était modifié pour ajouter le nouvel élément après la position courante, il faudrait alors adapter ce programme pour intégrer l'ajout en dernière position. Cet ajout en fin de liste est décrit dans le processus de création de la liste.

**« Pseudo-code »**

```
// -- création du nouvel élément --
pt_nouveau ← allouer(Enr_Note)
// Initialisation des champs note, pt_pred, pt_succ
(*pt_nouveau).note ← nb
(*pt_nouveau).pt_pred ← AUCUNE_ADRESSE
(*pt_nouveau).pt_succ ← AUCUNE_ADRESSE
// chaînage avec la note précédente
Si (pt_courant = pt_début) Alors // -- insertion en début de liste --
  (*pt_nouveau).pt_succ ← pt_début
  (*pt_début).pt_pred  ← pt_nouveau
  pt_début ← pt_nouveau
Sinon   // -- chaînage entre deux notes --
  // le pointeur pt_note_précédente recoit l'adresse de
  // l'élément précédent du pointeur courant (*pt_courant).pt_pred
  pt_note_précédente ← (*pt_courant).pt_pred    // étape 1
  // le successeur de la nouvelle note précédente P
  // (*pt_note_précédente).pt_succ, reçoit l'adresse
  // du nouvel élément N, pt_nouveau
  (*pt_note_précédente).pt_succ ← pt_nouveau    // étape 2
  // le prédécesseur de la nouvelle note N (*pt_nouveau).pt_pred reçoit
  // l'adresse de la note précédente P, pt_note_précédente
  (*pt_nouveau).pt_pred ← pt_note_précédente    // étape 3
FinSi
// -- chaînage avec la note suivante --
// L'adresse de la note suivante S (pt_note_suivante) reçoit
// l'adresse de la note courante, pt_courant
pt_note_suivante ← pt_courant                  // étape 4
// L'adresse du prédécesseur de la note suivante S
// (*pt_note_suivante).pt_pred
// reçoit l'adresse du nouvel élément N
(*pt_note_suivante).pt_pred ← pt_nouveau       // étape 5
// L'adresse du successeur de la nouvelle note N (*pt_nouveau).pt_succ
// reçoit l'adresse de la note suivante N, pt_note_suivante
 (*pt_nouveau).pt_succ ← pt_note_suivante      // étape 6
```

Les programmes sources C, C++ et Java téléchargeables qui implémentent cet algorithme se nomment respectivement : creation_insertion_liste_chainee.c, creation_insertion_liste_chainee.cpp, creation_insertion_liste_chainee.java.

## Suppression d'un élément

Supprimer un élément d'une liste chaînée revient à lier directement entre eux les voisins de cet élément qui est alors dissocié de la liste, puis à le libérer. Ce processus est présenté à la figure 3.15.

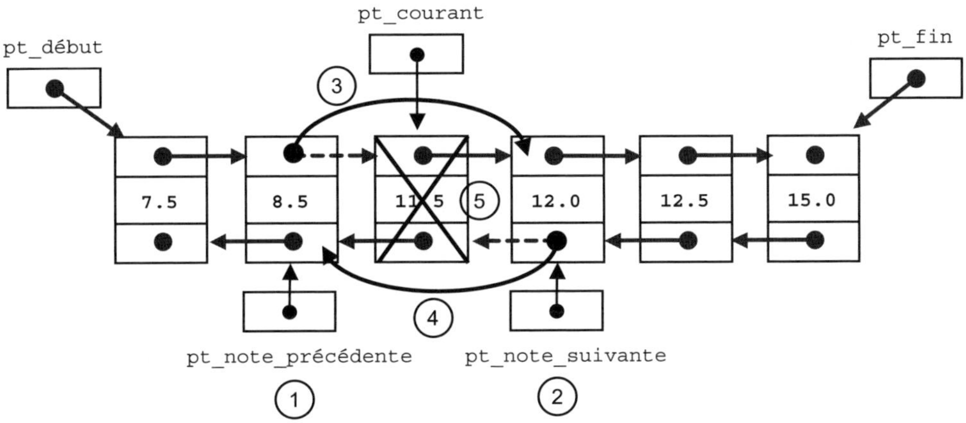


**Figure 3.15** • Suppression d'un élément dans la liste.

Les instructions suivantes traitent les deux cas particuliers de la suppression de l'élément en début de liste et en fin de liste, ainsi que le cas général d'un élément situé à « l'intérieur » de la liste. Le pointeur `pt_courant` indique l'élément à détruire (il peut être obtenu, par exemple, par la boucle de recherche). `pt_note_précédente` pointe sur l'élément précédent, et `pt_note_suivante` sur l'élément suivant.

**« Pseudo-code »**

```
Si (pt_courant = pt_début) Alors // suppression du premier élément
  pt_note_suivante ← (*pt_début).pt_succ
  (*pt_note_suivante).pt_pred ← AUCUNE_ADRESSE
  pt_début ← pt_note_suivante
Sinon
  Si (pt_courant = pt_fin) Alors // suppression du dernier élément
    pt_note_précédente ← (*pt_fin).pt_pred
    (*pt_note_précédente).pt_succ ← AUCUNE_ADRESSE
    pt_fin ← pt_note_précédente
  Sinon // suppression dans la liste
    pt_note_précédente ← (*pt_courant).pt_pred          // étape 1
    pt_note_suivante   ← (*pt_courant).pt_succ          // étape 2
    (*pt_note_précédente).pt_succ ← pt_note_suivante   // étape 3
    (*pt_note_suivante).pt_pred   ← pt_note_précédente // étape 4
  FinSi
FinSi
// destruction de la note extraite de la liste
libérer(pt_courant)   // étape 5
```

Les programmes sources C, C++ et Java téléchargeables qui implémentent cet algorithme se nomment respectivement : creation_suppression_liste_chainee.c, creation_suppression_liste_chainee.cpp, creation_suppression_liste_chainee.java.

### La classe *Java LinkedList*

Le langage Java propose une classe LinkedList dans le paquetage java.util qui implémente une liste doublement chaînée. Les principales méthodes associées pour la gestion d'une liste chaînée sont :

- add() qui insère un élément à la position indiquée ;
- get() qui retourne l'élément situé à la position indiquée ;
- remove() qui retire un élement de la liste chaînée ;
- size() qui retourne le nombre d'éléments de la liste.

Les programmes Java téléchargeables creation_affichage_liste_chainee_linkedlist.java, creation_insertion_liste_chainee linkedlist.java, creation_recherche_liste_chainee linkedlist.java et creation_suppression_liste_chainee linkedlist.java utilisent cette classe. Ils utilisent également la syntaxe de la boucle for introduite avec Java 5, et la généricité avec la syntaxe <Double>.

Chaque programme Java contient une classe CListeNotes, dont les méthodes (sous-programmes) changent selon les traitements à effectuer (insertion, suppression, etc.). Il faudra donc recompiler le programme Java avant son exécution pour s'assurer d'utiliser la classe CListeNotes de ce programme et non d'un autre programme précédemment compilé.

Les programmes Java téléchargeables insertion_liste_notes_linkedlist.java, inversion_liste_notes_linkedlist.java et suppression_liste_notes_linkedlist.java sont la réécriture des programmes insertion_liste_notes.java, inversion_liste_notes.java et suppression_liste_notes.java avec la classe LinkedList.

# 6. Gestion des données complexes

La structure de données privilégiée pour le support des données complexes est *l'enregistrement* en programmation procédurale ou *l'objet* en programmation objet. Associée aux *tableaux* ou organisé en *listes chaînées*, elle permet la gestion d'un grand nombre de données complexes.

## 6.1. Les tableaux d'enregistrements

Avec le *tableau d'enregistrements* ou *d'objets*, chaque case du tableau contient une donnée structurée. La taille du tableau peut devenir importante si le nombre de champs de l'enregistrement est conséquent.

La figure 3.16 présente la modélisation des chevaux qui participent à une course hippique, basée sur le type `cheval_de_course` proposé à la section 3 de ce chapitre. Le tableau `tab_chevaux` contient la liste des chevaux.

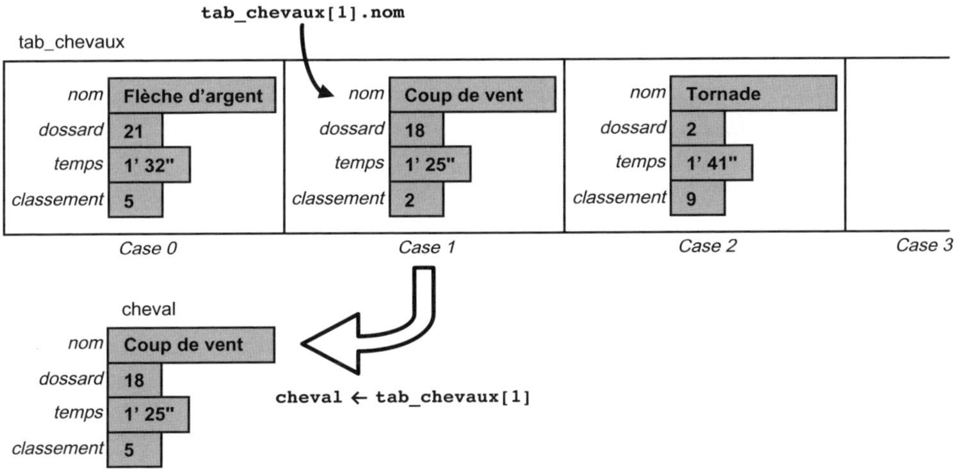


**Figure 3.16** • Tableau d'enregistrements.

La déclaration du type `cheval_de_course` et de la variable `tab_chevaux` est :

```
Déclaration
  Type cheval_de_course  en Enregistrement
                                champ nom        en Chaîne
                                champ dossard    en Entier
                                champ temps      en Réel
                                champ classement en Entier
                            Fin d'Enregistrement
  Variable tab_chevaux      en tableau[30] de cheval_de_course
```

Suivant la syntaxe utilisée par la suite, on accède aux différents éléments ou champs contenus dans le tableau. `tab_chevaux[1]` est l'enregistrement contenu dans la case 1 du tableau, alors que `tab_chevaux[1].nom` est le champ `nom` de cette case, soit une chaîne de caractères (voir figure 3.16).

On peut affecter la totalité d'une case à une variable « autonome » de même type. Si la variable `cheval` est du type `cheval_de_course`, alors la syntaxe suivante affecte la totalité des champs de la case 1 dans les champs équivalents de la variable `cheval`, comme présenté à la figure 3.16.

```
cheval ← tab_chevaux[1]
```

Le programme suivant saisit une liste de chevaux au départ d'une course, puis affiche la liste des partants. Le classement et le temps sont initialisés à 0. La boucle de saisie s'arrête quand le numéro de dossard est égal à 0. Le programme utilise une variable `cheval` pour simplifier la syntaxe.

« **Pseudo-code** »

```
nbchevaux ← 0
cheval.dossard ← 1
cheval.temps ← 0
cheval.classement ← 0
Tant que (cheval.dossard <> 0) Faire
  // saisie des informations
  Écrire("Dossard du cheval : ")
  Lire(cheval.dossard)
  Si (cheval.dossard <> 0) Alors
    // on demande la suite, puis on range dans le tableau
    Écrire("Nom du cheval : ")
    Lire(cheval.nom)
    // rangement dans le tableau
    tab_chevaux[nbchevaux] ← cheval
    nbchevaux ← nbchevaux+1
  FinSi
FinTantQue
// affichage de tous les chevaux
Pour i variant de 0 à nbchevaux-1 Faire
  cheval ← tab_chevaux[i]
  Écrire (cheval.nom,cheval.dossard,cheval.temps,cheval.classement)
FinPour
```

La boucle de saisie affecte les champs `dossard` et `nom` de la variable `cheval` (les champs `temps` et `classement` sont initialisés à 0 en dehors de la boucle), puis copie la variable complète dans une case du tableau. La boucle d'affichage extrait le contenu de chacune des cases pour l'affecter à la variable `cheval`, puis affiche la valeur de ses champs. Cette variable facilite le traitement du tableau en dissociant l'accès aux cases et l'accès aux champs. Cependant, elle n'est pas indispensable, et l'accès aux champs d'une case peut se faire directement. Ainsi, l'affectation du champ `nom` de la case `nbchevaux` du tableau s'écrit également :

```
Lire(tab_chevaux[nbchevaux].nom)
```

Les programmes sources C, C++ et Java téléchargeables qui implémentent cet algorithme se nomment respectivement : `saisie_affichage_chevaux.c`, `saisie_affichage_chevaux.cpp`, `saisie_affichage_chevaux.java`.

La commande de compilation pour les programmes C et C++ est :

```
$ make saisie_affichage_chevaux
```

Voici un exemple d'exécution de ce programme :

```
$ saisie_affichage_chevaux
Dossard du cheval (0 pour terminer) : 21
Nom du cheval                       : Flèche_d'argent
Dossard du cheval (0 pour terminer) : 18
Nom du cheval                       : Coup_de_vent
Dossard du cheval (0 pour terminer) : 2
Nom du cheval                       : Tornade
```

```
Dossard du cheval (0 pour terminer) : 0
Nom               Dossard Temps Classement
Flèche_d'argent     21    0.00      0
Coup_de_vent        18    0.00      0
Tornade              2    0.00      0
```

Cette exécution montre un problème sous-jacent au type chaîne de caractères. Le nom du cheval ne peut pas contenir d'espace, en général considéré comme un séparateur de mots à la saisie. Un espace dans un nom provoquerait une erreur de saisie. Pour éviter cela, il faut remplacer les espaces par des soulignés ou lire chaque caractère pour reconstituer la chaîne.

La commande de compilation pour le programme Java est :

```
$ javac saisie_affichage_chevaux.java
```

La syntaxe pour exécuter le programme compilé Java est :

```
$ java saisie_affichage_chevaux
```

Dans le programme Java `saisie_affichage_chevaux.java`, un cheval est défini par la classe `CCheval`, la liste des chevaux par la classe `CTabChevaux`. Chaque case du tableau `tab_chevaux` contient l'adresse d'un objet de la classe `CCheval` alloué dynamiquement par l'instruction `new`.

## 6.2. Les listes d'enregistrements

Les *listes d'enregistrements* sont des listes chaînées (voir section 5 de ce chapitre) qui possèdent plusieurs champs de données. Dans le cas d'une liste de chevaux de course, le type enregistrement contient les deux champs pointeurs qui effectuent les chaînages, ainsi que les champs de données `nom`, `dossard`, `temps` et `classement`. Les traitements d'ajout, de suppression ou d'insertion d'un élément « cheval » dans la liste sont semblables à ceux présentés à la section 5. Seule la déclaration du type change. Voici le nouveau type `cheval_de_course` :

**« Pseudo-code »**

```
Type cheval_de_course  en Enregistrement
                 champ pt_succ    en Pointeur de cheval_de_course
                 champ nom        en Chaîne
                 champ dossard    en Entier
                 champ temps      en Réel
                 champ classement en Entier
                 champ pt_pred    en Pointeur de cheval_de_course
            Fin d'Enregistrement
```

Ce modèle de gestion des données complexes minimise l'espace mémoire, contrairement aux tableaux. Il est donc à privilégier dans les algorithmes où la gestion de la mémoire doit être optimisée. Le programme de gestion d'une liste de chevaux de course *via* une liste chaînée est proposé à l'exercice n° 3.

# 7. Variantes sur les tableaux

Les *tableaux dynamiques* et les *tableaux de pointeurs* représentent deux autres alternatives à la gestion de la mémoire.

## 7.1. Les tableaux dynamiques

### Présentation

Les *tableaux dynamiques* s'apparentent aux tableaux pour la facilité d'accès aux données, et aux pointeurs pour l'allocation dynamique de la mémoire. Quand le langage propose cette possibilité, il devient possible d'optimiser l'espace mémoire tout en utilisant une syntaxe simple.

Le tableau dynamique peut s'agrandir durant l'exécution du programme, grâce à l'ajout de nouvelles cases à la suite des autres. Le tableau doit toujours former un *seul bloc de données* dans la mémoire. C'est la condition indispensable pour que la syntaxe liée aux tableaux (indices de case) soit toujours possible. C'est ce qui différencie aussi les tableaux dynamiques des listes chaînées. Avec les listes, les données sont liées entre elles par des pointeurs. Elles peuvent donc être allouées n'importe où dans la mémoire centrale.

Cette contrainte liée à l'implémentation mémoire d'un tableau sous la forme d'un seul bloc de données a une incidence directe sur la performance du programme. Tant que l'espace contigu au tableau est libre, l'agrandissement du tableau alloue simplement les cases supplémentaires. Si le tableau est suivi par un espace occupé par d'autres variables, la réservation d'une nouvelle case à la suite du tableau actuel devient impossible. Tout le tableau est alors déplacé à un autre endroit dans la mémoire. Dans ce cas, l'allocation d'une nouvelle case effectue un traitement plus important que la simple réservation d'une case. Or, cette délocalisation n'est pas contrôlable. Si, à chaque création de case, le tableau est totalement déplacé, la performance du programme s'en ressentira.

La syntaxe `redimensionner(tab_chevaux, nbchevaux)` représente l'agrandissement du tableau `tab_chevaux` à `nbchevaux` cases en pseudo-langage. Voici la boucle de saisie des chevaux avec un tableau dynamique d'enregistrements :

« **Pseudo-code** »

```
Tant que (cheval.dossard <> 0) Faire
  // saisie des informations
  Écrire("Dossard du cheval : ")
  Lire(cheval.dossard)
  Si (cheval.dossard <> 0) Alors
    // on demande la suite, puis on range dans le tableau
    Écrire("Nom du cheval : ")
    Lire(cheval.nom)
    // rangement dans le tableau
    redimensionner(tab_chevaux,nbchevaux+1)
    tab_chevaux[nbchevaux] ← cheval
    nbchevaux ← nbchevaux+1
```

```
    FinSi
FinTantQue
```

Les programmes sources C, et C++ et Java téléchargeables qui implémentent cet algorithme se nomment respectivement : `saisie_affichage_chevaux4.c`, `saisie_affichage_chevaux4.cpp`. Le langage Java ne propose pas de tableaux dynamiques, mais une classe `Vector`.

### La classe *Java Vector*

Le langage Java propose une gestion spécifique des tableaux dynamiques avec la classe `Vector`, dans le paquetage `java.util`. Les principales méthodes associées sont :

- `addElement()` ajoute l'élément indiqué à la fin du vecteur ;
- `insertElementAt()` insère l'élément indiqué à la position précisée ;
- `elementAt(n)` retourne l'objet situé à la position indiquée ;
- `removeElementAt()` retire l'élément situé à la position indiquée ;
- `firstElement()` retourne le premier élément du vecteur ;
- `lastElement()` retourne le dernier élément du vecteur ;
- `isEmpty()` indique si le vecteur est vide ;
- `size()` retourne le nombre d'éléments situés dans le vecteur.

Le programme Java `saisie_affichage_chevaux_vector.java` utilise la classe `Vector`.

Les programmes Java téléchargeables `chargement_liste_notes_vecteur.java`, `insertion_liste_notes_vecteur.java`, `inversion_liste_notes_vecteur.java` et `suppression_liste_notes_vecteur.java` sont la réécriture des programmes `chargement_liste_notes.java`, `insertion_liste_notes.java`, `inversion_liste_notes.java` et `suppression_liste_notes.java` avec la classe `Vector`.

## 7.2. Les tableaux de pointeurs

Les *tableaux de pointeurs* représentent une autre organisation des données, qui associe la souplesse d'accès proposée par les tableaux et l'allocation dynamique de la mémoire supportée par les pointeurs. Cette représentation des données trouve son utilité dans de multiples algorithmes tels que la recherche par *table de hachage chaînée* présentée à la section 4.3 du chapitre 7. Pour en comprendre l'intérêt, prenons un exemple.

L'exemple étudié montre l'incidence de ce modèle de données sur la performance et la souplesse d'un *algorithme de tri* (voir chapitre 6) appliqué à des chaînes de caractères. Trier des données revient à les déplacer de leur position initiale vers leur position définitive, en un ou plusieurs traitements. Or, le déplacement des données peut s'avérer coûteux en temps de calcul si elles sont volumineuses, ou impossible si elles n'ont pas la même taille. Prenons l'exemple d'un programme qui gère une liste de noms de personnes contenus dans un tableau de chaînes de caractères. Le tri par ordre alphabétique inverse les cases du tableau, qui ne sont pas dans l'ordre. Le contenu des cases est donc modifié à chaque inversion, ce qui implique que chaque case doit posséder la même taille et doit pouvoir contenir le nom le plus long. On aboutit ainsi à un tableau très grand, où l'inversion des cases est coûteuse. L'utilisation d'un tableau de pointeurs de chaînes réduit l'encombrement du tableau et le coût du tri. Chaque case pointe sur une chaîne de caractères allouée dynamiquement selon la taille réelle du nom. Les chaînes ont des tailles variables. Le tri n'inverse plus les données mais les pointeurs, ce qui accélère le traitement. La figure 3.17 présente la comparaison entre le résultat du tri d'un tableau de chaînes et celui d'un tableau de pointeurs.

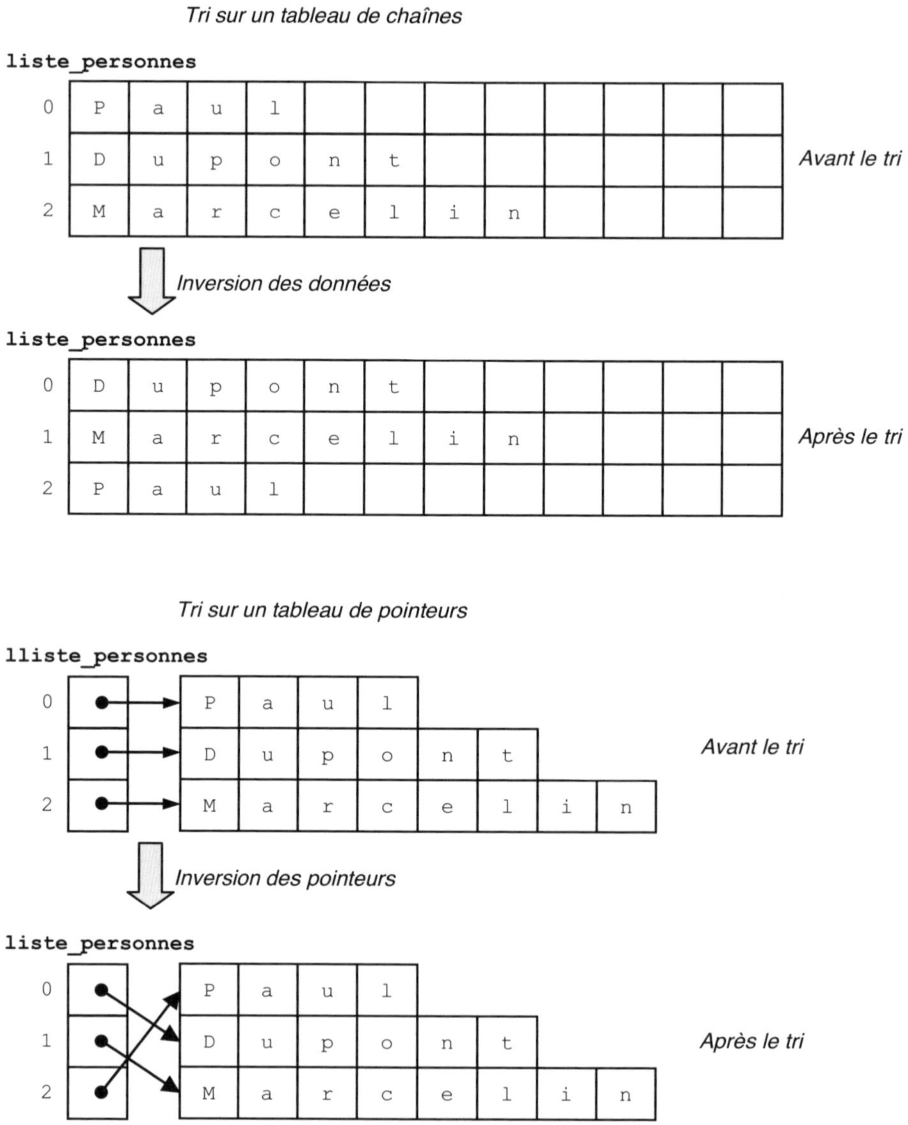


**Figure 3.17** • Tableaux de pointeurs.

## Résumé

Les deux principaux types qui servent de support à la modélisation des données sont les tableaux et les listes chaînées.

Les tableaux proposent une méthode d'accès simple basée sur une numérotation des cases, et une gestion d'un ensemble d'éléments identiques. Les principaux défauts de cette organisation sont la gestion statique de la mémoire (la réservation de l'espace s'effectue au début du programme) et l'impossibilité de gérer des données de natures différentes.

Les listes chaînées sont construites à partir d'enregistrements liés entre eux par des pointeurs. La gestion dynamique de la mémoire, et la prise en compte d'éléments qui possèdent des champs de types différents sont les deux atouts de cette organisation. À l'inverse, la syntaxe donnant accès à un élément ou permettant le parcours de la liste est assez complexe, ce qui représente le principal inconvénient de ce modèle.

Ces deux grandes organisations peuvent être déclinées en plusieurs variantes, comme les tableaux d'enregistrements, les tableaux dynamiques ou les tableaux de pointeurs. Ces modèles permettent de gérer au mieux les données complexes ou d'optimiser le temps de traitement ou l'espace mémoire.

# Problèmes et exercices

Le premier et le deuxième exercice montrent l'incidence de la gestion de l'espace mémoire sur la complexité algorithmique. Le troisième exercice présente une gestion de données complexes par une liste chaînée. Le quatrième exercice porte sur la conversion de base de calcul. Les solutions des exercices ainsi que 10 exercices supplémentaires sont sur le site compagnon.

## Les tableaux

### Exercice 1 : Nombre d'occurrences dans un tableau

Soit un tableau contenant une liste de N nombres entiers dont la valeur est comprise entre 1 et 100. Écrivez un algorithme qui calcule le nombre d'occurrences pour chaque valeur contenue dans le tableau (un nombre entier peut apparaître plusieurs fois).

1. Écrivez une première version qui n'utilise qu'un seul tableau. Indiquez quelle est sa complexité algorithmique.

2. Modifiez l'algorithme pour qu'il utilise deux tableaux. Le premier contiendra les données et le deuxième, les occurrences pour chaque nombre entier. On pourra utiliser l'entier à traiter comme indice du deuxième tableau. Indiquez quelle est sa complexité algorithmique.

### Exercice 2 : Les N premiers nombres premiers avec un tableau

L'une des propriétés des nombres premiers est qu'ils permettent de décomposer n'importe quel nombre entier de manière unique. Ainsi, le nombre 3801 se décompose comme $3 \times 7 \times 181$. Les valeurs 3, 7 et 181 sont des nombres premiers.

Modifiez le programme `premier3` donné en exercice au chapitre 2, qui affiche la liste des N premiers nombres premiers, pour qu'il utilise les nombres premiers déjà calculés comme diviseurs à la place des diviseurs impairs. Pour mémoire, le programme `premier3` s'appuie sur une boucle principale qui teste si le nombre représenté par le compteur de la boucle est premier ou non. Pour prouver qu'il n'est pas premier, on essaie de le diviser par une série de diviseurs impairs, qui commencent à 3 et s'arrêtent à la racine carrée du nombre. Le nouvel algorithme conservera dans un tableau chaque nouveau nombre premier trouvé, et utilisera ce tableau comme suite de diviseurs pour le prochain nombre à traiter.

## Les listes chaînées

### Exercice 3 : Course hippique

Écrivez les instructions qui saisissent, puis affichent une liste de chevaux de course. Les chevaux seront gérés dans une liste chaînée d'enregistrements. Le résultat de l'exécution sera identique au programme `saisie_affichage_chevaux` présenté à la section 6 de ce chapitre.

## Traitements de caractères

### Exercice 4 : Conversion d'un nombre décimal en base N (de 2 à 36)

L'exercice 3 du chapitre 2 décompose un nombre décimal dans une base inférieure à 10. La boucle principale effectue une série de divisions entières sur le nombre, et affiche le reste de chaque traitement. La boucle évolue en affectant le quotient calculé au nombre pour la prochaine itération, et continue tant que le quotient est différent de 0. Pour mémoire, voici le résultat de l'algorithme de l'exercice 3 du chapitre 2 sur le nombre 2500.

```
Entrez un nombre entier : 2500
Base de conversion : 8
4
0
7
4
```

Modifiez l'algorithme précédent pour qu'il convertisse (à la place de le décomposer) un entier en base N (variant de 2 à 36). Le nombre doit s'afficher dans le bon ordre. Voici un exemple d'exécution du programme sur le nombre décimal 2500, qui s'écrit 9C4 en hexadécimal.

```
Nombre à convertir:2500
Base de conversion:16
2500 en base 16 = 9C4
```

# 4

# La récursivité

L'algorithmique présentée dans les chapitres précédents peut être qualifiée d'*élémentaire*, car elle décrit des processus de traitement et des modèles de données relativement traditionnels dans la plupart des langages.

Ce chapitre débute la deuxième partie de l'ouvrage, consacrée à la description de concepts et de méthodes purement algorithmiques, avec l'étude des traitements récursifs. Cette partie fait appel à des notions et à des raisonnements plus abstraits.

## 1. Principe

La conception des algorithmes présentés jusque-là s'appuie sur la méthode *itérative*, basée sur les boucles, et qui décrit le calcul pas à pas. La *récursivité* propose une autre approche des traitements, à la fois plus séduisante, plus simple à écrire, mais souvent plus complexe à concevoir.

La description d'un calcul basé sur la méthode itérative définit un traitement élémentaire qui progresse grâce à une boucle, du premier jusqu'au dernier calcul. À la fin de la boucle, le dernier traitement donne le résultat final. Ainsi, le calcul de $x^N$ (le calcul itératif d'une puissance est présenté à la section 2.3 du chapitre 2) se résume à calculer $x^1$, puis $x^2$, $x^3$, ... N fois. Il progresse à chaque nouvelle itération de la boucle, en réutilisant le résultat de l'itération précédente et en le multipliant par x, ce qui correspond au calcul suivant :

$$x^N = (\ldots( ( ( ( (x)*x)*x )*x )*x )*\ldots)*x \qquad \text{N fois}$$

La récursivité propose une approche opposée. Le calcul final est exprimé en fonction du calcul précédent, ce qui donne : $x^N = x* x^{N-1}$. Avec cette méthode, le calcul se définit par lui-même : c'est la notion de récursivité. Ce formalisme mathématique donne l'impression de ne pas avancer dans la recherche de la solution, car si on connaît la valeur de x, on ne connaît pas celle de $x^{N-1}$. En poursuivant le raisonnement, on peut exprimer $x^{N-1}$ comme égal à $x* x^{N-2}$, et ainsi de suite, jusqu'à obtenir $x^1 = x$. Ainsi, de proche en proche, le calcul devient :

$$x^N = x*x^{N-1} = x*( x*x^{N-2}) = x*( x*( x*x^{N-3}) ) = x*( x*( x*(\ldots*(x*x^1)\ldots) ) )$$

La comparaison entre ces deux méthodes est présentée à la figure 4.1, qui décrit le calcul de $x^4$.

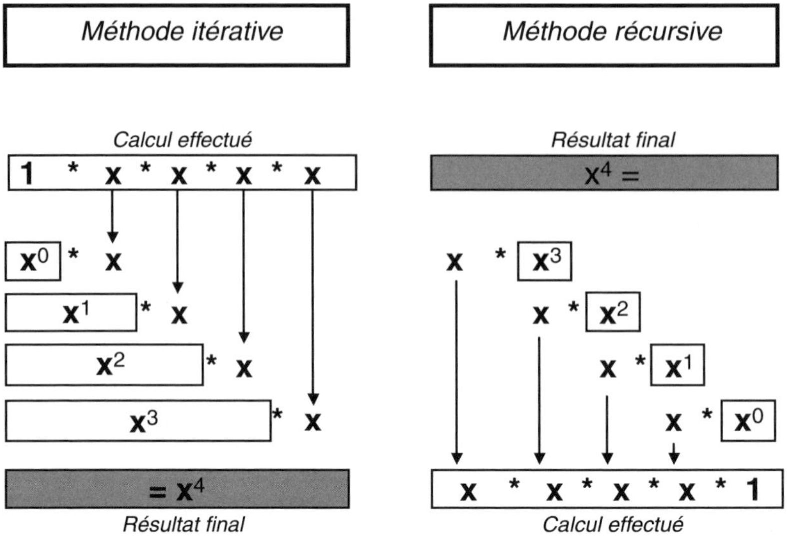


**Figure 4.1** • Comparaison entre un calcul itératif et un calcul récursif.

La méthode itérative utilise clairement une boucle. La valeur initiale (en dehors de la boucle) est 1, soit $x^0$.

La méthode récursive ne peut pas utiliser de boucle, puisque le calcul est exprimé en fonction d'un autre qui n'est pas encore connu, sauf pour la récursion terminale ($x^1$) dont on peut connaître la valeur (la récursion terminale est la dernière étape du traitement récursif). Le traitement est donc formalisé par une fonction (ou une procédure) qui décrit le calcul plutôt que de le faire. On parle de *fonction récursive* car elle s'appelle elle-même. Le fonctionnement d'une telle fonction se passe en deux phases : la *descente en profondeur* par appels récursifs, puis la *remontée du résultat* de chaque appel. Voici le détail de ce fonctionnement sur l'exemple du calcul de la puissance d'un nombre.

Le premier appel de la fonction `puissance(x,N)` effectue le calcul de `x*puissance(x,N-1)`. Ce calcul reste en « suspens », car il déclenche l'appel à la fonction `puissance(x,N-1)` qui effectue le calcul de `x*puissance(x,N-2)`. Ce calcul reste lui-même en attente du résultat du nouvel appel à la fonction `puissance(x,N-2)`, qui calcule `x*puissance(x,N-3)`, etc. On voit que, s'il n'y a pas de boucle, il y a bien une répétition de calculs par une suite d'appels en cascade de la même fonction avec des exposants de plus en plus petits. Chaque appel est suspendu par un nouvel appel, dont il attend le résultat. Si l'enchaînement des appels n'est pas contrôlé, on aboutit à une fonction récursive infinie qui provoque un arrêt brutal du programme. Il faut donc prévoir le cas de la récursion terminale, c'est-à-dire de l'appel dont le résultat est obtenu de manière itérative. Dans notre exemple, cela se produit quand la puissance est égale à 1. Alors, le résultat de la fonction est x. La condition terminale peut aussi correspondre à l'exposant 0, qui donne le résultat 1. Quand le « fond » des appels récursifs est atteint (la récursion terminale donne un résultat et ne fait plus d'appel), l'appel le plus profond se termine et retourne son résultat à l'appel précédent. Cet appel, qui était en attente d'un résultat, reçoit la valeur de retour, poursuit son calcul, et retourne son résultat à l'appel précédent, qui reprend le traitement suspendu et retourne son résultat, et ainsi de suite. Cette phase constitue la remontée du résultat de chaque appel. Enfin, le premier appel reçoit le résultat final. Le fonctionnement des appels récursifs, avec une phase de descente et une phase de remontée, est présenté à la figure 4.2, qui calcule $x^4$. Pour simplifier la présentation, `puissance(x,N)` est noté `P(x,N)`.

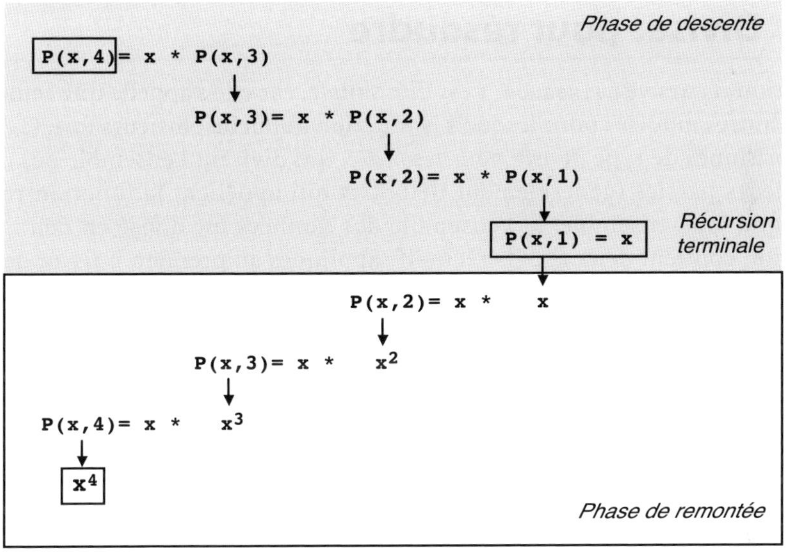


**Figure 4.2** • Fonctionnement des appels récursifs.

L'élégance de cette méthode de programmation tient au fait que le calcul s'effectue de lui-même avec, comme seules informations, la valeur de la récursion finale et la description du calcul. C'est à la fois simple et puissant. Concevoir une fonction récursive suppose le respect de deux règles : définir la *récursion terminale* et décrire la *méthode de calcul* à partir de la fonction elle-même. Voici l'écriture de la fonction récursive `puissance(x,N)` :

« **Pseudo-code** »

```
Fonction puissance(x, N)
Déclarations
  Paramètre x         en Réel
  Paramètre N         en Entier
  Variable résultat   en Réel
Début
  Si (N = 0) Alors  // Récursion terminale
```

```
      résultat ← 1
   Sinon                // Appel récursif
      résultat ← x * puissance(x,N-1)
   FinSi
   Retourner résultat
Fin
```

Les programmes sources C, C++ et Java téléchargeables qui implémentent cet algorithme se nomment respectivement : `puissance_recursive.c`, `puissance_recursive.cpp`, `puissance_recursive.java`.

## 2. Diviser pour résoudre

La fonction récursive `puissance()` est dite *simple*, car elle s'appelle une seule fois. Il existe d'autres modèles pour lesquels la fonction s'appelle plusieurs fois. C'est le cas des algorithmes de type *diviser pour résoudre*, qui divisent l'ensemble des données en plusieurs parties (généralement deux), et qui appellent la fonction récursive sur chaque sous-ensemble. Si l'ensemble des données est divisé en deux parties, la fonction contient deux appels récursifs appliqués au premier, puis au deuxième sous-ensemble.

Le parcours d'un arbre binaire (chaque sommet de l'arbre possède deux branches, qui aboutissent à un sommet, qui contient lui-même deux branches, etc.) est une parfaite illustration de l'efficacité de cette technique (les arbres sont étudiés au chapitre 5). Sur l'arbre binaire représenté à la figure 4.3, parcourir tout l'arbre à partir du sommet s revient à parcourir le sous-arbre de gauche (`g`), traiter le sommet s (ce qui peut correspondre à un affichage), puis parcourir le sous-arbre de droite (`d`).

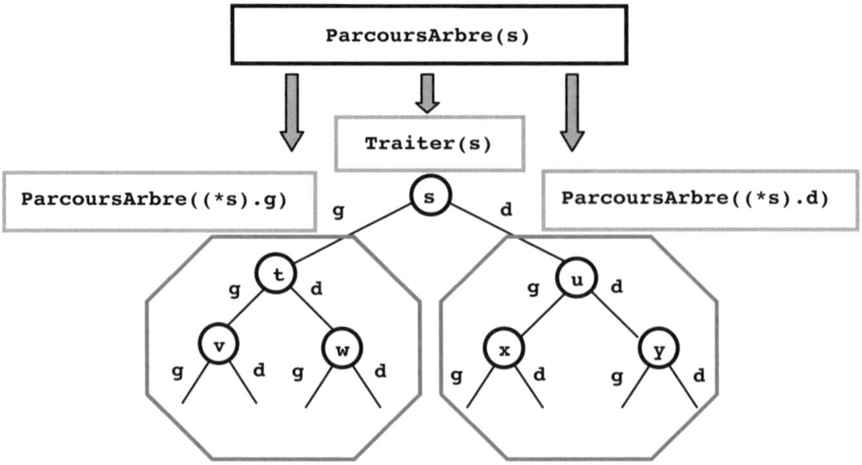


**Figure 4.3** • Parcours d'un arbre binaire.

La fonction récursive `ParcoursArbre()` s'écrit :

« **Pseudo-code** »

```
Fonction ParcoursArbre(s)
Déclaration
  Paramètre s   en Nœud_d'un_arbre
Début
  Si (s <> AUCUNE_ADRESSE) Alors
      ParcoursArbre((*s).g)
      Traiter(s)
      ParcoursArbre((*s).d)
  FinSi
Fin
```

Dans ce modèle de données, le type `Nœud_d'un_arbre` est un enregistrement possédant deux champs de type pointeur d'enregistrement, `g` et `d`, qui pointent respectivement vers le sous-arbre de gauche et celui de droite, et un champ qui contient la donnée liée au sommet.

L'algorithme récursif de type diviser pour résoudre est aussi utilisé pour programmer le jeu des Tours de Hanoi, qui est proposé à l'exercice 4.

# 3. Suppression de la récursion

Les algorithmes récursifs sont séduisants dans leur conception, mais les appels récursifs occasionnent la sauvegarde de l'environnement d'exécution (les valeurs des variables) avant chaque appel et sa restitution au retour de l'appel, ce qui peut diminuer l'efficacité du programme. Les algorithmes itératifs produisant le même résultat ont toutes les chances d'être plus performants, car ils s'exécutent toujours dans le même environnement, c'est-à-dire avec les mêmes variables. Or, il existe des méthodes plus ou moins complexes pour supprimer la récursion d'un algorithme et le transformer en algorithme itératif. Voici une méthode qui s'applique aux algorithmes récursifs simples.

En reprenant l'exemple de la puissance récursive, on constate que le calcul est basé sur la valeur du résultat précédent, $x^N = x^* x^{N-1}$. À l'aide d'un tableau contenant les résultats successifs à chaque étape, il devient possible d'effectuer ce calcul dans le sens normal de la progression de la plus faible puissance vers la puissance finale. La valeur à l'étape 0 ($x^0$) est affectée à la case 0 du tableau `résultat`. Ensuite, une boucle effectue le calcul de $x^1$ qui est égal à $x^*x^0$, soit x*résultat[0]. Ce calcul est rangé dans la case 1 du tableau, qui contient la valeur de $x^1$. À l'itération suivante de la boucle, le calcul de $x^2$ suit le même modèle, $x^2=x^*x^1$, donc $x^2$=x*résultat[1]. De nouveau, le résultat de ce calcul est rangé dans la case 2, et ainsi de suite. Le tableau résultat remplace les appels récursifs en conservant le résultat de chaque itération. On retrouve le principe même de l'algorithme du calcul de la puissance décrit au chapitre 2, qui déduit le nouveau calcul à partir du résultat précédent. Voici la traduction itérative de la fonction puissance.

**« Pseudo-code »**

```
Fonction puissance(x,N)
Déclarations
  Paramètre x          en Réel
  Paramètre N, i       en Entier
  Variable résultat    en Tableau[20] de Réels
Début
  résultat[0] ← 1
  Pour i variant de 1 à N Faire
     résultat[i] ← x * résultat[i-1]
  FinPour
  Retourner résultat[N]
Fin
```

Les programmes sources C, C++ et Java téléchargeables qui implémentent cet algorithme se nomment respectivement : `puissance_iterative.c`, `puissance_iterative.cpp`, `puissance_iterative.java`.

# 4. Récursivité croisée

La récursivité croisée traduit le fait que deux fonctions s'appellent mutuellement. Une fonction `f1()` effectue un calcul en appelant une fonction `f2()`, qui effectue un traitement en utilisant la fonction `f1()`. Comme dans toute récursion, le problème principal à résoudre est le contrôle des appels récursifs. Voici un exemple de deux suites `u(n)` et `v(n)`, qui dépendent l'une de l'autre. Les valeurs initiales sont :

$$u(0)=1, v(0)=2$$

La définition des deux suites est :

$$u(n)=3u(n-1)+2v(n-1)$$

$$v(n)=2u(n-1)+3v(n-1)$$

La propriété de ces deux suites est que `v(n)-u(n)=1`. Voici l'écriture de ces deux fonctions :

**« Pseudo-code »**

```
Fonction u(nb)
Déclaration
  Paramètre nb en Entier
Début
  Si (nb=0) Alors
    retourner 1
  Sinon
    retourner ((3*u(nb-1))+(2*v(nb-1)))
  FinSi
Fin
```

```
Fonction v(nb)
Déclaration
  Paramètre nb en Entier
Début
  Si (nb=0) Alors
    retourner 2
  else
    retourner ((2*u(nb-1))+(3*v(nb-1)))
Fin
```

Les programmes sources C, C++ et Java téléchargeables qui implémentent cet algorithme se nomment respectivement : `recursivite_croisee.c`, `recursivite_croisee.cpp`, `recursivite_croisee.java`. Ils calculent la valeur de `u(n)` et `v(n)` pour un nombre `n` demandé à l'utilisateur.

La commande de compilation pour les programmes C et C++ est :

```
$ make recursivite_croisee
```

Voici un exemple d'exécution de ce programme :

```
$ recursivite_croisee
Entrez un nombre entier : 3
u(3)=187     v(3)=188     Vérification : v(3)-u(3)=1
```

La commande de compilation pour le programme Java est :

```
$ javac recursivite_croisee.java
```

La syntaxe pour exécuter le programme compilé Java est :

```
$ java recursivite_croisee
```

# Résumé

La récursivité fait partie des concepts importants en algorithmique. De nombreux problèmes sont intrinsèquement récursifs, comme le parcours d'un arbre binaire ou la recherche dichotomique, qui reproduisent le traitement sur un sous-ensemble des données initiales. Une fonction récursive est simple à programmer, mais parfois complexe à concevoir. Il faut décrire le calcul et fournir la valeur de la récursion finale, alors que la programmation itérative évalue le calcul à chaque étape de la boucle.

Si les algorithmes récursifs sont puissants, ils peuvent s'avérer coûteux à cause des empilements successifs des contextes d'exécution. Il existe des méthodes plus ou moins complexes pour les transformer en algorithmes itératifs. Ces transformations utilisent des données abstraites, comme les piles étudiées au chapitre 5.

# Problèmes et exercices

Les trois premiers exercices présentent une utilisation simple de la récursivité. Le dernier exercice démontre la simplicité d'écriture et la puissance d'un traitement récursif. Les solutions des exercices ainsi q'un exercice supplémentaire sont sur le site compagnon.

## Exercice 1 : Calcul d'une factorielle

L'exercice 2 du chapitre 2 a présenté le calcul de la factorielle d'un nombre par un algorithme itératif. Écrivez une fonction récursive qui effectue ce calcul. Pour mémoire, la factorielle de 5, notée 5 !, est le résultat de $1 \times 2 \times 3 \times 4 \times 5$.

## Exercice 2 : Détecteur de palindrome

Écrivez un détecteur de *palindrome*. Un palindrome est un mot (ou une phrase) qui se lit aussi bien à l'envers qu'à l'endroit : par exemple, « radar », « kayak », ou bien la phrase « esope reste et se repose » (si on ne tient pas compte des espaces). L'algorithme récursif travaillera sur un tableau de caractères contenant la phrase. Il testera si les deux caractères opposés sont identiques, puis appellera récursivement la fonction sur la partie de la chaîne qui ne contient pas ces deux caractères. Les espaces seront ignorés.

## Exercice 3 : Décomposition d'un nombre en ses facteurs premiers

L'exercice 2 du chapitre 3 utilise une propriété des nombres premiers pour afficher la liste des N premiers nombres premiers. Cette propriété indique que tout nombre est décomposable en une suite de nombres premiers. Ainsi, le nombre 3801 se décompose comme $3 \times 7 \times 181$. Les valeurs 3, 7 et 181 sont des nombres premiers.

Écrivez un algorithme récursif qui décompose un nombre en ses facteurs premiers. L'algorithme demandera le nombre N et affichera la liste des nombres premiers qui le décomposent. Il calculera la liste des nombres premiers compris entre 2 et le nombre selon la méthode utilisée par le programme `premier4` (exercice 2 du chapitre 3), puis utilisera la fonction récursive `décomposition(N)` à écrire.

## Exercice 4 : Les Tours de Hanoi

Les Tours de Hanoi sont un jeu constitué de trois tours symbolisées par des piquets, sur lesquels sont enfilés des disques de tailles différentes, qui forment une pyramide cylindrique. Le nombre de disques est défini au début de la partie, et il est de trois minimum. Le but du jeu est de déplacer la pyramide située initialement sur la tour 1 vers la tour 3, comme le montre la figure 4.4 qui présente la position initiale et la position finale avec trois disques.

Chaque phase de jeu ne déplace qu'un seul disque à la fois, d'une tour vers une autre en respectant l'ordonnancement des disques, du plus petit (en haut) vers le plus grand (en bas), sur chaque piquet. Il est donc interdit de déplacer un disque plus grand vers une tour contenant en haut de la pile un disque plus petit. Voici un exemple de début du jeu : déplacer le premier disque de la tour 1 vers la tour 3, déplacer le deuxième disque de la tour 1 vers la tour 2, déplacer le premier disque de la tour 3 vers la tour 2. Cette suite d'actions équivaut à déplacer les deux premiers disques de la tour 1 vers la tour 2, en respectant les règles indiquées précédemment.

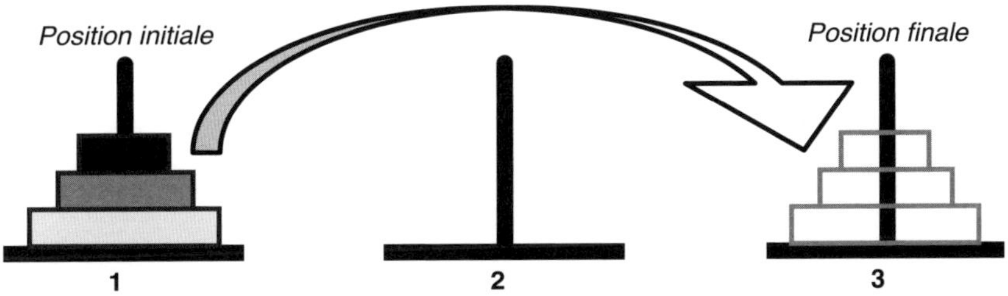


**Figure 4.4** • Principe du jeu des Tours de Hanoi.

Écrivez l'algorithme de ce jeu, et plus particulièrement la procédure récursive de déplacement d'une pile de disques notée `déplacer(nb_disques,départ,arrivée,intermédiaire)`, où `nb_disques` est le nombre de disques à déplacer, `départ` le numéro de la tour où se trouvent ces disques, `arrivée` le numéro de la tour cible, et `intermédiaire` le numéro de la tour restante.

# 5

# Les données abstraites

Les chapitres précédents ont présenté la modélisation des données à partir de types prédéfinis, comme les tableaux (données statiques) ou les listes chaînées (données dynamiques). L'algorithme est alors dépendant du type utilisé : la modification de l'organisation des données entraîne celle de l'algorithme.

Les données *abstraites* permettent de concevoir des algorithmes indépendamment d'une structure particulière, en ce basant sur des données « génériques ». Les traitements s'appuient sur cette organisation des données, et deviennent eux-mêmes « génériques ». Les données astraites sont implémentées indifféremment par des tableaux ou des listes chaînées, sans aucune incidence sur l'algorithme qui ne « voit » que la donnée abstraite. Ce chapitre aborde les piles, les files et les arbres.

## 1. Les piles

### 1.1. Principe

Une *pile* est une donnée à accès restreint, ce qui signifie que son traitement se limite à quelques manipulations. Avec une pile, seules deux opérations sont autorisées : *empiler* ou *dépiler* (retirer) un élément. La limitation des manipulations permet de s'affranchir facilement de l'implémentation réelle de la donnée, en définissant des modules de traitement dédiés à ces deux opérations.

La gestion de ce type de données est comparable à celle d'une pile d'assiettes. Toute nouvelle assiette est ajoutée en haut de la pile ; le retrait d'une assiette enlève celle qui a été posée en dernier. Cette gestion est également implémentée dans les traitements de textes *via* le retour aux versions précédentes du texte dans une même session (on retire les modifications dans l'ordre chronolique inverse), ou bien dans la navigation Internet avec la flèche « En arrière » des navigateurs. Cette méthode d'accès, où le dernier élément posé sur la pile est le premier à en sortir, se nomme *LIFO* (*Last In, First Out*). La figure 5.1 montre le résultat de l'empilement des valeurs numériques de 1 à 5. La dernière valeur est empilée en haut. Elle sera la première à être dépilée.

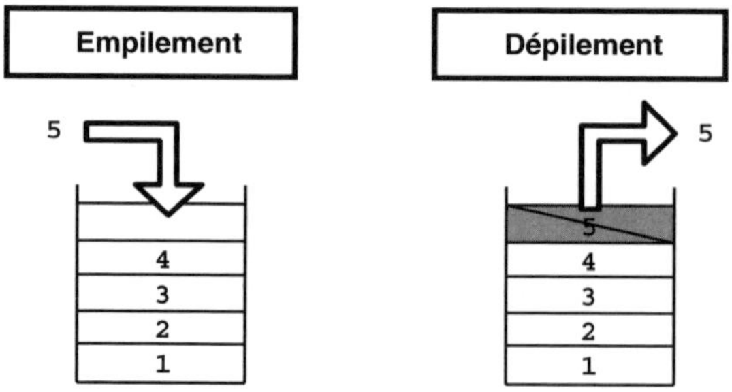


**Figure 5.1** • Fonctionnement d'une pile.

Les piles sont particulièrement adaptées aux processus qui nécessitent la mise en attente de données pour un traitement ultérieur. C'est le cas du calcul d'une expression arithmétique en *notation polonaise inversée*, également appelée *notation postfixée*, ou les données apparaissent avant l'opérateur, par exemple 3 2 + pour effectuer 3+2. Les piles sont également un support privilégié pour rendre itératif un traitement récursif. Les valeurs correspondant aux appels récursifs sont empilées, et leur dépilement simule la remontée des appels.

## 1.2. Les primitives

Un programme utilisant une pile n'a pas besoin de connaître l'implémentation réelle des données. Il se contente de les empiler ou de les dépiler. Il utilise des sous-programmes qui implémentent les traitements de base, appelés *primitives* de gestion. Les principales primitives sont :

- `empiler()` : cette procédure ajoute la donnée passée en argument en haut de la pile.
- `dépiler()` : cette fonction, sans argument, retourne l'élément extrait du dessus de la pile.
- `pile_vide()` : cette fonction retourne la valeur VRAI si la pile est vide, et FAUX le cas échéant.
- `initialiser_pile()` : cette procédure initialise la pile.

Ces primitives gèrent la pile sous la forme de tableaux ou de listes chaînées.

## 1.3. Utilisation des tableaux

La représentation la plus simple d'une pile est le tableau. Si le nombre maximal d'éléments contenus dans la pile est connu à l'avance, il est facile de définir la taille du tableau. Sinon, il faut définir un tableau suffisamment grand, ou employer un tableau dynamique.

Chaque nouvel élément de la pile est ajouté dans une case vide du tableau. Le dépilement retire cet élément. Une variable entière indiquant le nombre d'éléments contrôle l'état du tableau. La pile et sa variable de contrôle doivent être définies en global pour être modifiables par tous les sous-programmes. Voici les différentes primitives de gestion d'une pile de caractères.

La procédure `initialiser_pile()` positionne simplement le nombre d'éléments à 0.

**« Pseudo-code »**

```
Procédure initialiser_pile()
Début
  nbéléments ← 0
Fin
```

La procédure `empiler()` ajoute le nouvel élément dans une case vide du tableau et fait progresser le nombre d'éléments.

**« Pseudo-code »**

```
Procédure empiler(c)
Déclaration
  Paramètres c en Caractère
Début
  pile[nbéléments] ← c
  nbéléments ← nbéléments+1
Fin
```

La fonction `dépiler()` retire un élément du tableau et retourne sa valeur au programme appelant.

**« Pseudo-code »**

```
Fonction dépiler()
Déclaration
  Variable c en Caractère
Début
  nbéléments ← nbéléments-1
  c ← pile[nbéléments]
  retourner c
Fin
```

La fonction `pile_vide()` retourne une valeur booléenne qui indique si la pile est vide.

**« Pseudo-code »**

```
Fonction pile_vide()
Début
  Si (nbéléments = 0) Alors
    retourner VRAI
  Sinon
    retourner FAUX
  FinSi
Fin
```

## 1.4. Utilisation des listes chaînées

Les listes chaînées sont plus appropriées quand le nombre maximal d'éléments à empiler est inconnu. Elles définissent des piles dynamiques qui grandissent au fur et à mesure de leur remplissage. Tout comme les tableaux dynamiques, elles assurent un bon fonctionnement, quel que soit le nombre d'éléments empilés, ce qui n'est pas le cas des tableaux statiques. Avec cette organisation, la pile devient un pointeur d'élément. Elle correspond au pointeur de début de la liste chaînée. Un deuxième pointeur indiquant la fin de la liste facilite sa gestion, en évitant un parcours systématique de la liste pour ajouter un élément à la fin. La pile et le pointeur de fin de liste doivent être définis en global. Le type `élément` d'une pile de caractères est :

**« Pseudo-code »**

```
Type élément  en Enregistrement
                   champ pt_succ  en Pointeur d'élément
                   champ c        en Caractère
                   champ pt_pred  en Pointeur d'élément
                Fin d'Enregistrement
```

Voici la réécriture des primitives de gestion de la pile sous la forme d'une liste chaînée. La procédure `initialiser_pile()` positionne l'adresse initiale de la pile et du pointeur de fin de liste.

**« Pseudo-code »**

```
Procédure initialiser_pile()
Début
  pile   ← AUCUNE_ADRESSE
  pt_fin ← AUCUNE_ADRESSE
Fin
```

La procédure `empiler()` ajoute le nouvel élément à la fin de la liste chaînée. Les instructions de gestion d'une liste chaînée sont présentées dans le chapitre 3.

**« Pseudo-code »**

```
Procédure empiler(c)
Déclarations
  Paramètres c en Caractère
  Variable pt_nouveau en Pointeur d'élément
Début
  // création du nouvel élément
  pt_nouveau ← allouer(élément)
  // Initialisation des champs c, pt_pred, pt_succ
  (*pt_nouveau).c ← c
  (*pt_nouveau).pt_pred ← AUCUNE_ADRESSE
  (*pt_nouveau).pt_succ ← AUCUNE_ADRESSE
  // Ajout du nouvel élément en fin de liste
  Si (pile = AUCUNE_ADRESSE) Alors
    // la liste est vide
```

```
    pile    ← pt_nouveau
    pt_fin ← pt_nouveau
  Sinon
    // étape 1: on affecte le champ pt_succ du dernier élément
    (*pt_fin).pt_succ  ← pt_nouveau
    // étape 2: on affecte le champ pt_pred du nouvel élément
    (*pt_nouveau).pt_pred  ← pt_fin
    // étape 3 - on met à jour pt_fin
    pt_fin  ← pt_nouveau
  FinSi
Fin
```

La fonction `dépiler()` retire un élément (`candidat`) de la liste et retourne la valeur de sa donnée.

**« Pseudo-code »**

```
Fonction dépiler()
Déclarations
  Variable candidat en élément
  Variable pt_pred en Pointeur délément
Début
  // extraction du dernier élément de la pile
  candidat  ← (*pt_fin)
  candidat.pt_pred  ← AUCUNE_ADRESSE
  candidat.pt_succ  ← AUCUNE_ADRESSE
  // retrait de la pile
  pt_pred ← (*pt_fin).pt_pred
  Si (pt_pred = AUCUNE_ADRESSE) Alors
     pile  ← AUCUNE_ADRESSE
  Sinon
     (*pt_pred).pt_succ  ← AUCUNE_ADRESSE
  FinSi
  // libération de l'élément
  libérer(pt_fin)
  pt_fin ← pt_pred
  retourner candidat.c
Fin
```

La fonction `pile_vide()` retourne la valeur FAUX, si la pile ne pointe sur aucun élément.

**« Pseudo-code »**

```
Fonction pile_vide()
Début
  Si (pile = AUCUNE_ADRESSE) Alors
    retourner VRAI
  Sinon
    retourner FAUX
  FinSi
Fin
```

## 1.5. Exemple

Le programme donné en exemple effectue l'inversion d'une chaîne de caractères. L'algorithme empile les caractères lus, puis les dépile tant que la pile n'est pas vide. La fonction `fin_de_ligne()` retourne VRAI quand tous les caractères ont été lus.

**« Pseudo-code »**

```
caract ← ' '
initialiser_pile()
Écrire("Entrez une chaîne de caractères : ")
Tant que (caract <> fin_de_ligne()) Faire
  Lire(caract)
  empiler(caract)
FinTantQue
Tant que ( NON pile_vide()) Faire
    Écrire(dépiler())
FinTantQue
```

Les primitives cachent la vraie nature de la pile au programme appelant. Voici le programme C qui implémente cet algorithme, avec les primitives employant les tableaux.

**« C »**

```
/* inversion_chaine.c */
/* pile avec un tableau */
#include <stdio.h>
#define MAX 40
void initialiser_pile() ;
void empiler(char c) ;
char depiler() ;
int pile_vide() ;
char pile[MAX] ;
int nbelements ;
main()
{
  char caract=' ' ;
  initialiser_pile() ;
  printf("Entrez une chaîne de caractères : ");
  while (caract != '\n')
  {
    scanf("%c",&caract);
    if (caract != '\n')
      empiler(caract) ;
  }
  while ( ! pile_vide())
    printf("%c",depiler()) ;
  printf("\n") ;
}
/* --- primitives --- */
void initialiser_pile()
```

```
{
  nbelements=0 ;
}
void empiler(char c)
{
  pile[nbelements++]=c ;
}
char depiler()
{
  return pile[--nbelements] ;
}
int pile_vide()
{
  return !nbelements ;
}
```

Les programmes sources C, C++ et Java téléchargeables qui implémentent cet algorithme, avec les primitives qui emploient les tableaux, se nomment respectivement : `inversion_chaine.c`, `inversion_chaine.cpp`, `inversion_chaine.java`.

La commande de compilation pour les programmes C et C++ est :

```
$ make inversion_chaine
```

Voici un exemple d'exécution de ce programme :

```
$ inversion_chaine
Entrez une chaîne de caractères : essai de phrase
esarhp ed iasse
```

La commande de compilation pour le programme Java est :

```
$ javac inversion_chaine.java
```

La syntaxe pour exécuter le programme compilé Java est :

```
$ java inversion_chaine
```

Le programme `inversion_chaine2.c` présente la version basée sur la liste chaînée. Le programme principal reste inchangé. Il est indépendant de la structure interne des données.

**« C »**

```
/* inversion_chaine2.c         */
/* pile avec une liste chaînée */
#include <stdio.h>
#include <stdlib.h>
void initialiser_pile() ;
void empiler(char c) ;
char depiler() ;
int pile_vide() ;
struct element {
                struct element *pt_succ ;
```

```
                 char c                ;
                 struct element *pt_pred ;
                };
struct element *pile, *pt_fin ;
main()
{
  char caract=' ' ;
  initialiser_pile() ;

  printf("Entrez une chaîne de caractères : ");
  while (caract != '\n')
  {
    scanf("%c",&caract);
    if (caract != '\n')
      empiler(caract) ;
  }
  while ( ! pile_vide())
    printf("%c",depiler()) ;
  printf("\n") ;
}
/* --- primitives --- */
void initialiser_pile()
{ pile   = NULL ;
  pt_fin = NULL ;
}
void empiler(char c)
{
  struct element *pt_nouveau ;
  /* création du nouvel élément */
  pt_nouveau=(struct element *) malloc(sizeof(struct element));
  /* Initialisation des champs c, pt_pred, pt_succ */
  pt_nouveau->c = c ;
  pt_nouveau->pt_pred = NULL ;
  pt_nouveau->pt_succ = NULL ;
  /* Ajout du nouvel élément en fin de liste */
  if (pile == NULL)
  {
    /* la liste est vide */
    pile   = pt_nouveau ;
    pt_fin = pt_nouveau ;
  }
  else
  {
    /* étape 1: on affecte le champ pt_succ du dernier élément */
    pt_fin->pt_succ = pt_nouveau ;
    /* étape 2: on affecte le champ pt_pred du nouvel élément */
    pt_nouveau->pt_pred = pt_fin ;
    /* étape 3 - on met à jour pt_fin */
    pt_fin = pt_nouveau ;
  }
}
char depiler()
{
```

```
  struct element candidat, *pt_pred ;
  /* extraction du dernier élément de la pile */
  candidat = (*pt_fin) ;
  candidat.pt_pred = NULL ;
  candidat.pt_succ = NULL ;
  /* retrait de la pile */
  pt_pred=pt_fin->pt_pred ;
  if (pt_pred == NULL)
     pile = NULL ;
  else
     pt_pred->pt_succ = NULL ;
  /* libération de l'élément */
  free(pt_fin) ;
  pt_fin=pt_pred ;
  return candidat.c ;
}
int pile_vide()
{
  if (pile == NULL)
    return 1 ;
  else
    return 0 ;
}
```

Les programmes sources C, C++ et Java téléchargeables qui implémentent cet algorithme, avec les primitives qui emploient les listes chaînées, se nomment respectivement : `inversion_chaine2.c`, `inversion_chaine2.cpp`, `inversion_chaine2.java`.

Le programme source Java téléchargeable `inversion_chaine_LinkedList.java` implémente l'algorithme d'inversion de chaîne, en utilisant la classe `LinkedList` du paquetage `java.util`.

## 1.6. Les piles et la récursivité

Les piles sont des données privilégiées pour transformer un algorithme récursif en itératif. Le chapitre précédent a montré comment procéder à l'aide d'un tableau qui conserve les valeurs en remplacement des appels récursifs. Sans le dire clairement, les solutions proposées utilisaient des piles. La version itérative de la fonction puissance qui a été présentée est :

**« Pseudo-code »**

```
Fonction puissance(x, N)
Déclarations
  ...
Début
  résultat[0] ← 1
  Pour i variant de 1 à N Faire
     résultat[i] ← x * résultat[i-1]
  FinPour
  Retourner résultat[N]
Fin
```

Cette fonction peut être réécrite pour utiliser explicitement une pile au lieu d'un tableau. Dans la version précédente, le tableau sert de support explicite pour conserver les résultats. Dans le programme suivant, les calculs sont conservés dans une pile, qui peut être de n'importe quel type (tableau, liste chaînée…). Voici le programme :

**« Pseudo-code »**

```
...
  empiler(1)
  Pour i variant de 1 à N Faire
     empiler(x * dépiler())
  FinPour
  Retourner dépiler()
```

Un exercice portant sur les Tours de Hanoi, proposé au téléchargement, montre comment procéder pour transformer un algorithme récursif plus complexe en algorithme itératif.

## 1.7 La classe *Java Stack*

Le langage Java propose une classe `Stack` dans le paquetage `java.util` pour la gestion d'une pile d'objets génériques. Ainsi `Stack<String>` désigne une pile de chaînes de caractères. D'une manière générale, `Stack<CElement>` désigne une pile d'objets de la classe `CElement`.

Cependant, la syntaxe `Stack<int>` est illégale car `int` n'est pas une classe mais un type. Pour résoudre ce problème, le langage Java propose une classe pour chaque type : `Character` pour le type `char`, `Integer` pour le type `int`, `Long` pour le type `long`, `Float` pour le type `float` et `Double` pour le type double.

Par exemple, avec la classe `Stack`, il faut utiliser la classe `Integer`, qui a un champ private de type `int`. La syntaxe devient : `Stack<Integer>`.

Les principales méthodes associées à la classe `Stack` sont :

- `pop()` pour « dépiler » (retirer) un élément du sommet de la pile ;
- `push()` pour « empiler » (ajouter) un élément au sommet de la pile ;
- `peek()` pour retourner (consulter sans dépiler) l'objet situé au sommet de la pile ;
- `empty()` retourne « vrai » si la pile est vide ;
- `search()` retourne la position de la première occurrence de l'objet passé en argument.

Le programme source Java téléchargeable `inversion_chaine_stack.java` implémente l'algorithme d'inversion de chaîne, en utilisant la classe `Stack` du paquetage `java.util`.

# 2. Les files

## 2.1. Principe

Une *file* est aussi une donnée à accès restreint. Elle se comporte de la même manière que la pile, à la différence que le premier élément entré est le premier sorti. Cette méthode d'accès se nomme *FIFO* (*First In, First Out*). La gestion d'une file se résume à *enfiler* un élément (on l'ajoute à la fin de la file), ou à *défiler* un élément (on retire le premier élément de la file), comme le montre la figure 5.2.

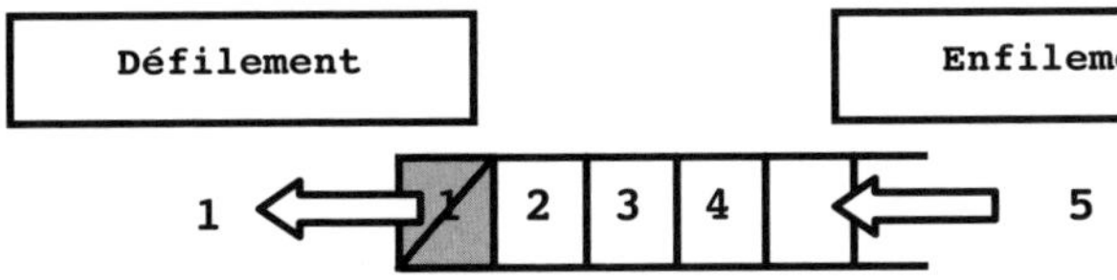


**Figure 5.2** • Fonctionnement d'une file.

Les files sont moins présentes dans les algorithmes, car leur champ d'application est moins étendu que celui des piles. Cependant, il existe des domaines où elles sont indispensables. C'est le cas de la gestion des requêtes d'impression sur un ordinateur. La file permet de soumettre les travaux dans leur ordre d'arrivée. Il existe également des environnements de la vie courante, où l'utilisation d'une file est plus appropriée qu'une pile. Imaginons le traitement de l'accueil du public à un guichet de la Poste. Une gestion en pile ne manquerait pas de provoquer une émeute, car le dernier arrivé serait le premier servi ! Dans cet exemple, il n'y a pas besoin d'explication pour admettre que la file est le modèle à utiliser. Tout comme les piles, les files peuvent être implémentées sous la forme de tableaux ou de listes chaînées.

## 2.2. Utilisation des tableaux

Contrairement à la pile, où l'élément dépilé (le dernier) est effectivement retiré du tableau, la gestion d'une file peut se limiter à ajouter des éléments à la fin du tableau (enfiler), et à simuler le retrait du premier élément par le déplacement d'un indice qui indique sa position. Cette méthode est beaucoup moins coûteuse que le retrait effectif du premier élément, qui implique le décalage de tous les autres éléments. Seuls deux indices suffisent pour enfiler et défiler. Voici les primitives de gestion d'une file. Nous conservons le type tableau de caractères pour représenter la file.

La procédure `initialiser_file()` positionne les indices de début de file et de fin de file.

« **Pseudo-code** »

```
Procédure initialiser_file()
Début
  début_file ← 0
  fin_file ← 0
Fin
```

La procédure `enfiler()` ajoute le nouvel élément dans une case vide du tableau et fait progresser l'indice de fin de liste.

**« Pseudo-code »**

```
Procédure enfiler(c)
Déclaration
  Paramètres c en Caractère
Début
  file[fin_file] ← c
  fin_file ← fin_file +1
Fin
```

La fonction `défiler()` retourne l'élément indiqué par `début_file` et fait progresser cet indice.

**« Pseudo-code »**

```
Fonction défiler()
Déclaration
  Variable c en Caractère
Début
  c ← file[début_file]
  début_file ← début_file+1
retourner c
Fin
```

La fonction `file_vide()` retourne une valeur booléenne qui indique si la file est vide.

**« Pseudo-code »**

```
Fonction file_vide()
Début
  Si (début_file = fin_file) Alors
    retourner VRAI
  Sinon
    retourner FAUX
  FinSi
Fin
```

La limite de cette technique est la taille de la file, qui ne fait que grandir. Si le contexte montre que le nombre d'éléments à enfiler est important, alors il faudra soit définir un tableau de grande taille, soit passer sur un modèle évolutif à base de tableaux dynamiques ou de listes chaînées.

Il est également possible de retirer l'élement en début de tableau lors de l'opération `défiler()`, par un décalage d'une case vers la gauche de tous les autres éléments. Cette dernière solution permet de travailler sur un tableau dont la taille est limitée au nombre maximal d'éléments situés dans la file à un instant *t*. Elle est cependant pénalisante en termes de performances car, à chaque opération `défiler()`, tous les éléments du tableau sont décalés.

## 2.3. Utilisation des listes chaînées

La gestion de la file avec une liste chaînée est semblable à celle de la pile. Le type `élément` est inchangé. L'enfilement crée une nouvelle structure qui est ajoutée à la fin de la liste, comme avec une pile. La plupart des primitives sont identiques à celles qui sont proposées pour la gestion de la pile. Pour obtenir la procédure `enfiler()`, il suffit de changer le nom du pointeur `pile` en `file` dans la procédure `empiler()` présentée à la section 1.4. On procède de la même manière pour la procédure `initialiser_file()`, et la fonction `file_vide()`. Nous ne détaillons que la fonction `défiler()` qui diffère de la fonction `dépiler()`.

La fonction `défiler()` déplace le pointeur de début de file d'un élément, et libère l'espace occupé par l'élément qui est défilé.

**« Pseudo-code »**

```
Fonction défiler()
Déclarations
  Variable candidat en élément
  Variable pt_succ en Pointeur d'élément
Début
  // extraction du premier élément de la file
  candidat  ← (*file)
  candidat.pt_pred  ← AUCUNE_ADRESSE
  candidat.pt_succ  ← AUCUNE_ADRESSE
  // retrait de la file
  pt_succ ← (*file).pt_succ
  Si (pt_succ = AUCUNE_ADRESSE) Alors
     file    ← AUCUNE_ADRESSE
     pt_fin  ← AUCUNE_ADRESSE
  Sinon
     (*pt_succ).pt_pred  ← AUCUNE_ADRESSE
  FinSi
  // libération de l'élément
  libérer(file)
  file ← pt_succ
  retourner candidat.c
Fin
```

Deux exemples pratiques de traitement d'une file associée à une pile sont donnés en exercices.

## 2.4 L'interface Java Queue avec la classe LinkedList

Le langage Java propose une inteface `Queue` dans le paquetage `java.util`, associée à la classe `LinkedList`, pour la gestion d'une file d'objets génériques. Une interface Java définit des méthodes abstraites et des constantes qui sont ensuite implémentées par les classes. Ainsi, `Queue<String>` désigne une file de chaînes de caractères. D'une manière générale `Queue <CElement>` désigne une file d'objets de la classe `CElement`.

De la même manière que la classe `Stack`, il faut utiliser les classes `Character`, `Integer`, `Long`, `Float` et `Double` correspondant aux types `char`, `int`, `long`, `float`, `double`.

Les principales méthodes associées à l'interface `Queue` sont : `element`, `offer`, `peek`, `poll`, `remove`. Les autres sont héritées de la class `List` ou `linkedList`. En voici le détail :

- `isEmpty()` qui retourne « vrai » si la file est vide ;
- `size()` qui retourne le nombre d'éléments situés dans la file ;
- `element()` ou `peek()` pour retourner (consulter sans défiler) l'objet en tête de file (le plus ancien de la file) ;
- `add()` ou `offer()` pour « enfiler » (ajouter) à la fin de la file ;
- `remove()` ou `poll()` pour « défiler » (retirer) l'objet le plus ancien, soit le premier de la file.

Par exemple, la déclaration d'une file de caractères, `filec`, se note :

```
Queue<Character> filec=new LinkedList<Character>() ;
```

Le programme source Java téléchargeable `calculateur_Stack_Queue.java` implémente l'algorithme de calcul d'une expression, en utilisant l'interface `Queue`. Le programme `Exemple_Simple_Queue.java`, montre un traitement simple d'une file de caractères.

# 3. Les arbres

## 3.1. Principe et définitions

Les arbres sont des données abstraites à deux dimensions (ils sont usuellement représentés sur une surface plane), contrairement aux piles et aux files qui sont linéaires (liste d'éléments). Ils peuvent servir à représenter des informations hiérarchisées, comme des arbres généalogiques ou les processus sous Unix, à décomposer la syntaxe d'une expression arithmétique, ou à organiser les données pour permettre un accès rapide. De nombreux algorithmes utilisent des arbres pour représenter les données. C'est le cas de la recherche par arbre équilibré, qui est étudiée dans le chapitre 7. Il est important de connaître certains termes particuliers aux arbres pour comprendre ces algorithmes.

Un arbre est constitué d'un ensemble d'éléments, appelés *nœuds*, qui sont organisés de manière hiérarchique. Ces nœuds sont liés entre eux par des *arêtes*. Chaque nœud possède un *père*, et peut posséder des descendants, ses *fils*. Les fils peuvent eux-mêmes être pères d'autres fils. Un nœud particulier débute cette arborescence, la *racine*. C'est le seul à ne pas posséder de père. Les nœuds terminant l'arborescence sont aussi appelés *feuilles* ou *nœuds terminaux*. Une feuille ne possède pas de fils. Tout nœud de l'arbre est la racine d'un *sous-arbre*, constitué par sa descendance et lui-même. Cette dernière remarque montre qu'un arbre est une structure récursive, qui peut facilement être gérée par des procédures récursives. Les nœuds d'un arbre se répartissent en *niveaux*. Le niveau d'un nœud est la distance en nombre de nœuds (à l'exclusion de lui-même) qui le sépare de la racine. La figure 5.3 présente un arbre qui organise un ensemble de caractères. Le nœud U est la racine. Les nœuds N, B, R et E sont des feuilles.

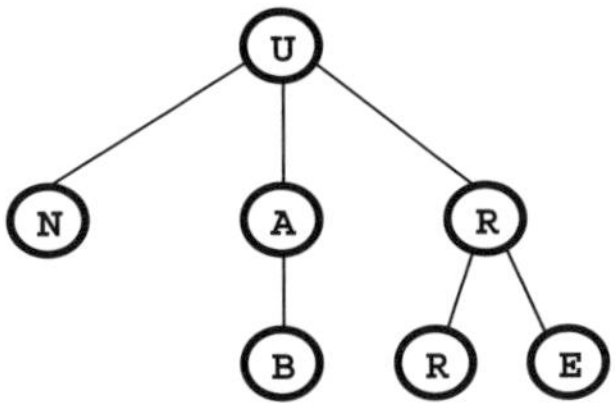


**Figure 5.3** • Structure d'un arbre.

Les arbres sont généralement gérés comme des structures liées entre elles par des pointeurs. Il est aussi possible de se servir de tableaux, mais cette représentation est moins « naturelle ». Nous n'étudierons que la première méthode.

## 3.2. Les types d'arbres

Les arbres sont répartis en deux catégories : les *arbres binaires* et les *arbres multibranches.*

Les *arbres binaires* sont des arbres dans lesquels chaque nœud possède deux fils tout au plus. Les fils sont généralement nommés *gauche* et *droit.* La structure d'un nœud est un enregistrement qui possède deux pointeurs vers ses fils, en plus des champs de données. Ces arbres sont majoritairement employés dans les algorithmes. Nous ne traitons que ce type d'arbres dans ce chapitre.

Les *arbres multibranches* sont peu utilisés dans les algorithmes, car ils peuvent être représentés par des arbres binaires équivalents. Par conséquent, tous les algorithmes travaillant sur les arbres binaires s'appliquent aux arbres multibranches, une fois transformés. Cette propriété explique la prépondérance des arbres binaires. La figure 5.4 présente l'arbre binaire qui correspond à l'arbre multibranches qui est présenté à la figure 5.3. Il est obtenu en définissant pour chaque nœud le lien gauche qui pointe sur son premier fils de gauche, et le lien droit qui pointe vers son frère situé à droite.

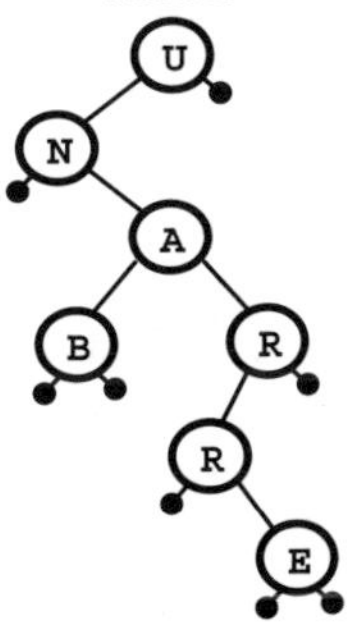


**Figure 5.4** • Représentation d'un arbre multibranche en arbre binaire.

## 3.3. Création d'un arbre binaire d'expression

Nous présentons dans cette partie la méthode pour créer l'arbre binaire d'une expression arithmétique. Il existe une relation assez forte entre une expression arithmétique, où les opérateurs sont souvent dyadiques, et les arbres binaires. Pour faciliter la compréhension, les valeurs numériques sont remplacées par des caractères (A, B, C, D, E, F). La figure 5.5 présente l'arbre binaire qui correspond à l'expression :

(A + B) * ((C – D) / (E + F))

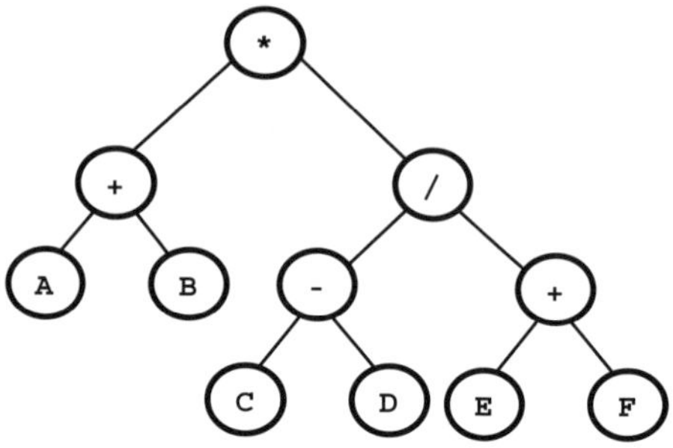


**Figure 5.5** • Arbre binaire de l'expression (A + B) * ((C – D) / (E + F)).

L'enregistrement ou objet représentant un nœud contient un champ caractère et deux champs pointeurs.

**« Pseudo-code »**

```
Type noeud  en Enregistrement
                  champ donnée          en Caractère
                  champ gauche,droit   en Pointeur de noeud
                Fin d'Enregistrement
```

Le programme présenté utilise une pile pour lire l'expression *postfixée* (*polonaise inversée*). À chaque lecture d'une nouvelle donnée, un nœud est créé. Si c'est une lettre (A, B, C, D, E ou F), les fils gauche et droit sont initialisés à AUCUNE_ADRESSE, et le nœud est simplement rangé dans la pile. Si le caractère lu est un opérateur, les deux derniers nœuds contenus dans la pile sont dépilés, et liés comme fils droit et gauche (dans cet ordre) du nœud en cours de traitement. Le nœud est ensuite rangé dans la pile. La figure 5.6 présente le traitement de l'expression *postfixée* A B + C D – E F + / *, qui correspond à l'expression *infixée* (A + B) * ((C – D) / (E + F)). Les deux premiers nœuds correspondant aux caractères A, B sont simplement empilés. Le traitement du caractère + provoque le dépilement des nœuds A et B, la liaison en tant que fils de + et l'empilement du nœud +. Le reste du traitement suit le même processus.

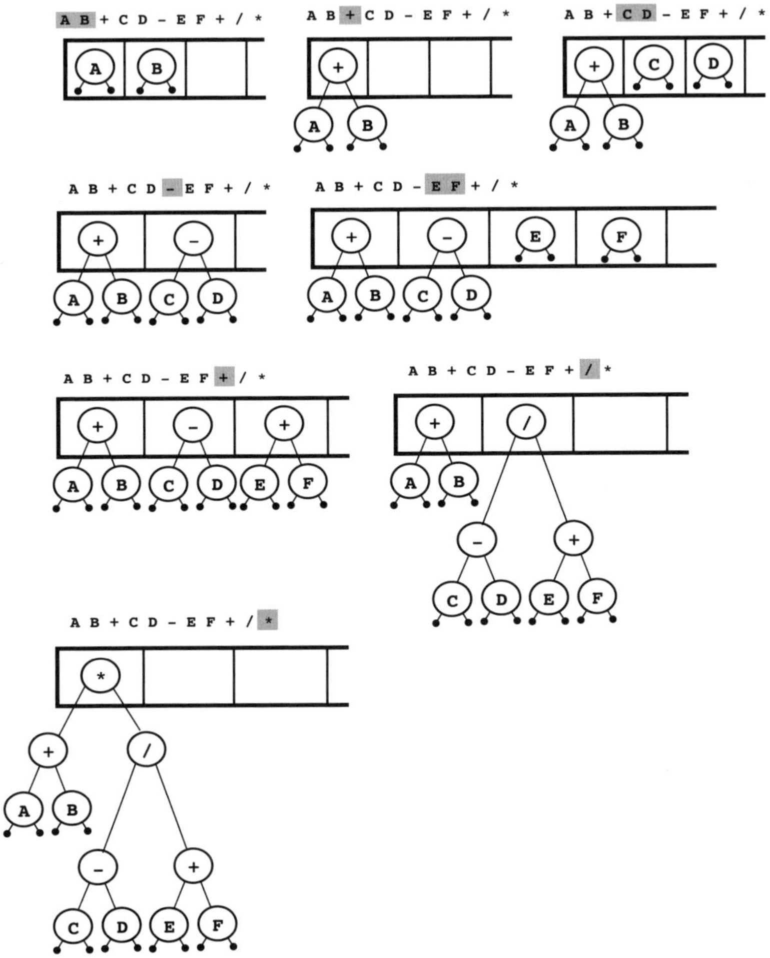


Figure 5.6 • Processus de création de l'arbre binaire de l'expression A B + C D – E F + / *.

Voici les instructions qui effectuent ce traitement. Il crée l'abre binaire mais n'effectue aucun calcul. Les variables `nouveau_noeud` et `racine_arbre` sont de type `noeud`.

« **Pseudo-code** »

```
car ← ' '
Écrire("Entrez une expression postfixée : ")
// initialisation de la pile
initialiser_pile()
// --- construction de l'arbre --
// on boucle TANT QUE la fin de ligne n'est pas atteinte
Tant que (NON fin_de_ligne()) Faire
  Lire(car)
  Si (NON fin_de_ligne()) Alors
    // création d'un nouveau noeud
```

```
      nouveau_noeud ← allouer(noeud)
      (*nouveau_noeud).donnée  ← car
      (*nouveau_noeud).gauche  ← AUCUNE_ADRESSE
      (*nouveau_noeud).droit   ← AUCUNE_ADRESSE
      Si ((car = '+')OU(car = '-')OU(car = '*')OU(car = '/')) Alors
        (*nouveau_noeud).droit  ← dépiler()
        (*nouveau_noeud).gauche ← dépiler()
      FinSi
      Si (car <> ' ') Alors
         empiler(nouveau_noeud)
      FinSi
    FinSi
  FinTantQue
  racine_arbre ← dépiler()
```

Le programme C `arbre_expression.c` qui intègre la création et les parcours de l'arbre est proposé à la fin de cette section.

## 3.4. Parcours d'un arbre binaire

Le parcours d'un arbre utilise une procédure récursive. Chaque appel visite un nœud, puis explore chaque sous-arbre qui débute au nœud visité. Selon l'ordre d'exploration entre le nœud, le sous-arbre gauche et le sous-arbre droit, on obtient un parcours différent. Le traitement du nœud visité dépend de l'algorithme qui utilise le parcours de l'arbre comme support. La procédure `Traiter()` présentée affiche simplement l'information contenue dans le champ donnée du nœud.

### Parcours préfixé

La notation *préfixée* d'une expression fait toujours apparaître les opérateurs en premier : * + A B / – C D + E F (équivalente à la notation *infixée* (A+B)*((C–D)/(E+F))). Le parcours *préfixé* est défini par la règle suivante : « visiter le nœud, le sous-arbre gauche, puis le sous-arbre droit ». L'implémentation récursive est :

#### « Pseudo-code »

```
Procédure ParcoursPrefixe(pt_noeud)
Déclarations
  Paramètre pt_noeud en Pointeur de noeud
Début
  Si ( pt_noeud <> AUCUNE_ADRESSE) Alors
    Traiter(pt_noeud)
    ParcoursPrefixe((*pt_noeud).gauche)
    ParcoursPrefixe((*pt_noeud).droit)
  FinSi
Fin
```

La figure 5.7 présente le parcours effectué.

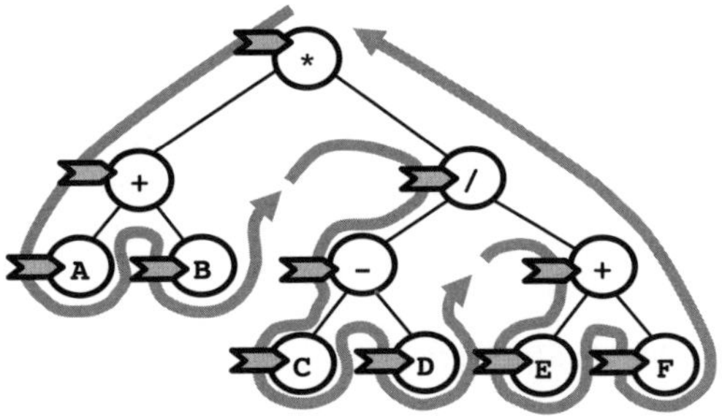


**Figure 5.7** • Parcours préfixé.

## Parcours infixé

Le parcours *infixé* est défini par la règle suivante : « visiter le sous-arbre gauche, le nœud, puis le sous-arbre droit ». Ce parcours est également appelé *symétrique*. Le parcours infixé sert, par exemple, à écrire une expression arithmétique sous sa forme traditionnelle. Dans ce cas, la génération de parenthèses devient indispensable pour fixer l'ordre d'évaluation, comme avec l'expression (A+B)*((C–D)/(E+F)). Il suffit alors d'afficher une parenthèse ouvrante avant le parcours du sous-arbre gauche, puis d'afficher une parenthèse fermante après le parcours du sous-arbre droit. L'implémentation récursive de ce parcours est :

**« Pseudo-code »**

```
Procédure ParcoursInfixe(pt_noeud)
Déclarations
  Paramètre pt_noeud en Pointeur de noeud
Début
  Si ( pt_noeud <> AUCUNE_ADRESSE) Alors
    ParcoursInfixe((*pt_noeud).gauche)
    Traiter(pt_noeud)
    ParcoursInfixe((*pt_noeud).droit)
  FinSi
Fin
```

La figure 5.8 présente le parcours infixé.

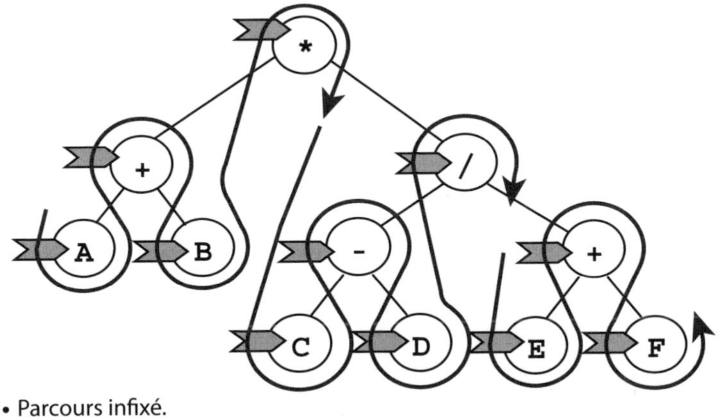


**Figure 5.8** • Parcours infixé.

## Parcours postfixé

Le parcours *postfixé* est défini par la règle suivante : « visiter le sous-arbre gauche, le sous-arbre droit, puis le nœud ». Il sert par exemple à réécrire les expressions en notation *postfixée* ou *polonaise inversée*, comme A B + C D – E F + / *. L'implémentation récursive est :

**« Pseudo-code »**

```
Procédure ParcoursPostfixe(pt_noeud)
Déclarations
  Paramètre pt_noeud en Pointeur de noeud
Début
  Si (pt_noeud <> AUCUNE_ADRESSE) Alors
    ParcoursPostfixe((*pt_noeud).gauche)
    ParcoursPostfixe((*pt_noeud).droit)
    Traiter(pt_noeud)
  FinSi
Fin
```

La figure 5.9 présente le parcours postfixé.

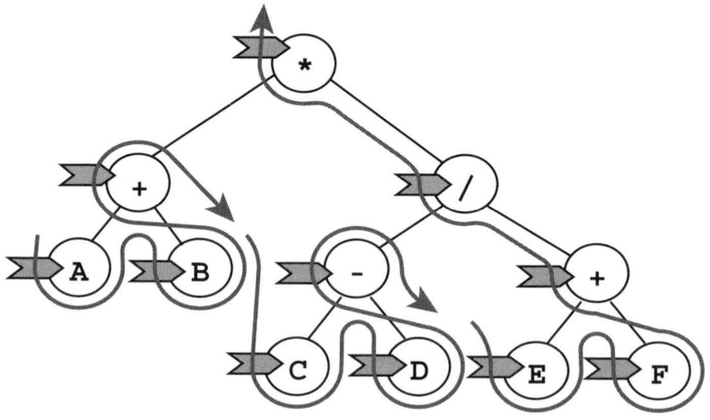


**Figure 5.9** • Parcours postfixé.

## Parcours par niveaux

Les parcours précédents étaient récursifs, car ils exploraient l'arbre en profondeur, de la racine vers les feuilles, en se basant sur la structure récursive d'un arbre constitué d'une collection de sous-arbres organisés hiérarchiquement du haut vers le bas. Le parcours par niveaux est équivalent à un parcours « en largeur » de l'arbre (voir figure 5.10).

Les fonctions récursives élémentaires ne sont plus adaptées. La procédure proposée est itérative et se base sur une file. La racine est d'abord enfilée. Ensuite, une boucle TANT QUE extrait le premier nœud de la file, le traite, puis ajoute à la file son fils gauche et son fils droit, qui seront donc traités à la prochaine itération de la boucle. La boucle s'arrête quand la file est vide. Le parcours en largeur de l'arbre de la figure 5.10 donne l'expression : * + / A B – + C D E F.

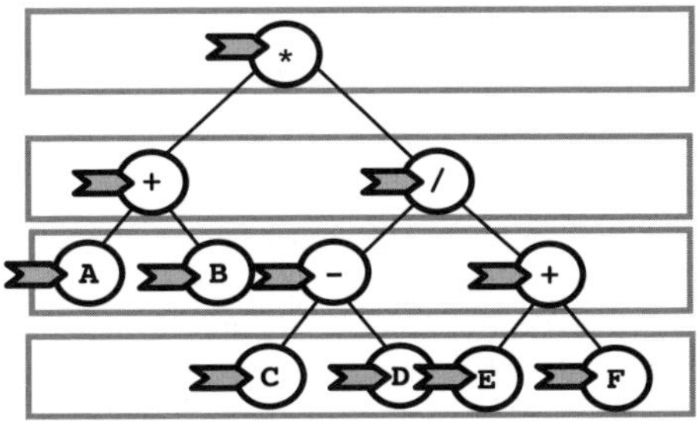


**Figure 5.10** • Parcours par niveaux.

« **Pseudo-code** »

```
Procédure ParcoursParNiveaux(pt_noeud)
Déclarations
  Paramètre pt_noeud en Pointeur de noeud
Début
  enfiler(pt_noeud)
  Tant que (NON file_vide()) Faire
    pt_noeud ← défiler()
    Traiter(pt_noeud)
    Si ((*pt_noeud).gauche <> AUCUNE_ADRESSE) Alors
      enfiler((*pt_noeud).gauche)
    FinSi
    Si ((*pt_noeud).droit <> AUCUNE_ADRESSE) Alors
      enfiler((*pt_noeud).droit)
    FinSi
  FinTantQue
Fin
```

## Exemple

Voici le programme C `arbre_expression.c` qui implémente la création d'un arbre binaire d'expression et les différents parcours de cet arbre. L'expression saisie est présentée sous la forme postfixée littérale (avec des lettres et non des nombres) comme **A B + C D - E F + / ***:

« **C** »

```
/* arbre_expression.c */
#include <stdio.h>
#include <stdlib.h>
#define MAX 40
/* --- structure noeud --- */
struct noeud {
              char donnee ;
              struct noeud *gauche,*droit ;
            } ;
/* --- pile utilisée pour construire l'arbre --- */
struct noeud *pile[MAX] ;
```

```
int nbelements=0 ;
/* --- file utilisée pour le parcours par niveaux --- */
struct noeud *file[MAX] ;
int debut_file=0, fin_file=0       ;
void ParcoursPrefixe(struct noeud *pt_noeud)    ;
void ParcoursInfixe(struct noeud *pt_noeud)     ;
void ParcoursPostfixe(struct noeud *pt_noeud)   ;
void ParcoursParNiveaux(struct noeud *pt_noeud) ;
void Traiter(struct noeud *pt_noeud )            ;
/* ----Primitives pour la pile---- */
void initialiser_pile()             ;
void empiler(struct noeud *pt_noeud) ;
struct noeud *depiler()             ;
int pile_vide()                     ;
/* ----Primitives pour la file---- */
void initialiser_file()            ;
void enfiler(struct noeud *pt_noeud) ;
struct noeud *defiler()            ;
int file_vide()                    ;
/* pour la mise en forme de l'affichage */
char separateur ;
/* ----programme principal---- */
main()
{
  char car=' ';
  struct noeud *nouveau_noeud, *racine_arbre ;
  printf("Entrez une expression postfixée : ");
  /* initialisation de la pile et de la file */
  initialiser_pile() ;
  initialiser_file() ;
  /* --- construction de l'arbre -- */
  /* on boucle TANT QUE la fin de ligne n'est pas atteinte */
  while (car != '\n')
  {
    scanf("%c",&car) ;
    if (car != '\n')
    {
      /* création d'un nouveau noeud */
      nouveau_noeud = (struct noeud *) malloc(sizeof(struct noeud)) ;
      nouveau_noeud->donnee = car ;
      nouveau_noeud->gauche = NULL ;
      nouveau_noeud->droit  = NULL ;
      if ((car == '+')||(car == '-')||(car == '*')||(car == '/'))
      {
        nouveau_noeud->droit  = depiler() ;
        nouveau_noeud->gauche = depiler() ;
      }
      if (car != ' ')
         empiler(nouveau_noeud) ;
    }
  }
  racine_arbre=depiler() ;
  separateur=' ' ;
```

```
  printf("Parcours Préfixé  : ") ;
  ParcoursPrefixe(racine_arbre) ;
  printf("\n") ;
  separateur=0 ;
  printf("Parcours Infixé   : ") ;
  ParcoursInfixe(racine_arbre) ;
  printf("\n") ;
  separateur=' ' ;
  printf("Parcours Postfixé : ") ;
  ParcoursPostfixe(racine_arbre) ;
  printf("\n") ;
  separateur=' ' ;
  printf("Parcours par niveaux : ") ;
  ParcoursParNiveaux(racine_arbre) ;
  printf("\n") ;
}
void ParcoursPrefixe(struct noeud *pt_noeud)
{
  if ( pt_noeud != NULL)
  {
     Traiter(pt_noeud)                ;
     ParcoursPrefixe(pt_noeud->gauche) ;
     ParcoursPrefixe(pt_noeud->droit)  ;
  }
}
void ParcoursInfixe(struct noeud *pt_noeud)
{
  if ( pt_noeud != NULL)
  {
     printf("(") ;
     ParcoursInfixe(pt_noeud->gauche) ;
     Traiter(pt_noeud)               ;
     ParcoursInfixe(pt_noeud->droit)  ;
     printf(")") ;
  }
}
void ParcoursPostfixe(struct noeud *pt_noeud)
{
  if ( pt_noeud != NULL)
  {
     ParcoursPostfixe(pt_noeud->gauche) ;
     ParcoursPostfixe(pt_noeud->droit)  ;
     Traiter(pt_noeud)                 ;
  }
}
void ParcoursParNiveaux(struct noeud *pt_noeud)
{ /* Parcours par niveaux en mode itératif */
  enfiler(pt_noeud) ;
  while ( ! file_vide())
  {
     pt_noeud=defiler() ;
     Traiter(pt_noeud) ;
     if (pt_noeud->gauche != NULL)
```

```
            enfiler(pt_noeud->gauche) ;
        if (pt_noeud->droit != NULL)
            enfiler(pt_noeud->droit) ;
    }
}
void Traiter(struct noeud *pt_noeud )
{ printf("%c%c",pt_noeud->donnee,separateur) ;}
/* ----Primitives pour la pile---- */
void initialiser_pile()
{ nbelements=0;}
void empiler(struct noeud *pt_noeud)
{  pile[nbelements++] = pt_noeud;}
struct noeud *depiler()
{  return pile[--nbelements] ;}
int pile_vide()
{ return !nbelements ;}
/* ----Primitives pour la file---- */
void initialiser_file()
{ debut_file=0;
  fin_file=0 ;
}
void enfiler(struct noeud *pt_noeud)
{  file[fin_file++] = pt_noeud ;}
struct noeud *defiler()
{  return file[debut_file++] ;}
int file_vide()
{ return (debut_file == fin_file) ;}
```

Voici un exemple d'exécution de ce programme :

```
$ arbre_expression
Entrez une expression postfixée : A B + C D - E F + / *
Parcours Préfixé   : * + A B / - C D + E F
Parcours Infixé    : (((A)+(B))*(((C)-(D))/((E)+(F))))
Parcours Postfixé : A B + C D - E F + / *
Parcours par niveaux : * + / A B - + C D E F
```

Les programmes sources C++ et Java téléchargeables qui implémentent cet algorithme se nomment respectivement : `arbre_expression.cpp` et `arbre_expression.java`.

La commande de compilation pour le programme C++ est :

```
$ make arbre_expression
```

La commande de compilation pour le programme Java est :

```
$ javac arbre_expression.java
```

La syntaxe pour exécuter le programme compilé Java est :

```
$ java arbre_expression
```

Le programme Java `arbre_expression_Stack_Queue.java` téléchargeable est la réécriture de ce programme avec les classes `Stack` et `Queue` du paquetage `java.util`.

## 3.5. Les arbres de recherche

La recherche d'une donnée est un autre domaine d'application des arbres binaires. Un *arbre de recherche* est un arbre binaire ordonné au fur et à mesure de sa construction. Il est spécialement organisé pour accéder rapidement à une donnée. Dans cet arbre, la donnée contenue dans le fils gauche est plus petite que celle du père, et la donnée du fils droit est plus grande. Quand un nouveau nœud est inséré dans l'arbre, on recherche d'abord sa position, par un déplacement gauche/droite selon la valeur de sa donnée, depuis la racine, jusqu'à atteindre le nœud final, puis on l'insère comme fils gauche ou fils droit en fonction de sa valeur.

La figure 5.11 montre la construction de l'arbre de recherche pour la suite de valeurs 26, 41, 33, 50, 65, 20, 22, 18. La première valeur constitue la racine. La deuxième valeur plus grande que 26 devient le fils droit de celle-ci. La recherche de la position de la valeur 33 fait descendre à droite de la racine, puis à gauche de 41 où elle est insérée. La valeur 50 est plus grande que 26 et que 41. Elle devient le fils droit de 41, et ainsi de suite.

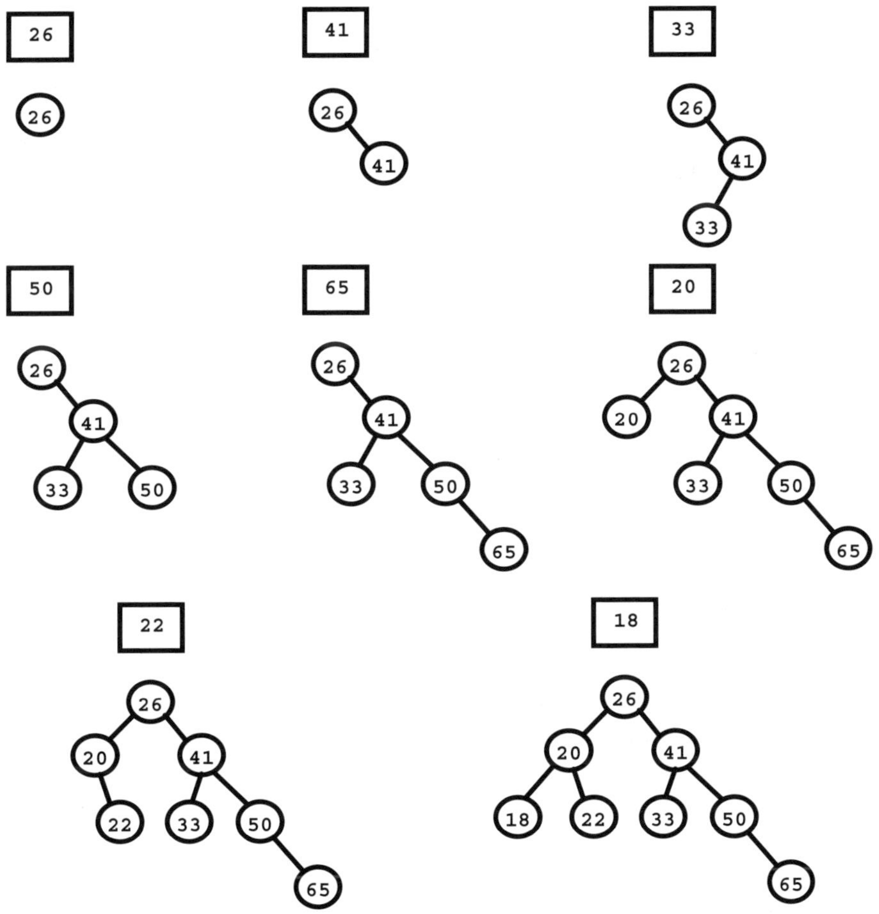

**Figure 5.11** • Processus de construction d'un arbre de recherche.

La localisation d'une donnée dans un arbre de recherche est simple et rapide. Ainsi, pour trouver la valeur 33, on part de la racine, et on suit son pointeur droit, car 33 est supérieur à 26. On suit ensuite le pointeur gauche du fils, car 33 est plus petit que 41, et on arrive sur la valeur recherchée.

La complexité algorithmique de la recherche dans un arbre de recherche est en O(log N), ce qui en fait une technique très efficace. Cependant, ce résultat est largement dépendant de *l'équilibre* de l'arbre. Si la suite de valeurs avait été ordonnée dès le début (18, 20, 22, 26, 33, 41, 50, 65), l'arbre aurait été construit à partir de la racine 18, ce qui l'aurait totalement déséquilibré car il n'y aurait que des fils droits. La recherche peut alors nécessiter de parcourir tous les nœuds si la valeur à localiser est en dernier. L'algorithme devient en O(N), ce qui est aussi efficace qu'une simple recherche par comparaison de tous les éléments d'une liste. L'équilibrage des arbres de recherche est fondamental pour obtenir une bonne performance du processus de recherche. La recherche par *arbre équilibré* est étudiée au chapitre 7.

Les arbres de recherche possèdent une autre propriété intéressante. Comme les données sont déjà organisées, il suffit d'effectuer un parcours infixé pour afficher la liste des valeurs triées. De la même manière, un parcours infixé inversé (parcours du fils droit, de la donnée, puis du fils gauche) affiche la liste des données triées en sens inverse.

La construction d'un arbre de recherche n'est qu'un cas particulier de la construction d'un arbre binaire. Elle est proposée en exercice.

## Résumé

Les piles, les files et les arbres sont des données abstraites. Les algorithmes qui les utilisent ne tiennent pas compte de leur implémentation réelle. Ces types abstraits sont représentés indifféremment par des tableaux (statiques ou dynamiques) ou par des listes chaînées. Seuls les arbres privilégient les pointeurs associés aux enregistrements.

Ces données jouent des rôles très différents. Les piles conservent les données en vue de leur traitement ultérieur. Elles excellent, par exemple, dans l'interprétation d'expressions postfixées ou dans la conversion de procédures récursives en modules itératifs. Les files sont semblables aux piles, sauf dans l'ordre de restitution des données (la première donnée entrée est la première sortie). Le parcours par niveaux d'un arbre binaire est un exemple d'utilisation de la file. Enfin, les arbres binaires sont des données abstraites à deux dimensions. Les diverses méthodes de parcours « présentent » différemment l'organisation des données. Un arbre binaire particulier, l'arbre de recherche, ordonne les données pour en permettre un accès rapide. Ce dernier exemple montre l'incidence du modèle de donnée sur la performance de l'algorithme.

# Problèmes et exercices

Les exercices 1, 2 et 3 montrent comment utiliser les piles, les files et les arbres binaires pour traiter une expression arithmétique préfixée, infixée ou postfixée. L'exercice 4 met en œuvre un arbre de recherche. Les solutions des exercices ainsi que 13 exercices supplémentaires sont sur le site compagnon.

## Les piles

### Exercice 1 : Calcul d'une expression arithmétique postfixée

Ce premier exercice propose de se servir d'une pile pour calculer une expression arithmétique exprimée en *notation polonaise inversée*, dont voici un exemple :

3 12 3 – 3 / 1 – *

L'expression *infixée* équivalente qui utilise des parenthèses est :

3 * (((12 – 3) / 3) –1)

Écrivez un algorithme qui calcule le résultat d'une expression arithmétique postfixée. Les données seront lues comme une suite de caractères. Chaque donnée est séparée des autres par un espace. La méthode consiste à utiliser une pile pour conserver les valeurs numériques au fur et à mesure de leur lecture, et à effectuer un traitement quand un opérateur est lu. Ce traitement doit dépiler les deux dernières valeurs présentes dans la pile, effectuer l'opération, puis empiler le résultat. Le résultat final est contenu dans la pile. Les opérateurs acceptés sont +, –, *, /.

## Les files

### Exercice 2 : Conversion d'une expression infixée en postfixée

Écrivez un algorithme qui transforme une expression infixée (avec des parenthèses) en notation postfixée (polonaise inversée). L'expression suivante :

3*(((12–3)/3) –1)

devra être traduite en :

3 12 3 – 3 / 1 – *

Les opérateurs valides sont : +, –, *, /. L'algorithme lira une suite de caractères, et rangera le résultat de la conversion dans une file qui s'affichera.

# Les arbres binaires

## Exercice 3 : Traitement d'une expression arithmétique postfixée par arbre binaire

Les exercices 1 et 2 montrent comment gérer une expression arithmétique avec les piles et les files. Cet exercice propose d'effectuer l'ensemble de ces traitements ainsi que le calcul de l'espression avec un arbre binaire d'expression.

Écrivez un algorithme qui saisit une expression au format postfixé (les opérateurs acceptés sont +, –, *, /), et qui affiche la conversion au format infixé (avec les parenthèses) et préfixé (inverse de postfixé). Il affichera la structure de l'arbre par niveaux, et évaluera l'expression. Cet algorithme utilisera un arbre binaire pour effectuer ce traitement. Voici un exemple d'expression reconnue :

3 12 3 + 3 / 1 – *

## Exercice 4 : Construction d'un arbre de recherche

Écrivez un algorithme qui construit l'arbre de recherche d'une suite de valeurs numériques entières. La saisie des valeurs sera terminée par –1. Chaque valeur lue sera insérée à la bonne place dans l'arbre. Une première phase localisera sa position par une descente gauche/droite dans l'arbre en comparant sa valeur avec celle du nœud rencontré, puis dans un deuxième temps, le nouveau nœud sera ajouté comme fils droit ou gauche du nœud qui n'a plus de descendance (à gauche ou à droite selon la valeur). Une fois l'arbre construit, l'algorithme demandera une valeur à rechercher et affichera un message pour indiquer si elle est trouvée. Il affichera également la liste des valeurs triées.

# 6

# Les tris

Les algorithmes de tri servent principalement à ordonner les données, mais ils participent aussi à la conception d'autres algorithmes, comme les recherches, en organisant préalablement les données. Ils ne sont pas tous équivalents, et certains sont spécifiques aux données numériques, ce qui les rend inopérants dans d'autres contextes. La gestion de la mémoire diffère également selon les algorithmes. Certains effectuent un *tri sur place*, c'est-à-dire dans le même espace mémoire, alors que d'autres utilisent un espace supplémentaire pour y copier les données triées.

## 1. Tris élémentaires

Les algorithmes de tri qui sont présentés sont regroupés en deux catégories : les *tris élémentaires* et les *tris avancés*. Les *tris élémentaires* se basent sur des méthodes simples, que l'on retrouve parfois dans la vie courante, comme la classification d'une pile de chèques par le déplacement de chaque chèque à sa position finale. Les *tris avancés* s'appuient sur des méthodes plus sophistiquées, qui nécessitent une organisation particulière des données ou une programmation spécifique, comme l'appel de fonctions récursives.

### 1.1. Le tri par sélection

C'est l'un des tris les plus simples à mettre en œuvre. Il s'inspire d'une méthode empirique qui consiste à rechercher la plus petite valeur et à l'inverser avec la première position, puis à rechercher la deuxième plus petite valeur et à l'inverser avec la deuxième position, et ainsi de suite. L'inversion de deux valeurs est souvent employée dans les algorithmes de tri. La figure 6.1 présente l'inversion de deux cases d'un tableau. Le contenu de la première case est d'abord sauvegardé dans une variable (`k`). Le contenu de la deuxième case est ensuite copié dans la première. La valeur sauvegardée est ensuite copiée dans la deuxième case.

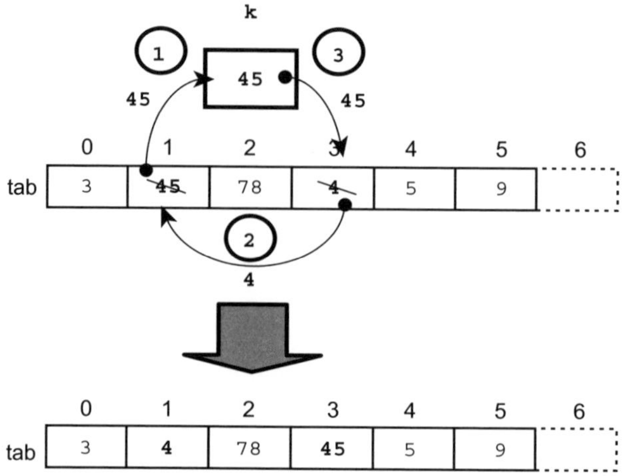


**Figure 6.1** • Inversion de deux cases d'un tableau.

Le *tri par sélection* est basé sur deux boucles POUR imbriquées. La première boucle parcourt la liste des valeurs du début à la fin. La deuxième boucle recherche la plus petite valeur de la position courante (compteur de la première boucle), à la fin du tableau, puis l'inverse avec la position courante. La partie gauche de la liste est triée au fur et à mesure de l'avancement de la première boucle. La figure 6.2 présente les étapes du tri, lorsque la boucle principale pointe sur la troisième case du tableau `tab`.

La complexité de cet algorithme est en $O(N^2 / 2)$. En fait, elle est exactement en $O((N^2 - N) / 2)$, car pour chaque valeur `i` du compteur de la première boucle (qui varie de 1 à N), on effectue N – i comparaisons. Le nombre total de comparaisons est $(N - 1) + (N - 2) + \ldots + 2 + 1$, soit $N(N - 1) / 2$. Ce tri minimise le déplacement des données. Chaque valeur minimale sélectionnée est placée directement à sa position finale, ce qui en fait un algorithme de choix dans le traitement de données volumineuses, et coûteuses en termes de déplacements. Le nombre d'échanges est en O(N).

La procédure `tri_sélection()` suivante trie un tableau `tab` de valeurs entières, dont le nombre d'éléments est indiqué par `nb`.

**« Pseudo-code »**

```
Procédure tri_sélection(tab,nb)
Déclarations
  Paramètre tab  en Tableau[20] d'Entiers
  Paramètre nb                  en Entier
  Variables i, j, k, min       en Entier
Début
  Pour i variant de 0 à nb-1 Faire
    min ← i
    // localisation du minimum
    Pour j variant de i+1 à nb-1 Faire
      Si (tab[j]<tab[min]) Alors
```

```
        min ← j
      FinSi
    FinPour
    Si (min <> i) Alors// inversion
      k ← tab[i]          // étape 1
      tab[i] ← tab[min]  // étape 2
      tab[min] ← k        // étape 3
    FinSi
  FinPour
Fin
```

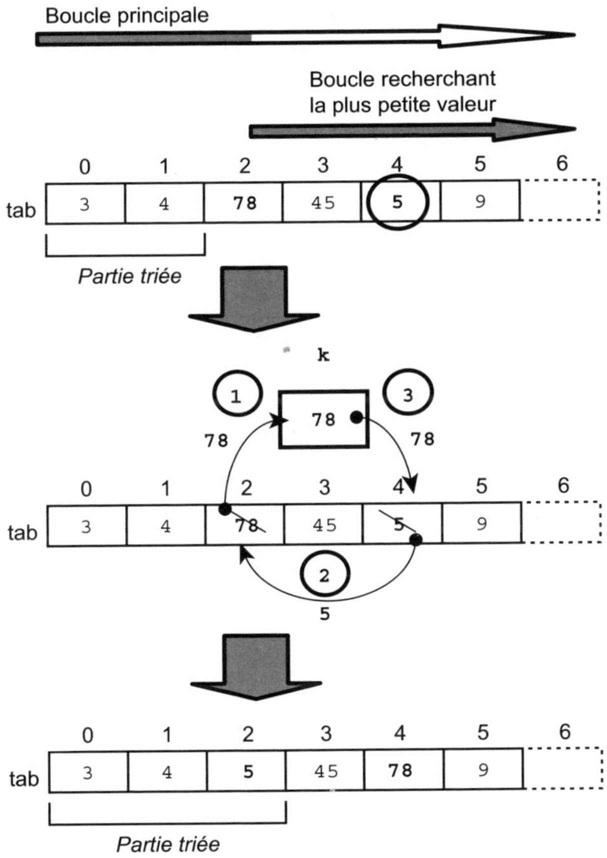


**Figure 6.2** • Tri par sélection.

Voici le programme C `tri_selection.c` qui implémente cet algorithme :

**« C »**

```
/* tri_sélection.c */
#include <stdio.h>
#define MAX 50
```

```
void tri_selection(int tab[],int nb) ;
main()
{ /* déclarations */
  int tab_valeurs[MAX],nbval=0,i,val=0 ;
  /* début du programme */
  printf("Entrez une liste de valeurs entières terminées par -1:\n") ;
  while (val != -1)
  {
    scanf("%d",&val) ;
    if (val != -1)
       tab_valeurs[nbval++]=val ;
  }
  /* appel de la procédure de tri */
  tri_selection(tab_valeurs,nbval) ;
  /* affichage du résultat */
  for (i=0 ;i<nbval ;i++)
    printf("%4d ",tab_valeurs[i]) ;
  printf("\n") ;
}
void tri_selection(int tab[],int nb)
{
  int i,j,k,min ;
  for (i=0 ;i<nb ;i++)
  {
    min=i ;
    /* localisation du minimum */
    for (j=i+1 ;j<nb ;j++)
    {
      if (tab[j]<tab[min])
        min=j ;
    }
    if (min != i)
    { /* inversion */
      k=tab[i]          ; /* étape 1 */
      tab[i]=tab[min] ; /* étape 2 */
      tab[min]=k        ; /* étape 3 */
    }
  }
}
```

Voici un exemple d'exécution de ce programme :

```
$ tri_selection
Entrez une liste de valeurs entières terminées par -1:
12 45 78 4 5 9 3 41 -1
   3    4    5    9   12   41   45   78
```

Les programmes sources C, C++ et Java téléchargeables qui implémentent cet algorithme se nomment respectivement : `tri_selection.c`, `tri_selection.cpp`, `tri_selection.java`.

La commande de compilation pour les programmes C et C++ est :

```
$ make tri_selection
```

La commande de compilation pour le programme Java est :

```
$ javac tri_selection.java
```

La syntaxe pour exécuter le programme compilé Java est :

```
$ java tri_selection
```

Le programme source C++ téléchargeable `tri_selection_template.cpp` présente un tri par sélection utilisant la généricité du langage C++ qui permet de définir une méthode qui s'applique à tous les types d'objets. Ainsi, le même algorithme trie, par exemple, des entiers ou des chaînes de caractères. Voici un exemple d'exécution sur une série d'entiers, puis sur une série de chaînes de caractères.

Attention, pour les chaînes, le tri n'est pas alphabétique, mais ASCII : les majuscules sont triées avant les minuscules.

```
$ tri_selection_template
Entrez une liste de valeurs entières terminée par -1:
12 45 78 4 5 9 3 41 -1
---- Avant le Tri ----
   12   45   78    4    5    9    3   41
---- Apres le Tri ----
    3    4    5    9   12   41   45   78
Entrez une liste de nom terminée par "fin":
zebulon lery kasma jaly Martin durand fin
---- Avant le Tri ----
zebulon lery kasma jaly Martin durand
---- Apres le Tri ----
Martin durand jaly kasma lery zebulon
```

## 1.2. Le tri par insertion

Le *tri par insertion* s'inspire d'un processus naturel utilisé dans le tri des cartes qu'un joueur possède dans sa main. Pour organiser son jeu, le joueur prend chaque carte et l'insère à sa place en décalant les autres. Ce type de tri peut être effectué sur place, ou bien utiliser un deuxième espace mémoire qui reçoit les données triées. Le tri par insertion n'est pas le plus performant pour un grand ensemble de données, mais il devient intéressant quand il faut insérer une seule donnée dans un ensemble déjà trié.

Le tri par insertion utilise le processus élémentaire d'insertion d'un élément dans la liste des valeurs. Ce processus de base, qui a déjà été étudié au chapitre 3, est présenté à la figure 6.3. Il décale vers la droite les données situées à droite de la position d'insertion en partant de la fin, pour libérer la case d'insertion. La dernière case est copiée dans la case suivante, puis c'est au tour de l'avant-dernière case, et de proche en proche, on remonte jusqu'à la case à libérer. Une fois cette case libre, on y copie la donnée à insérer.

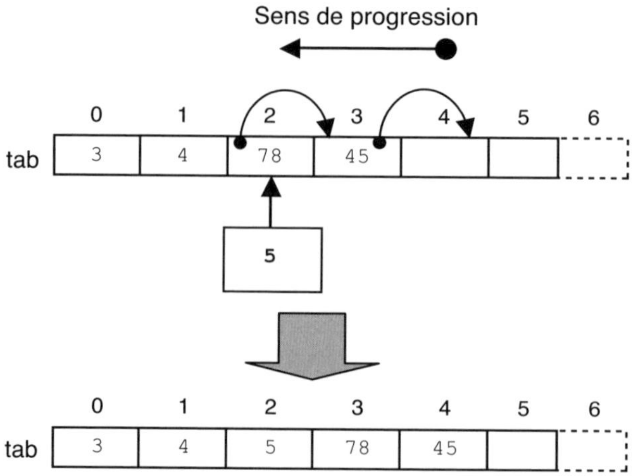


**Figure 6.3** • Insertion d'un élément par décalage des cases d'un tableau.

Dans le cas du tri sur place (dans un seul tableau de données), présenté sur la figure 6.4, une première boucle POUR parcourt chaque élément du tableau, et l'insère à sa place

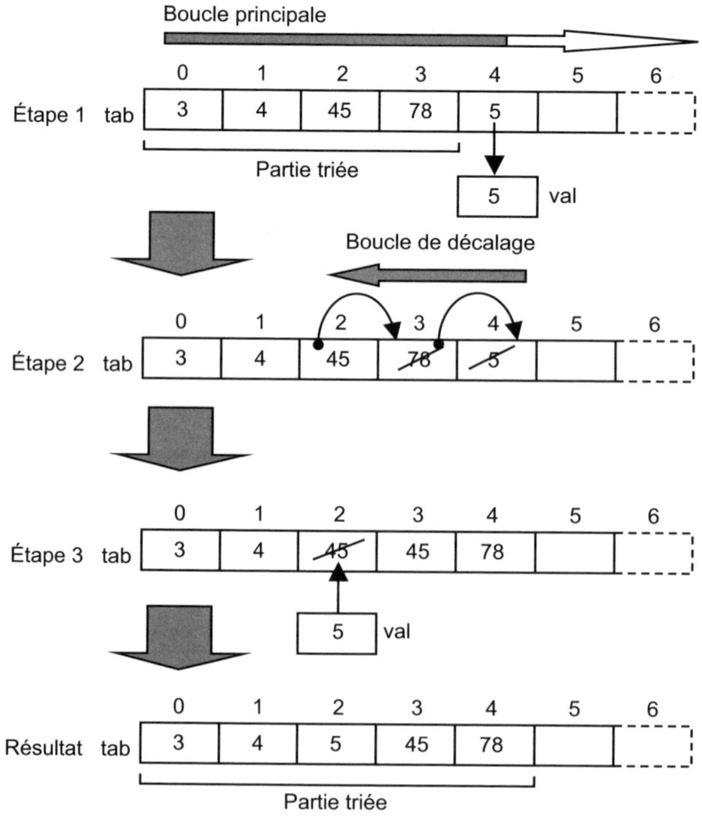


**Figure 6.4** • Tri par insertion.

dans la partie gauche du tableau. Pour effectuer cette insertion, on conserve la valeur indiquée par le compteur de la boucle principale (étape 1), puis on effectue une boucle de décalage des cases précédentes d'une case vers la droite, tant que la valeur à insérer est plus petite que la valeur précédente (étape 2). Quand cette boucle interne s'arrête, la valeur d'insertion a trouvé sa position. Il suffit de la copier dans la case libérée (étape 3).

La complexité de cet algorithme est en $O(N^2 / 4)$ pour les comparaisons, et en $O(N^2 / 2)$ pour les échanges. Il effectue un peu moins de comparaisons que le précédent mais plus d'échanges, ce qui peut être pénalisant avec des données volumineuses. La performance de cet algorithme s'améliore nettement avec des données globalement triées. Il tend alors vers une complexité linaire.

La procédure `tri_insertion()` suivante trie le tableau `tab` qui contient `nb` valeurs entières :

« **Pseudo-code** »

```
Procédure tri_insertion(tab,nb)
Déclarations
  Paramètre tab  en Tableau[20] d'Entiers
  Paramètre nb                en Entier
  Variables i, j, val         en Entier
Début
  // boucle de traitement
  Pour i variant de 0 à nb-1 Faire
     val ← tab[i]
     // boucle de déplacement des éléments de gauche plus petits
     j ← i
     Tant que ( (j>0) ET (val<tab[j-1]) ) Faire
       tab[j] ← tab[j-1]
       j ← j-1
     FinTantQue
     // insertion de la valeur à sa place
     tab[j] ← val
  FinPour
Fin
```

Voici la procédure C `tri_insertion()`. Elle peut remplacer la procédure `tri_selection()` du programme C précédent, car elle travaille sur les mêmes données fournies par le programme principal.

« **C** »

```
void tri_insertion(int tab[],int nb)
{
  int i, j, val ;
  /* boucle de traitement */
  for (i=0;i<nb;i++)
  {
     val=tab[i] ;
```

```
        /* boucle de déplacement des éléments de gauche plus petits */
        j=i;
        while ( (j>0) && (val<tab[j-1]) )
        {
           tab[j]=tab[j-1] ;
           j--;
        }
        /* insertion de la valeur à sa place */
        tab[j]=val ;
    }
 }
```

Les programmes sources C, C++ et Java téléchargeables qui implémentent cet algorithme se nomment respectivement : `tri_insertion.c`, `tri_insertion.cpp`, `tri_insertion.java`.

Le programme source C++ téléchargeable `tri_insertion_template.cpp` présente un tri par insertion utilisant la généricité du langage C++ qui permet de définir une méthode qui s'applique à tous les types d'objets.

## 1.3. Le tri à bulles

Le *tri à bulles* propose une approche assez déroutante. On peut même se demander comment la méthode proposée aboutit au tri des données. Ce tri fait partie des grands classiques des cours d'algorithmique, à l'instar du tri par insertion. Il est construit à partir de deux boucles imbriquées qui évoluent en sens inverse l'une de l'autre, et d'un processus d'inversion des éléments successifs qui ne sont pas ordonnés.

La figure 6.5 présente le tri à bulles. La première boucle régresse de la fin du tableau vers le début (la figure présente la deuxième itération de cette boucle). La deuxième boucle interne progresse du début du tableau jusqu'à la case pointée par le premier compteur (celui de la boucle principale). À l'intérieur de cette deuxième boucle, qui ne gère que la partie gauche du tableau, on compare les éléments situés dans les deux cases successives, et on les inverse s'ils ne sont pas dans l'ordre. Ainsi, sur la figure 6.5, la première valeur (9) est plus grande que la deuxième (5), donc on les inverse. Ensuite, on compare la deuxième valeur (qui est 9 à la suite de la première inversion) avec la troisième (12). Elles sont dans l'ordre, donc on ne les inverse pas. On effectue le même traitement avec le troisième élément (12) et le quatrième (45), qui sont déjà ordonnés. Le quatrième élément (45) est inversé avec le cinquième (4). Le cinquième élément (45 à la suite de l'inversion précédente) est inversé avec le sixième (3). Le sixième élément (45 à la suite de l'inversion précédente) est inversé avec le septième (41). La boucle interne s'arrête enfin, car la partie gauche du tableau (du début jusqu'à la case indiquée par l'indice de la première boucle) a été totalement parcourue. La boucle interne a pour effet de faire remonter vers la fin du tableau les éléments de poids fort. La figure montre que la valeur 45 remonte jusqu'à la fin du tableau et vient se « coller » à la partie droite déjà triée. Quand la boucle interne est terminée, la boucle principale effectue une nouvelle itération en régressant d'une case, ce qui fait passer le dernier élément (la valeur 45) dans la partie droite du tableau, qui ne contient que les données à leur place finale. La boucle interne est à nouveau déroulée sur la partie gauche du tableau, moins une case, et le processus recommence.

Le nom de cet algorithme provient de l'analogie avec les bulles d'une boisson gazeuse qui remontent de proche en proche à la surface.

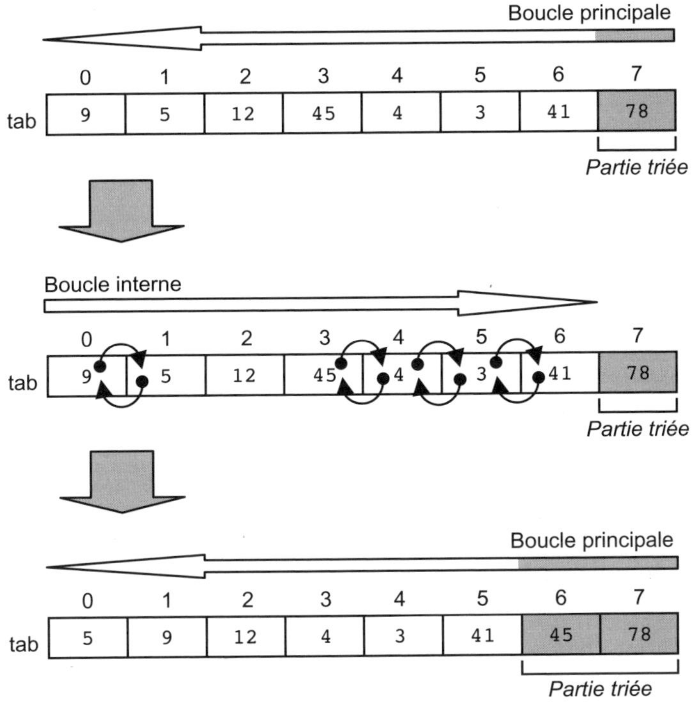


**Figure 6.5** • Tri à bulles.

La complexité de cet algorithme est en $O(N^2 / 2)$ pour les comparaisons et les échanges. La procédure `tri_à_bulles()` suivante trie un tableau `tab` qui contient `nb` valeurs entières.

**« Pseudo-code »**

```
Procédure tri_à_bulles(tab,nb)
Déclarations
  Paramètre tab  en Tableau[20] d'Entiers
  Paramètre nb                  en Entier
  Variables i, j, val          en Entier
Début
  // boucle principale
  Pour i variant de nb-1 à 1 par pas de -1 Faire
     Pour j variant de 1 à i Faire // boucle d'inversion
        Si (tab[j-1]>tab[j]) Alors
          val     ← tab[j]
          tab[j]  ← tab[j-1]
```

```
            tab[j-1] ← val
         FinSi
      FinPour
   FinPour
Fin
```

Voici la procédure C `tri_a_bulles()` qui implémente cet algorithme :

**« C »**

```
void tri_a_bulles(int tab[],int nb)
{ int i,j,val ;
  /* boucle principale */
  for ( i=nb-1 ; i>0 ; i-- )
  {  /* boucle d'inversion */
     for ( j=1 ; j<=i ; j++ )
     {  if (tab[j-1]>tab[j])
        { val=tab[j]       ;
          tab[j]=tab[j-1] ;
          tab[j-1]=val     ;
        }
     }
  }
}
```

Les programmes sources C, C++ et Java téléchargeables qui implémentent cet algorithme se nomment respectivement : `tri_a_bulles.c`, `tri_a_bulles.cpp`, `tri_a_bulles.java`.

Le programme source C++ téléchargeable `tri_a_bulles_template.cpp` présente un tri à bulles utilisant la généricité du langage C++ qui permet de définir une méthode qui s'applique à tous les types d'objets.

## 1.4. Le tri par comptage

Le *tri par comptage* ne fonctionne que sur des entiers compris entre 0 et N, N étant connu à l'avance, contrairement aux tris précédents qui s'appliquent à tous les types de données. Il est basé sur le comptage du nombre d'occurrences des valeurs à trier.

La figure 6.6 présente son fonctionnement.

- Une première boucle initialise un tableau `compteurs` à 0.
- **Étape 1.** Une deuxième boucle compte les occurrences de chaque donnée à trier et range le résultat dans le tableau `compteurs` à l'indice indiqué par l'entier à trier. Si l'entier 12 est rencontré deux fois, la nombre 2 est rangée dans la case 12 (treizième case compte tenu de la numérotation commençant à 0) du tableau `compteurs`. À la fin de cette boucle, le tableau `compteurs` contient le nombre d'occurrences pour chacun des entiers. La case *i*, contient le nombre de fois que l'entier *i* à été trouvé dans le tableau `tab`.

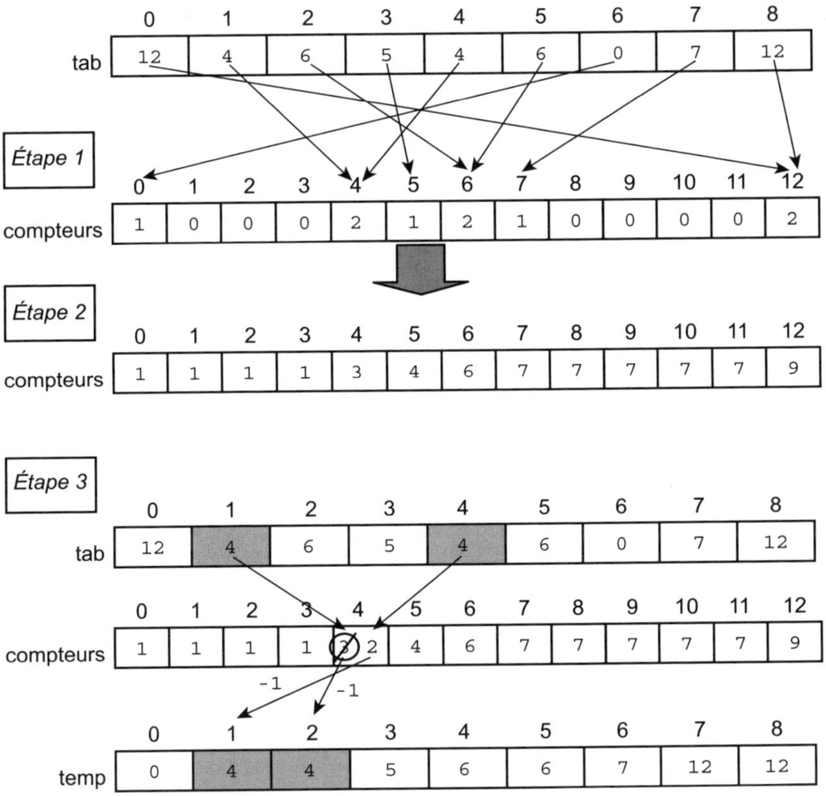


**Figure 6.6** • Tri par comptage.

- **Étape 2.** Une troisième boucle transforme le tableau `compteurs` pour qu'il indique, pour chaque entier, l'ordre de rangement dans le tableau trié. Pour cela, chaque case du tableau `compteurs` est augmentée du contenu de la case précédente. Par exemple, la case n° 5 qui contenait la valeur 1, contient après ce traitement, la somme de sa valeur initiale (1) et de la valeur « calculée » de la case 4 (3). La case 5 aura donc comme nouvelle valeur 4. Le traitement passe ensuite à la case 6 qui contiendra la somme de sa valeur initiale (2) et de la nouvelle valeur de la case 5 (4) soit 6.
- **Étape 3.** Une quatrième boucle range les entiers dans un tableau temporaire selon l'ordre indiqué par `compteurs`. Ainsi, l'entier 4 contenu dans la case 1 du tableau `tab` est en troisième position (position indiquée par le contenu de la case 4 de `compteurs`). Il doit être rangé dans la case 2 du tableau `temp` (troisième case), pour tenir compte de la numérotation des indices commençant à 0. Pour gérer les occurrences multiples, chaque fois qu'un entier est rangé dans le tableau trié, le contenu de la case qui lui correspond dans `compteurs` est diminué de 1. Ainsi, la case 4 de `compteurs` contenait la valeur 3 ; après le rangement de la première occurrence de l'entier 4 dans `temp`, elle passe à 2. Quand l'entier 4 est de nouveau rencontré, il est rangé en deuxième position (valeur de la case 4 de `compteurs`),

soit dans la case 1 de `temp`. Ainsi, tous les entiers contenus dans `tab` sont rangés dans l'ordre dans `temp`, grâce au tableau `compteurs`.

- La dernière boucle recopie `temp` dans `tab`.

La complexité de cet algorithme est en O(N + M), où N est le nombre d'entiers à trier, et M le plus grand de ces entiers. L'écriture de la procédure `tri_par_comptage()` est proposée à l'exercice n° 3.

# 2. Tris avancés

Les tris avancés sont parfois dérivés de méthodes élémentaires, comme le tri shell, ou bien ils proposent un accès différent aux données, comme les tris indirects.

## 2.1. Le tri shell

Le *tri shell* est une variante du tri par insertion, présentée par Donald L. Shell en 1959. Cet algorithme trie séparément des suites de valeurs, issues de la liste initiale des données, constituées des éléments distants les uns des autres d'un facteur *h*. On dit que la suite contient les $h^{ièmes}$ éléments. La valeur *h* diminue à chaque passage de la boucle de traitement, pour produire une nouvelle suite de données. D. L. Shell propose, de manière empirique, une série d'incréments *h* qui évoluent selon la règle suivante :

$$h_{n+1} = 3h_n + 1 \quad \text{et} \quad h_1 = 1$$

La série des valeurs de *h* est ordonnée en sens inverse de manière à commencer par l'inversion de données éloignées, et finir par le traitement de données adjacentes. C'est la principale qualité de ce tri. Alors que le tri par insertion place lentement, par « petits pas », chaque valeur triée en déplaçant toutes les autres unes à unes, le tri shell travaille plus rapidement, par « grands pas », en déplaçant des valeurs éloignées pour terminer par des données voisines.

Ainsi, au premier passage de la boucle, les données situées aux positions 1, 1+h, 1+h+h... sont triées. Quand la valeur *h* est importante, les données sont éloignées, et le tableau est trié « grossièrement ». Au deuxième passage, la valeur *h* est plus petite ; on trie des données plus proches. Au dernier passage, *h* vaut 1 ; on trie des données adjacentes. À chaque passage, on dit que le tableau est *h-trié*. L'intérêt de cet algorithme est que chaque passage ordonne par « petites touches » le tableau, ce qui diminue le nombre d'échanges pour le passage suivant.

L'efficacité de cet algorithme dépend largement de la série de facteurs qui est choisie. Certaines séries donneront de moins bons résultats que d'autres. C'est le cas de la suite 64, 32, 16, 8, 4, 2, 1 qui ne traite que des données aux positions paires, sauf au dernier passage où les données aux emplacements impairs sont triées grâce au facteur 1. D'une manière générale, il faut éviter une suite de facteurs multiples entre eux, ce qui est le cas de la suite précédente.

La figure 6.7 montre le fonctionnement de cet algorithme sur les entiers 12, 4, 11, 9, 2, 6, 5, 10, 7, 13, 18, 14, 1, 0, 3. La série des incréments `h` utilisée est 13, 4 et 1. Ces incréments sont déterminés par le nombre d'éléments dans la liste et la formule définie au départ $h_{n+1} = 3h_n + 1$. Seules les étapes, où `h` est égal à 13 et à 4, sont présentées. La boucle utilisant le compteur `i` parcourt les cases situées de la valeur `h` jusqu'à la fin du tableau. Pour chaque case pointée par `i`, on regarde si son contenu peut être remonté vers le début du tableau (principe du tri par insertion), aux positions i – h, puis i – (2 × h), etc. Pour cela, on utilise un deuxième compteur `j`, initialisé à `i`, qui remonte le tableau de `h` cases à la fois. Si la valeur contenue dans la case `i` est inférieure à celle de la case `j`, on inverse les cases. Voici le détail pour h = 13 et h = 4 :

- Quand `h` est égal à 13, `i` prend successivement les valeurs 13 et 14. Quand `i` = 13, on compare le contenu de la case 13 avec celui de la case j = 0 (13 – 13). Comme la valeur 0 (contenue dans la case 13) est plus petite que 12 (contenue dans la case 0), on les inverse. On fait de même pour i = 14 et j = 1 (14 – 13). Les indices entourés sur la figure sont les numéros des cases pour lesquelles il y a inversion. À la fin de cette étape, les contenus des cases 0 et 13 sont inversés : initialement, la case 0 contenait la 12 et la case 13 contenait 0. Après le traitement la case 0 contient 0 et la case 13 contient 12. Les contenus des cases 1et 14 sont inversés : initialement, la case 1 contenait 4 et la case 14 contenait 3. Après le traitement, la case 1 contient 3 et la case 14 contient 4.
- Le processus pour h = 4 est identique. La boucle de compteur `i` progresse de la case 4 jusqu'à la fin du tableau. Les cases ayant leur indice entouré indiquent qu'il y a échange de leur contenu.
- La première comparaison porte sur les cases j = 0 et i = 4. Leurs valeurs respectives 0 et 2 sont dans l'ordre, il n'y a aucune inversion.
- La deuxième comparaison porte sur les cases j = 1 et i = 5. Leurs valeurs respectives 3 et 6 sont dans l'ordre, il n'y a aucune inversion.
- La troisième comparaison porte sur les cases j = 2 et i = 6. Leurs valeurs respectives 11 et 5 ne sont pas dans l'ordre, il y a inversion de leur contenu (indices des cases entourés sur la figure).
- Il y a remontée d'une donnée quand i prend les valeurs 6, 12, 13 et 14. Pour les autres valeurs, aucune inversion n'est effectuée. Quand i = 14, on voit que la donnée 4 (contenue dans la case 14) remonte successivement vers les cases 10 (14 – 4), 6 (10 – 4), et 2 (6 – 4) pour trouver sa position.

La complexité de cet algorithme est en $O(N^{3/2})$ pour les comparaisons. On ne connaît pas exactement la complexité en temps de calcul, car elle dépend largement de la série de valeurs `h`. On l'évalue entre O(NlogN) et $O(N^{1,25})$. La procédure `tri_shell()` suivante trie un tableau `tab` qui contient `nb` valeurs entières. L'opérateur `DIV` retourne le quotient de la division entière.

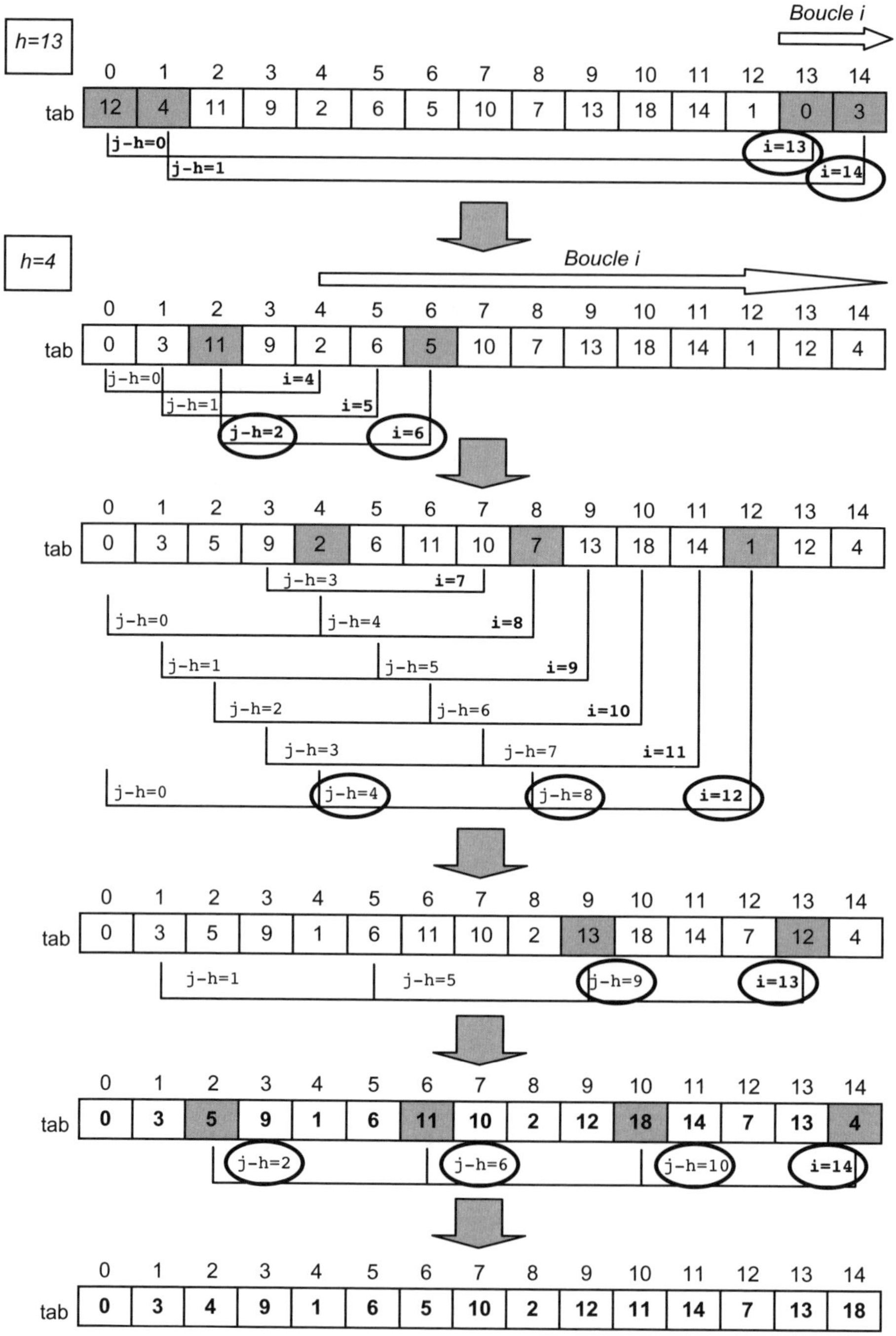


**Figure 6.7** • Tri shell.

« **Pseudo-code** »

```
Procédure tri_shell(tab,nb)
Déclarations
  Paramètre tab  en Tableau[20] d'Entiers
  Paramètre nb                 en Entier
  Variables h, i, j, val       en Entier
Début
  // calcul de la valeur initiale de h
  h ← 1
  Tant que (h <= nb) Faire
    h  ← (3*h)+1
  FinTantQue
  // boucle de traitement
  Tant que (h>1) Faire
    h ← h DIV 3  // on prend la valeur suivante de h
    // boucle de traitement
    Pour i variant de h à nb-1 Faire
      val ← tab[i]
      // boucle de déplacement des éléments de gauche plus petits
      j ← i
      Tant que ( (j>=h) ET (val<tab[j-h]) ) Faire
        tab[j] ← tab[j-h]
        j ← j-h
      FinTantQue
      // insertion de la valeur à sa place
      tab[j] ← val
    FinPour
  FinTantQue
Fin
```

Voici la procédure C `tri_shell()` qui implémente cet algorithme :

« **C** »

```
void tri_shell(int tab[],int nb)
{ int h,i,j,val ;
  /* calcul de la valeur initiale de h */
  h=1 ;
  while (h <= nb)
    h = (3*h)+ 1;
  /* boucle de traitement */
  while (h > 1)
  { h=h/3 ; /* on prend la valeur suivante de h */
    // boucle de traitement
    for (i=h ; i<nb ; i++)
    { val=tab[i] ;
      /* boucle de déplacement des éléments de gauche plus petits */
      j=i;
      while ( (j>=h) && (val<tab[j-h]) )
      { tab[j]=tab[j-h] ;
        j-=h;
      }
```

```
        /* insertion de la valeur à sa place */
        tab[j]=val ;
      }
    }
  }
```

Les programmes sources C, C++ et Java téléchargeables qui implémentent cet algorithme se nomment respectivement : `tri_shell.c`, `tri_shell.cpp`, `tri_shell.java`.

Les programmes téléchargeables `tri_shell_trace.c`, `tri_shell_trace.cpp` et `tri_shell_trace.java` affichent la trace des différents traitements effectués lors du tri.

Le programme source C++ téléchargeable `tri_shell_template.cpp` présente un tri shell utilisant la généricité du langage C++ qui permet de définir une méthode qui s'applique à tous les types d'objets.

## 2.2. Le tri indirect

Dans les différents tris présentés, les données sont échangées pour atteindre leur position finale. Le nombre d'échanges varie selon l'algorithme. Pour des données volumineuses, ces échanges peuvent devenir pénalisants au point d'hypothéquer la performance de l'algorithme. L'algorithme le mieux adapté devient celui qui offre la meilleure performance en termes d'échanges. Il existe un autre moyen pour diminuer le coût des échanges : accéder aux données à travers un tableau d'index constitués de clés courtes, comme des entiers ou des pointeurs, et trier ce tableau d'index. Ainsi, les données ne sont plus échangées ; seuls les index le sont. C'est le principe du *tri indirect*.

### Le tri indirect par tableau des indices

La première méthode présentée peut s'appliquer à tous les langages de programmation. Le tableau des index est un tableau d'entiers appelé *tableau des indices* qui contient le numéro d'indice dans le tableau des données. L'accès aux données passe par le tableau des indices, qui délivre dans sa case N le numéro d'indice pour la N$^{\text{ième}}$ donnée dans le tableau des données. Cette méthode d'accès indirect est appelée par « *faux pointeurs* », car le tableau des indices n'indique pas réellement l'adresse de l'élément, mais le numéro de la case où il se trouve. La figure 6.8 montre l'état du tableau de données (`tab`) qui reste inchangé, et celui du tableau des indices (`indices`) une fois le tri effectué sur les indices. Il montre également comment l'accès aux données *via* le tableau des indices présente les données triées. Ainsi, le tableau `indices` indique que l'élément qui doit s'afficher en cinquième position (case 4 de `indices`) est celui qui est localisé dans la case 2 du tableau `tab`, soit la valeur 10.

Voici la procédure `tri_indirect_insertion()` qui effectue un tri par insertion sur le tableau `indices`, qui contient les indices des données du tableau `tab`. Une première boucle initialise le tableau des indices. Les comparaisons portent sur les valeurs, mais les échanges portent sur les indices.

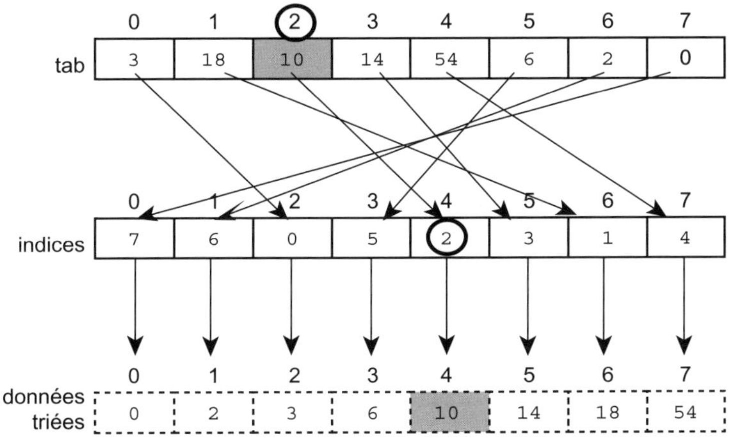


**Figure 6.8** • Tri indirect par tableau des indices.

**« Pseudo-code »**

```
Procédure tri_indirect_insertion(tab,indices,nb)
Déclarations
  Paramètres tab, indices en Tableau[20] d'Entiers
  Paramètre nb                           en Entier
  Variables i, j, val, indiceval        en Entier
Début
  // boucle d'initialisation des indices
  Pour i variant de 0 à nb-1 Faire
      indices[i] ← i
  FinPour
  // boucle de traitement
  Pour i variant de 0 à nb-1 Faire
     indiceval ← indices[i]
     val ← tab[indiceval]
     // boucle de déplacement des éléments de gauche plus petits
     j ← i
     Tant que ( (j>0) ET (val<tab[indices[j-1]]) ) Faire
        indices[j] ← indices[j-1]
        j ← j-1
     FinTantQue
     // insertion de la valeur à sa place
     indices[j] ← indiceval
  FinPour
Fin
```

Avec cette méthode, l'accès aux données s'effectue *via* le tableau des indices, ce qui ne pose aucun problème particulier, mais on peut désirer réorganiser réellement le tableau des données pour le mettre dans l'ordre indiqué par le tableau des indices. La réorganisation, après le tri du tableau des indices, est moins coûteuse, car les données ne sont déplacées qu'une seule fois, tout au plus. Cependant, si la solution la plus simple consiste à utiliser un second tableau pour y copier les données directement dans les bonnes cases, ce n'est pas la meilleure dans le contexte de données volumineuses, qui justifie le tri indirect. Aussi, la meilleure solution est une réorganisation sur place, c'est-à-dire dans le même tableau, ce qui complique un peu la tâche.

En réalité, ce n'est pas très complexe. Il suffit de jouer à « saute-mouton » en déplaçant la série de valeurs commençant par la première case (voir figure 6.9). Le tableau `indices` montre que la donnée qui doit se trouver dans la case 0 est actuellement située dans la case 7. On sauvegarde le contenu de la case 0 (3) du tableau des données `tab`, puis on y place la valeur 0 contenue dans la case 7, ce qui libère la case 7. La case libérée peut accueillir sa valeur définitive. Le tableau `indices` indique que c'est la donnée actuellement située dans la case 4 qui doit se trouver dans la case 7. On déplace la valeur 54 (qui se trouve dans la case 4) vers la case 7, ce qui libère la case 4. Le tableau `indices` indique que la valeur à déplacer à la case 4 est la donnée actuellement située dans la case 2, soit la valeur 10. On copie la valeur 10 dans la case 4, ce qui libère la case 2. Le tableau `indices` précise que la donnée qui doit se trouver dans la case 2 est celle de la case 0, laquelle a été modifiée entre temps. C'est donc la donnée sauvegardée 3. On place la valeur 3 dans la case 2, et la série de déplacements est terminée puisqu'on est revenu à la valeur contenue précédemment dans la case 0. À chaque déplacement,

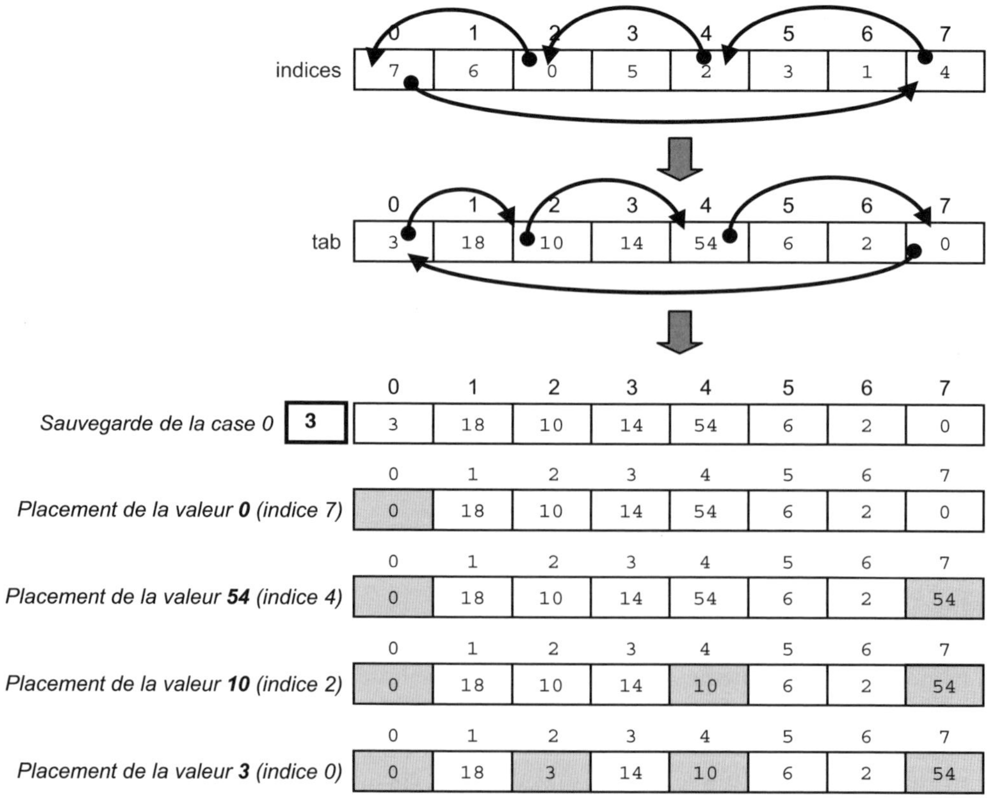


**Figure 6.9** • Réorganisation du tableau de données.

on met à jour le tableau indices pour qu'il reflète l'état du tableau tab. Comme les valeurs déplacées sont dans l'ordre, les cases correspondantes du tableau indices doivent contenir le numéro d'indice. Ainsi, indices[0]=0, indices[2]=2, indices[4]=4 et indices[7]=7. Cette série de déplacements est répétée pour toutes les cases dont le contenu dans le tableau indices est différent de leur numéro, ce qui est le cas de la case 1.

Voici la procédure qui effectue la réorganisation du tableau tab, selon l'ordre indiqué par indices.

**« Pseudo-code »**

```
Procédure réorganisation(tab,indices,nb)
Déclarations
  Paramètres tab, indices        en Tableau[20] d'Entiers
  Paramètre nb                                  en Entier
  Variables i, indice_départ,indice_cible, val en Entier
Début
  Pour i variant de 0 à nb-1 Faire
    Si (indices[i] <> i) Alors // il faut réorganiser
      // on conserve la valeur contenue dans la case i
      val ← tab[i]
      // on déplace successivement les valeurs à leur place
      indice_cible ← i
      indice_départ ← indices[indice_cible]
      Tant que (indice_départ <> i) Faire
        tab[indice_cible] ← tab[indice_départ]
        indices[indice_cible] ← indice_cible
        indice_cible ← indice_départ
        indice_départ ← indices[indice_cible]
      FinTantQue
      tab[indice_cible] ← val
      indices[indice_cible] ← indice_cible
    FinSi
  FinPour
Fin
```

Les programmes sources C, C++ et Java téléchargeables qui implémentent cet algorithme se nomment respectivement : tri_indirect_par_indices.c, tri_indirect_par_indices.cpp, tri_indirect_par_indices.java. La procédure affichage() présente l'accès aux données *via* le tableau indices.

La commande de compilation pour les programmes C et C++ est :

```
$ make tri_indirect_par_indices
```

Voici un exemple d'exécution de ce programme :

```
$ tri_indirect_par_indices
Entrez une liste de valeurs entières terminées par -1:
3 18 10 14 54 6 2 0 -1
=== Résultat du tri sur les indices ===
```

```
  Tableau direct des valeurs  :   3   18   10   14   54    6    2    0
  Tableau des indices         :   7    6    0    5    2    3    1    4
  Tableau indirect des valeurs:   0    2    3    6   10   14   18   54
=== Résultat de la réorganisation ===
  Tableau direct des valeurs  :   0    2    3    6   10   14   18   54
  Tableau des indices         :   0    1    2    3    4    5    6    7
  Tableau indirect des valeurs:   0    2    3    6   10   14   18   54
```

La commande de compilation pour le programme Java est :

```
$ javac tri_indirect_par_indices.java
```

La syntaxe pour exécuter le programme compilé Java est :

```
$ java tri_indirect_par_indices
```

Les programmes téléchargeables `tri_indirect_par_indices_trace.c`, `tri_indirect_par_indices_trace.cpp` et `tri_indirect_par_indices_trace.java` affichent la trace des différents traitements effectués lors du tri.

### Le tri indirect par tableau de pointeurs

Le *tri indirect par tableau de pointeurs* suit le même principe que le traitement précédent. Le tableau des indices est remplacé par un tableau de pointeurs plus approprié à ce type de traitement. Il s'agit là de « vrais pointeurs ». Ce traitement est proposé à l'exercice 4.

En Java, un tableau d'entier ou d'objets contient l'adresse des données et non les données elles-mêmes. Écrire un programme qui implémente ce type de tri revient à trier directement le tableau des données.

## 2.3. Le tri rapide ou quicksort

Le *tri rapide*, aussi appelé *quicksort*, est probablement l'algorithme de tri le plus employé de tous. Il possède trois qualités fondamentales : il est performant dans de nombreux cas, il effectue un tri sur place, donc sans allouer d'espace mémoire supplémentaire, et il est facile à écrire. L'algorithme de base a été découvert par C.A.R. Hoare en 1960. Il a depuis reçu quelques petites modifications qui améliorent encore ses performances.

Ce tri fonctionne sur le modèle « *diviser pour résoudre* ». Il partitionne l'ensemble des données en deux sous-ensembles, qui sont eux-mêmes triés indépendamment. C'est donc un algorithme récursif. La procédure de partitionnement est la clé de voûte de cet algorithme. Elle utilise l'un des éléments de la liste comme valeur *pivot*. Elle bascule ensuite les éléments qui lui sont supérieurs et qui sont situés à sa gauche dans la partition de droite, et les éléments qui lui sont inférieurs et qui sont situés à sa droite dans la partition de gauche. Ainsi, à la fin du partitionnement, la valeur pivot est à sa place définitive. La partition de gauche ne contient que des valeurs plus petites que le pivot, et celle de droite, que des valeurs plus grandes. Le choix de la valeur pivot est donc crucial. Si à chaque partitionnement, cette valeur partage les données en deux sous-ensembles de même taille, alors on effectue log(N) partitionnements, et pour chaque partition, on parcourt tous les éléments (pour l'inversion). On effectue

N×log(N) traitements en moyenne pour trier N données. Si par contre le pivot est systématiquement la plus grande valeur du sous-ensemble (ou la plus petite), alors la complexité devient quadratique, c'est-à-dire en $O(N^2)$. Pour éviter le pire des cas, il suffit de choisir la valeur pivot arbitrairement ou de manière aléatoire. L'algorithme a alors toutes les chances de s'approcher de sa valeur moyenne et d'être en O(NlogN). Dans le traitement présenté, le pivot choisi est la dernière valeur du sous-ensemble.

La figure 6.10 présente le fonctionnement de l'algorithme. La valeur pivot est d'abord choisie. C'est la valeur 41 (dernière valeur) dans le premier partitionnement. On parcourt ensuite le tableau depuis la gauche jusqu'à rencontrer une valeur supérieure au pivot (45). On parcourt le tableau depuis la droite jusqu'à trouver une valeur plus petite que le pivot (3). Les deux éléments ainsi trouvés (45 et 3) ne sont pas dans la bonne partie du tableau, donc on les inverse. On poursuit le traitement jusqu'à ce que le compteur de la boucle qui progresse rencontre celui de la boucle qui régresse. Les valeurs 78 et 9 sont inversées. Enfin, quand les deux boucles sont terminées, on place la valeur pivot à sa position définitive (inversion de 41 et 78). On appelle récursivement la procédure de tri sur la partition de gauche et sur la partition de droite. La condition récursive terminale est atteinte quand il n'y a plus qu'une seule valeur dans la partition. Le tableau est alors trié.

Voici les procédures `tri_rapide()` et `partition()` :

**« Pseudo-code »**

```
Procédure tri_rapide(tab,gauche,droite)
Déclarations
  Paramètre  tab        en Tableau[20] d'Entiers
  Paramètres gauche, droite            en Entier
  Variable   pivot                     en Entier
Début
  Si (gauche < droite) Alors
    pivot ← partition(tab,gauche,droite)
    tri_rapide(tab,gauche,pivot-1)
    tri_rapide(tab,pivot+1,droite)
  FinSi
Fin
Fonction partition(tab,gauche,droite)
Déclarations
  Paramètre  tab        en Tableau[20] d'Entiers
  Paramètres gauche, droite            en Entier
  Variables clef,i,j,temp             en Entier
Début
  clef ← tab[droite]
  i ← gauche-1
  j ← droite
  Tant que (i<=j) Faire
    i ← i+1
    Tant que ((i<droite) ET (tab[i]<clef)) Faire
      i ← i+1
    FinTantQue
```

```
    j ← j-1
    Tant que ((i>gauche-1) ET (tab[j]>clef)) Faire
      j ← j-1
    FinTantQue
    Si (i<j) Alors    // échange des cases
      temp ← tab[i]
      tab[i] ← tab[j]
      tab[j] ← temp
    FinSi
  FinTantQue
  // échange final avec le pivot
  temp ← tab[i]
  tab[i] ← tab[droite]
  tab[droite] ← temp
  retourner i
Fin
```

Voici les deux procédures C :

« **C** »

```
void tri_rapide(int tab[],int gauche, int droite)
{ int pivot ;
  if (gauche < droite)
  { pivot=partition(tab,gauche,droite) ;
    tri_rapide(tab,gauche,pivot-1)     ;
    tri_rapide(tab,pivot+1,droite)     ;
  }
}
int partition(int tab[],int gauche, int droite)
{ /* déclarations */
  int clef     ;
  int i,j, temp;
  /* début du sous-programme */
  clef=tab[droite];
  i=gauche-1      ;
  j=droite        ;
  while (i<=j)
  { while (((++i)<droite) && (tab[i]<clef))    ;
    while (((--j)>(gauche-1)) && (tab[j]>clef)) ;
    if (i<j)
    { /* échange des cases */
      temp=tab[i]   ;
      tab[i]=tab[j] ;
      tab[j]=temp   ;
    }
  }
  /* échange final avec le pivot */
  temp=tab[i]          ;
  tab[i]=tab[droite] ;
  tab[droite]=temp    ;
  return i            ;
}
```

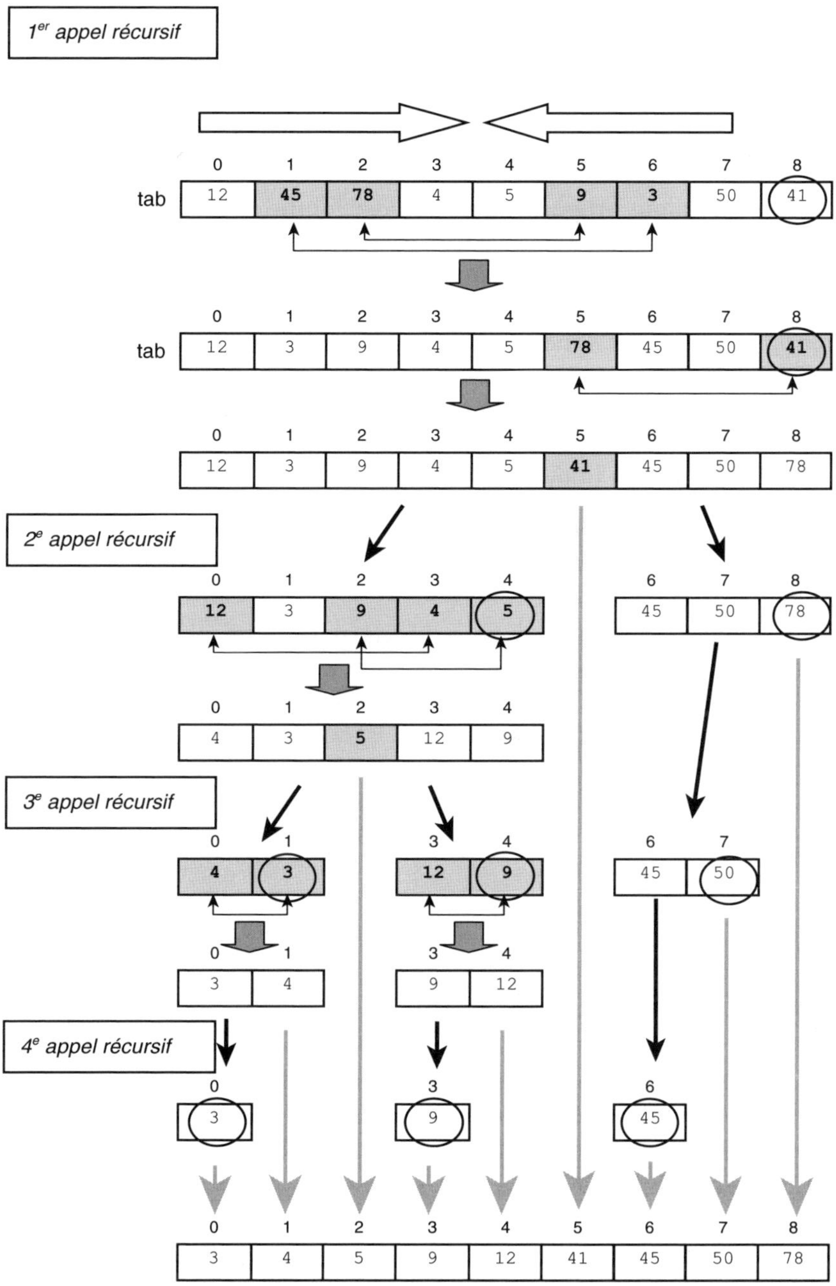


**Figure 6.10** • Fonctionnement du tri rapide.

Les programmes sources C, C++ et Java téléchargeables qui implémentent cet algorithme se nomment respectivement : `tri_rapide.c`, `tri_rapide.cpp`, `tri_rapide.java`.

Les programmes téléchargeables `tri_rapide_trace.c`, `tri_rapide_trace.cpp` et `tri_rapide_trace.java` affichent la trace des différents traitements effectués lors du tri.

Le programme source C++ téléchargeable `tri_rapide_template.cpp` présente un tri rapide utilisant la généricité du langage C++ qui permet de définir une méthode qui s'applique à tous les types d'objets.

L'une des améliorations proposées pour cet algorithme est de choisir la valeur pivot de manière aléatoire, ce qui est une façon assez sûre pour éliminer le pire des cas et obtenir une performance optimale de cet algorithme. Un algorithme qui se base sur une valeur aléatoire pour tendre vers un comportement « idéal » est appelé *algorithme probabiliste*. Le pivot peut donc être choisi au hasard parmi les valeurs à trier. Mais il existe une meilleure technique appelée *partitionnement par la médiane des trois*, qui consiste à prendre au hasard trois valeurs parmi les valeurs à trier, à les ordonner, puis à prendre la valeur médiane comme pivot. Ce type d'optimisation se justifie dès que le nombre de données est important.

## Résumé

Les algorithmes de tri font partie des grands classiques en algorithmique. On peut les regrouper en deux catégories : les tris élémentaires, dont la complexité est généralement en $O(N^2)$, et les tris avancés, plus efficaces mais plus complexes à programmer, et dont la complexité se rapproche souvent de $O(N \log N)$. Certains ont une complexité proche de celle des tris élémentaires, mais ils minimisent le coût des échanges de données, comme le tri indirect. Enfin, les tris participent parfois à la conception d'autres algorithmes, comme les algorithmes de recherche étudiés au chapitre 7.

# Problèmes et exercices

Les trois premiers exercices portent sur des tris élémentaires. Le dernier exercice traite du tri indirect par tableau de pointeurs. Les solutions des exercices et six exercices supplémentaires sont sur le site compagnon.

## Exercice 1 : Générateur d'anagrammes, tri par insertion

Écrivez un algorithme qui génère une anagramme d'un mot saisi par l'utilisateur. Cette anagramme est construite à partir des lettres du mot, qui sont présentées par ordre alphabétique. La saisie du mot « facile » doit afficher « acefil ». L'algorithme à utiliser est un tri par insertion. Le mot est géré comme un tableau de caractères. Une boucle de lecture lit un caractère à la fois et le range dans un tableau, tant que la fin de ligne n'est pas atteinte. Vous disposez de la fonction `fin_de_ligne()`, qui retourne

FAUX s'il reste des caractères à lire, et VRAI si tous les caractères ont été lus. Le tri n'utilisera qu'un seul tableau, c'est un *tri sur place*.

## Exercice 2 : Générateur d'anagrammes, tri à bulles

Modifiez le programme `anagramme` présenté à l'exercice précédent pour utiliser un tri à bulles.

## Exercice 3 : Tri par comptage d'une liste d'entiers

Écrivez la procédure `tri_par_comptage(tab,nb)` qui effectue le tri des `nb` valeurs entières contenues dans le tableau `tab`. La liste sera limitée à 20 valeurs comprises entre 1 et 40.

## Exercice 4 : Tri indirect par tableau de pointeurs

En vous inspirant de la méthode de tri indirect par tableau des indices, écrivez la procédure `tri_indirect_insertion(tab,adresses,nb)` qui effectue le tri des `nb` valeurs entières contenues dans le tableau `tab` grâce au tableau de pointeurs `adresses`. Les cases 0, 1, 2, etc., du tableau `adresses` seront initialisées avec les adresses des cases 0, 1, 2, etc., du tableau `tab`. Le tri ordonnera le tableau `adresses` en fonction des valeurs contenues dans `tab`, mais ne changera pas l'ordre des éléments de `tab`. Écrivez également la procédure `affichage(tab,adresses,nb)` qui affichera le tableau `tab` dans l'ordre spécifié par `adresses`.

# 7

# Les recherches

La recherche est une opération fondamentale dans un programme qui gère un ensemble de données. Elle participe souvent à l'élaboration des autres traitements, par exemple en localisant la donnée à afficher ou à modifier. La recherche traite deux informations distinctes, la *clef* et la *donnée*. La *clef* est l'information utilisée dans la recherche pour localiser la *donnée*. C'est par exemple le nom de l'employé qui permet de trouver l'ensemble des informations qui le concernent. La *clef* est alors un élément (le champ nom) de la *donnée* (l'employé).

## 1. La recherche séquentielle

La recherche séquentielle est une méthode élémentaire qui consiste à comparer la clef recherchée à toutes les autres clefs. Sa complexité algorithmique est en O(N). Rechercher une valeur entière dans une liste d'entiers se résume à parcourir chaque élément de la liste, et à vérifier s'il s'agit de l'élément recherché. Dans cet exemple, la clef et la donnée sont confondues. La boucle utilisée dans une recherche séquentielle est une boucle TANT QUE avec un double critère d'arrêt : on s'arrête quand on a trouvé la donnée ou quand on atteint la fin de la liste. Voici la fonction recherchant une valeur dans une liste de valeurs entières contenues dans un tableau. Les paramètres sont le tableau des données (`tab`), le nombre d'éléments dans le tableau (`nb`) et la valeur recherchée (`valrech`). Cette fonction retourne le numéro de la case du tableau dans laquelle se trouve la donnée, ou –1 (représenté par la constante `NON_TROUVÉ`) si elle n'est pas trouvée.

**« Pseudo-code »**

```
Fonction recherche_séquentielle(tab,nb,valrech)
Déclarations
  Paramètre  tab  en Tableau[20] d'Entiers
  Paramètres nb, valrech        en Entier
  Variables i                   en Entier
  Variable trouvé               en Booléen
```

```
  Constante NON_TROUVÉ = -1
Début
  i ← 0
  trouvé ← FAUX
  // boucle de recherche
  Tant que ( ( NON trouvé) ET (i<nb)) Faire
    Si (tab[i] = valrech) Alors
        trouvé ← VRAI
    Sinon
      i ← i+1
    FinSi
  FinTantQue
  Si (trouvé = VRAI) Alors
     retourner i
  Sinon
     retourner NON_TROUVÉ
  FinSi
Fin
```

La syntaxe de l'appel de cette fonction dans le programme principal est :

```
numcase ← recherche_séquentielle(tab_valeurs,nbval,val_recherche)
```

où `tab_valeurs`, `nbval` et `val_recherche` sont les variables du programme principale, sur lesquelles porte la recherche. Voici le programme C utilisant cette fonction :

**« C »**

```
/* recherche_sequentielle.c */
#include <stdio.h>
#define MAX 20
#define NON_TROUVE -1
int recherche_sequentielle(int tab[],int nb, int valrech) ;
/* --- programme principal --- */
main()
{
  int tab_valeurs[MAX],nbval=0,val_recherche,val=0,numcase ;
  printf("Entrez une liste de valeurs entières terminée par -1:\n") ;
  while (val != -1)
  {
    scanf("%d",&val) ;
    if (val != -1)
       tab_valeurs[nbval++]=val ;
  }
  printf("Entrez une valeur à rechercher : ") ;
  scanf("%d",&val_recherche) ;
  /* appel de la procédure de recherche */
  numcase=recherche_sequentielle(tab_valeurs,nbval,val_recherche) ;
  /* affichage du résultat */
  if (numcase==NON_TROUVE)
     printf("%d non trouvé !\n",val_recherche) ;
  else
     printf("%d trouvé en position %d\n",val_recherche,numcase+1) ;
```

```
}
/* --- procédure de recherche --- */
int recherche_sequentielle(int tab[],int nb, int valrech)
{
  int i=0, trouve=0 ;
  /* boucle de recherche */
  while ( ( ! trouve) && (i<nb))
  {
    if (tab[i++] == valrech)
        trouve=1 ;
  }
  if (trouve)
     return --i ;
  else
     return NON_TROUVE ;
}
```

Les programmes sources C, C++ et Java téléchargeables qui implémentent cet algorithme se nomment respectivement : `recherche_sequentielle.c`, `recherche_sequentielle.cpp`, `recherche_sequentielle.java`.

La commande de compilation pour les programmes C et C++ est :

```
$ make recherche_sequentielle
```

Voici un exemple d'exécution de ce programme :

```
$ recherche_sequentielle
Entrez une liste de valeurs entières terminées par -1:
12 5 6 9 4 11 25 4 -1
Entrez une valeur à rechercher : 4
4 trouvé en position 5
```

La commande de compilation pour le programme Java est :

```
$ javac recherche_sequentielle.java
```

La syntaxe pour exécuter le programme compilé Java est :

```
$ java recherche_sequentielle
```

On peut noter que ce programme ne trouve que la première occurrence de la valeur recherchée. La recherche de plusieurs valeurs est proposée en exercice.

Il est possible d'améliorer les performances de cet algorithme en positionnant les données les plus fréquemment recherchées au début de la liste. Cela suppose de disposer d'informations sur la fréquence de recherche des différents éléments, ou de réorganiser les données au fur et à mesure des recherches successives, en mettant systématiquement la donnée recherchée en début de liste. Le temps de traitement supplémentaire généré par la réorganisation de la liste est largement compensé par la réduction du temps d'accès aux données. Cette modification n'a pas lieu d'être si la fréquence de recherche est uniforme sur l'ensemble des données.

## 2. La recherche dichotomique

Dès que le nombre de données devient important, la recherche séquentielle n'est plus envisageable. Sa complexité en O(N) pénalise les autres traitements qui l'utilisent. Il faut diminuer le temps de traitement par l'emploi d'algorithmes plus performants, comme la *recherche dichotomique*. Cet algorithme est basé sur le principe de « *diviser pour résoudre* ». On divise l'ensemble de recherche en deux sous-ensembles égaux. On détermine ensuite dans quel sous-ensemble doit se trouver la clef de recherche, puis on poursuit la recherche dans ce sous-ensemble. Le préalable à cette méthode de recherche est de disposer d'un ensemble *trié* de données, car la détermination du sous-ensemble dans lequel se poursuit la recherche se fait par comparaison entre la valeur recherchée et les valeurs de début et de fin du sous-ensemble. La recherche dichotomique est récursive dans son approche. La division par deux de l'ensemble des données de recherche à chaque appel indique que sa complexité est en O(logN). Comme toute fonction récursive, il existe aussi une version itérative qui est proposée à l'exercice 1.

La version récursive présentée travaille sur le tableau d'entiers utilisé comme exemple dans la recherche séquentielle. Chaque appel de la fonction indique les bornes de l'intervalle de recherche (`début`, `fin`) dans le tableau de données (`tab`). Le paramètre `valrech` correspond à l'entier recherché. L'opérateur `DIV` renvoie le quotient de la division entière.

« **Pseudo-code** »

```
Fonction recherche_dichotomique(tab,début,fin,valrech)
Déclarations
  Paramètre  tab    en Tableau[20] d'Entiers
  Paramètres début, fin, valrech  en Entier
  Variables milieu, résultat      en Entier
  Constante NON_TROUVÉ = -1
Début
  milieu ← (début+fin) DIV 2
  Si (valrech=tab[milieu]) Alors
      résultat ← milieu
  Sinon Si (début>=fin) Alors
      résultat ← NON_TROUVÉ
  Sinon Si (valrech<tab[milieu]) Alors
      résultat ← recherche_dichotomique(tab,début,milieu-1,valrech)
  Sinon
      résultat ← recherche_dichotomique(tab,milieu+1,fin,valrech)
  FinSi
  retourner résultat
Fin
```

La syntaxe du premier appel de cette fonction dans le programme principal est :

```
numcase ← recherche_dichotomique(tab_valeurs,0,nbval-1,val_recherche)
```

`numcase` est le numéro de la case où est localisée la donnée (cette variable reçoit –1 si la donnée n'est pas trouvée). `nbval` est le nombre de données contenues dans le tableau `tab_valeurs`, et `val_recherche` la valeur entière recherchée.

Voici la version C de cette fonction :

« **C** »

```
int recherche_dichotomique(int tab[],int debut,int fin,int valrech)
{ int milieu, resultat ;
  milieu=(debut+fin)/2 ;
  if (valrech==tab[milieu]) resultat=milieu     ;
  else if (debut>=fin)       resultat=NON_TROUVE ;
  else if (valrech<tab[milieu])
      resultat=recherche_dichotomique(tab,debut,milieu-1,valrech) ;
  else
      resultat=recherche_dichotomique(tab,milieu+1,fin,valrech)    ;
  return resultat ;
}
```

Cette fonction peut remplacer la fonction `recherche_séquentielle()` dans le programme `recherche_sequentielle.c` présenté à la section 1 de ce chapitre. Cependant, il faut veiller à trier les données saisies, par l'appel d'une procédure de tri (par exemple, `tri_insertion` étudiée au chapitre 6) avant d'appeler la fonction `recherche_dichotomique()`.

Par la suite, l'ajout de nouvelles données doit maintenir l'ordre de l'ensemble. Le processus élémentaire d'insertion d'une donnée, qui est utilisé dans le tri par insertion, est donc à privilégier pour maintenir la cohérence de l'ensemble et s'assurer du bon fonctionnement de la recherche dichotomique.

Cette contrainte d'ordonnancement permanent de la liste implique que le tri dichotomique n'est pas adapté aux processus qui ajoutent fréquemment de nouvelles données, car le coût de l'insertion devient non négligeable. En effet, si une donnée est insérée en début de liste, il faut déplacer les N éléments. L'insertion à une position aléatoire engendre N/2 déplacements en moyenne. La recherche dichotomique doit être réservée aux processus qui peuvent trier la liste des données à l'avance (par exemple, avec un tri shell ou un tri rapide), et qui effectuent un nombre important de requêtes pour accéder aux données, mais peu d'insertions.

Les programmes sources C, C++ et Java téléchargeables qui implémentent cet algorithme se nomment respectivement : `recherche_dichotomique_recursive.c`, `recherche_dichotomique_recursive.cpp`, `recherche_dichotomique_recursive.java`.

La commande de compilation pour les programmes C et C++ est :

```
$ make recherche_dichotomique_recursive
```

Voici un exemple d'exécution de ce programme :

```
$ recherche_dichotomique_recursive
Entrez une liste de valeurs entières terminées par -1:
```

```
12 5 6 9 4 11 25 4 -1
Données triées : 4  4  5  6  9 11 12 25
Entrez une valeur à rechercher : 11
11 trouvé en position 6
```

La commande de compilation pour le programme Java est :

```
$ javac recherche_dichotomique_recursive.java
```

La syntaxe pour exécuter le programme compilé Java est :

```
$ java recherche_dichotomique_recursive
```

Les programmes téléchargeables `recherche_dichotomique_recursive_trace.c`, `recherche_dichotomique_recursive_trace.cpp` et `recherche_dichotomique_recursive_trace.java` affichent la trace des différents traitements effectués lors de la recherche.

# 3. La recherche par interpolation

La *recherche par interpolation* est une amélioration de la recherche dichotomique. Elle fonctionne selon le même principe de « *diviser pour résoudre* » et de recherches successives sur des intervalles de plus en plus petits. Chaque intervalle n'est plus divisé de manière automatique en son milieu, mais à une position qui dépend de la clef de recherche et des bornes de l'intervalle. C'est là sa principale amélioration. Avec cet algorithme, on essaie d'avoir une meilleure estimation de la position de l'élément recherché dans l'intervalle, en évaluant de manière plus fine la position de la borne de départ du nouvel intervalle. Pour cela, on calcule le décalage de la nouvelle borne inférieure par rapport à l'ancienne, grâce à la formule arithmétique suivante, formule qui découle du théorème de thales appliqué aux interpolations linéaires en statistique, ce qui rend cet algorithme spécifique aux clefs numériques :

```
décalage ← (val-tab[déb].clef)*((fin-déb)/(tab[fin].clef-tab[déb].clef))
borne ← déb+décalage
```

`borne` est l'indice de la borne inférieure du nouvel intervalle, `val` est la valeur de la clef recherchée, `déb` et `fin` sont les bornes actuelles de l'intervalle et donc des indices du tableau, `tab[déb].clef` et `tab[fin].clef` sont les valeurs des clefs des bornes inférieures et supérieures de l'intervalle, et `tab` est le tableau qui contient les données. Chaque donnée contient un champ constitué de sa clef. Si `tab` contient une liste d'entiers comme dans les exemples précédents, alors la donnée et la clef sont confondues. La formule se réécrit :

```
décalage ← (val-tab[déb])*((fin-déb)/(tab[fin]-tab[déb]))
```

Ce calcul d'estimation donne d'excellents résultats sur une liste de données, dont les clefs sont réparties uniformément sur l'intervalle. La première et la dernière clef sont trouvées en une seule itération. Si les clefs sont totalement uniformes, comme dans la suite de valeurs provenant du calcul (3×i)+1 où i est l'indice de la case du tableau qui contient la valeur, alors la recherche d'une valeur ne nécessite qu'une seule itération. Cette performance diminue avec une suite aléatoire de données. La complexité de cet algorithme est en O(Log Log N).

La performance de cet algorithme dépend largement de la répartition des clefs sur l'intervalle et de sa taille. Elle est très proche de celle de la recherche dichotomique sur de petits intervalles, mais nettement meilleure sur de grands intervalles. L'écriture de la fonction `recherche_interpolation()` est proposée à l'exercice 2. Le corrigé montre la différence de performance, sur une série d'entiers non uniformes, entre cette méthode de recherche et la recherche dichotomique.

# 4. Tables de hachage ou adressage dispersé

## 4.1. Principe

La recherche par *table de hachage*, également appelée par *adressage dispersé*, propose un accès direct aux données. La clef de recherche subit une transformation arithmétique grâce à une *fonction de hachage* pour fournir un indice appelé *code de hachage*. Ce dernier donne accès à la donnée située dans la *table de hachage*. Si le type de la clef est variable (entier, chaîne de caractères, etc.), le code de hachage est toujours un entier. Il indique le numéro de la case dans la table de hachage où est localisée la donnée. La description de la *fonction de hachage* présente des méthodes pour traduire une clef de type chaîne de caractères en un entier.

L'intérêt de cette méthode d'organisation des données est de proposer une recherche en temps constant. En effet, le calcul du code de hachage et l'accès à un élément de la table sont deux traitements qui s'exécutent eux-mêmes en temps constant. De plus, la gestion de la mémoire est optimisée, car il est possible de définir une taille fixe pour la table de hachage. C'est donc un bon compromis entre le temps d'exécution et la gestion de la mémoire, ce qui constitue les deux points essentiels de toute méthode de recherche.

Si la fonction de hachage fournit un code unique pour chaque clef, on dit que la table est à *adressage direct*. Ce cas idéal est rarement rencontré en pratique, et deux clefs distinctes peuvent produire le même code de hachage. On dit alors que les clefs entrent en *collision*, car elles indiquent la même entrée dans la table. La résolution des collisions est un point important de cette méthode. Elle produit deux organisations différentes : les *tables de hachage chaînées* et les *tables de hachage à adressage ouvert*.

## 4.2. La fonction de hachage

La fonction de hachage est la clé de voûte de cet algorithme. Elle doit minimiser le nombre de collisions et tendre vers un adressage direct. De plus, elle doit répartir les données de manière uniforme et aléatoire dans la table de hachage.

## Clefs entières

Le choix d'une fonction de hachage est délicat, car il dépend de la nature de la clef. Si la clef est numérique, une solution simple et efficace consiste à prendre le résultat de l'opération modulo (reste de la division entière) sur la taille de la table. Soit *M* le nombre d'entrées dans la table de hachage et *c* la clef entière à transformer, le résultat de la fonction de hachage *h(c)* est alors :

$$h(c) = c \text{ modulo } M$$

La valeur entière retournée par cette fonction sert d'indice pour indiquer l'entrée dans la table où se trouve la donnée. Il faut être attentif au choix de la valeur *M*, et donc à la taille de la table de hachage. Si M est une puissance de 2, par exemple $2^p$, le résultat du modulo correspond au traitement des *p* bits de poids faible. Ainsi si $M = 64 = 2^6$, alors le résultat de la fonction de hachage pour les clefs 127, 191, 319 sera 63, ce qui correpond à la valeur de leur 6 bits de droite qui sont identiques. Seule une partie de la clef est traitée, ce qui réduit d'autant le nombre de combinaisons différentes de clefs. La fonction de hachage risque de produire de nombreux codes identiques, ce qui engendre un nombre important de collisions. Une solution préconisée est de choisir un nombre premier pour M.

De plus, il faut choisir la valeur de M en fonction du *facteur de charge* désiré pour la table. Le facteur de charge (a) est le rapport entre le nombre de données à coder (N) et le nombre d'entrées dans la table (M).

$$a = N/M$$

Dans le cas d'une table de hachage chaînée, la table dispose d'un nombre d'entrées inférieur au nombre de données. Il y a donc plusieurs données par entrée de la table. Le facteur de charge est supérieur à 1, il indique le nombre moyen de données pour chaque entrée de la table, si la répartition est uniforme. Si le traitement porte sur 10 000 données, la valeur de M = 109 (nombre premier) produit un facteur de charge égal à 10 000/109 = 91,74, soit 92 données en moyenne par entrée de la table ! Une valeur de M = 2 593 (nombre premier) porte le facteur de charge à 10 000/2 593 = 3,85, ce qui devient beaucoup plus raisonnable. Cette dernière valeur indique que la table contiendra en moyenne 4 données par entrée. Avec cette valeur de M, la clef 7 851 donne le code de hachage 7 851 modulo 2 593 = 72. La donnée dont la clef est 7 851 sera rangée à la case numéro 72 de la table de hachage. C'est aussi le cas pour les clefs 72, 2 665 et 5 258 qui donnent le même code de hachage. Le facteur de charge est un critère important pour choisir la méthode de hachage, car un nombre trop important de collisions réduit la performance de l'algorithme en augmentant les traitements qui résolvent les collisions.

## Clefs de type chaînes de caractères

Les clefs numériques sont relativement faciles à gérer, car on peut aisément les ramener à des clefs entières et appliquer la solution proposée précédemment. Cela se complique dès que la clef est de type chaîne de caractères, ce qui est le cas le plus courant. Comment produire un code de hachage entier quand la clef est par exemple un nom, une adresse ou toute autre information de ce type ? La majorité des solutions proposées appliquent un ensemble de traitements binaires sur chaque caractère de la chaîne, pour construire petit à petit une valeur entière limitée à 32 bits (taille d'un entier), sur laquelle on applique le calcul du modulo précédent. La méthode décrite ci-après est attribuée à P.J. Weinberger, mathématicien renommé en théorie des nombres, il est également l'un des créateurs avec A.Aho et B.Kernighan du langage informatique AWK dédié aux recherches et traitements de chaînes. Elle est connue pour donner de très bons résultats sur les chaînes.

Avec cette méthode, le code de hachage est produit par groupe de 4 bits. Sa valeur initiale est 0. On additionne le code ASCII de chaque caractère (en partant du premier caractère) au code déjà calculé après lui avoir fait subir un décalage de 4 bits vers la gauche, ce qui revient à le multiplier par 16 ($2^4$). Ce processus est répété tant que le code ne dépasse pas les 28 bits, soit la valeur 268 435 456 ($2^{28}$), car alors on dépasserait les 32 bits lors du traitement du prochain caractère, ce qui provoquerait un dépassement de capacité, et donc une valeur erronée. Quand on atteint cette limite, on récupère la valeur numérique qui correspond aux 4 bits de gauche, suivis des 28 bits de droite positionnés à 0, ce qui revient à multiplier par $2^{28}$ le quotient issu de la division du code par $2^{28}$. Le résultat de cette dernière opération est conservé dans une variable temporaire (`tmp`). Les deux derniers traitements appliqués au code en construction sont plus complexes et n'ont pas d'opération arithmétique équivalente. On effectue une opération de type OUexclusif appliquée à chaque bit de la valeur de code avec les 4 bits de gauche de `tmp`, puis de nouveau un OUexclusif entre le code et tous les bits de `tmp`. On applique ensuite le modulo M au code ainsi construit. Voici la fonction `code_hachage()` qui implémente ce traitement. La variable `res` contient la valeur du code en construction. Les opérations OUexclusif sont remplacées par une addition et une soustraction, dont le résultat est assez proche. La valeur `M` correspond à la taille de la table.

**« Pseudo-code »**

```
Fonction code_hachage(clef)
Déclarations
  Paramètre clef                en chaîne
  Variables i, res, taille, tmp en Entier
  Constantes M=109
Début
  taille ← longueur(clef)
  res ← 0
  Pour i variant de 0 à taille-1 Faire
    res ← (res*16)+clef[i]
    Si (res > 268435456) Alors      // 268435456 = 2 puissance 28
      tmp ← (res DIV 268435456)*268435456
      res ← res+(tmp DIV 16777216) // 16777216  = 2 puissance 24
      res ← res-tmp
    FinSi
  FinPour
  retourner (res MOD M)
Fin
```

Un programme C complet intégrant la fonction de hachage, mais également les autres traitements décrits par la suite, est proposé en fin de section.

La fonction de hachage décrite produit une répartition uniforme des clefs sur la table, mais elle n'évite pas complètement les collisions. Ce phénomène est résolu par l'utilisation des *tables de hachage chaînées* ou des *tables de hachage à adressage ouvert.*

## 4.3. Table de hachage chaînée

La fonction de hachage fournit l'indice dans la table où ranger la donnée, mais elle ne donne aucune solution pour résoudre le problème des collisions, c'est-à-dire quand deux clefs donnent le même indice et que les données doivent être rangées dans la même case de la table. Avec la *table de hachage chaînée*, chaque case ne contient pas directement la donnée, mais un pointeur sur une liste chaînée. Ainsi, si deux clefs produisent le même code, les données sont rangées dans la liste chaînée pointée par la case dont l'indice est précisé par le code de hachage. On parle de *chaînage externe*, car les données sont à l'extérieur de la table. Cette organisation est présentée à la figure 7.1.

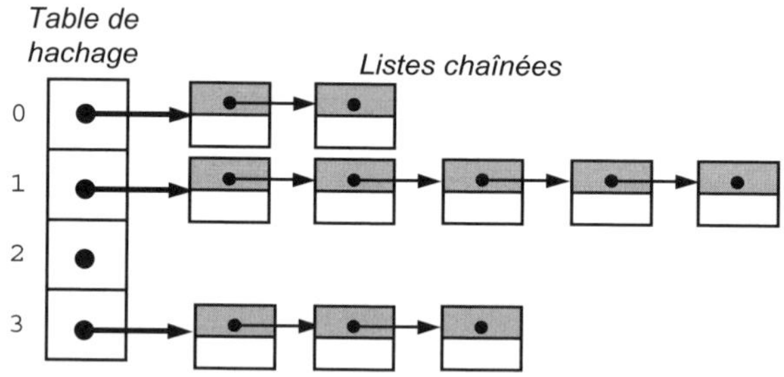


**Figure 7.1** • Table de hachage chaînée.

La taille de la table est toujours plus petite que le nombre de données à gérer. Le nombre moyen d'éléments dans une liste est fourni par le facteur de charge. Cette organisation permet de réduire considérablement la taille de la table, qui peut être assez petite. Cependant, il faut faire attention à ne pas avoir un trop grand nombre d'éléments par liste, car la performance liée à l'accès direct aux données serait alors amoindrie par le temps nécessaire au parcours de la liste chaînée. Il n'existe pas de règle établie en la matière pour définir au mieux la taille de la table, mais une valeur de M égale à un dixième du nombre de données paraît raisonnable.

La qualité principale du chaînage externe est qu'il fonctionne même si la taille de la table est mal évaluée. Si elle est trop petite, le traitement s'en trouve juste ralenti. Si par contre on dispose de beaucoup de mémoire, il faut que M soit assez grand pour éviter au maximum les collisions et augmenter les performances de l'algorithme.

Les fonctions et les procédures suivantes montrent comment insérer et rechercher les données dans la table. Chaque donnée est un enregistrement qui modélise une personne, et qui contient deux champs, un nom et un prénom, et deux champs pointeurs. Voici le type personne_t :

```
Type personne_t  en Enregistrement
                     champ succ  en Pointeur de personne_t
                     champ nom      en Chaîne
                     champ prénom   en Chaîne
                     champ pred  en Pointeur de personne_t
                 Fin d'Enregistrement
```

La table de hachage est un tableau de pointeurs d'enregistrements de type personne_t :

```
Variable table_hachage en tableau[M] de Pointeurs de personne_t
```

La première procédure initialise la table de hachage :

**« Pseudo-code »**

```
Procédure initialisation_table()
Déclarations
  Variable i en Entier
  Constante M=109
Début
  Pour i variant de 0 à M-1 Faire
    table_hachage[i] ← AUCUNE_ADRESSE
  FinPour
Fin
```

La procédure suivante insère un élément dans la table :

**« Pseudo-code »**

```
Procédure insertion_élément(nouvel_élément)
Déclarations
  Paramètre nouvel_élément         en Pointeur de personne_t
  Variables pt_début, prem_élément en Pointeur de personne_t
  Variable  code en Entier
Début
  code ← code_hachage((*nouvel_élément).nom)
  pt_début ← table_hachage[code]
  Si (pt_début = AUCUNE_ADRESSE) Alors // la liste de la case est vide
    table_hachage[code] ← nouvel_élément
  Sinon // on insère l'élément en début de liste
    prem_élément ← table_hachage[code]
    table_hachage[code] ← nouvel_élément
    (*nouvel_élément).succ ← prem_élément
    (*prem_élément).pred ← nouvel_élément
  FinSi
Fin
```

L'élément est systématiquement inséré en début de liste. On peut affiner le traitement pour conserver la liste ordonnée, mais le surcoût occasionné n'est pas justifié quand le facteur de charge reste raisonnable et que la taille moyenne des listes est faible, ce qui est le but recherché. La fonction suivante recherche la personne dont le nom (la clef dans cet exemple) est passé en argument. Elle retourne l'adresse de l'enregistrement trouvé, ou AUCUNE_ADRESSE en cas d'échec.

**« Pseudo-code »**

```
Fonction recherche_élément(clef)
Déclarations
  Paramètre clef    en chaîne
  Variable code     en Entier
  Variable terminé  en Booléen
  Variable élément  en Pointeur de personne_t
Début
  terminé ← FAUX
  code ← code_hachage(clef)
  élément ← table_hachage[code]
  Tant que ( NON terminé) Faire
    Si (élément = AUCUNE_ADRESSE) Alors
      terminé ← VRAI
    Sinon Si ((*élément).nom=clef) Alors
      terminé ← VRAI
    Sinon
      élément ← (*élément).succ
    FinSi
  FinTantQue
  retourner élément
Fin
```

Le programme C hachage.c effectue le traitement complet d'une liste de noms saisie au clavier. Il propose également les sous-programmes d'affichage du contenu de la table et de suppression d'un élément. La valeur M est représentée par la constante TAILLE_TABLE.

**« C »**

```
/* hachage.c */
/* table de hachage chaînée */
#include <stdio.h>
#include <string.h>
#include <stdlib.h>
#define TAILLE_NOM 20
#define TAILLE_PRENOM 40
#define TAILLE_TABLE 109
/* déclaration du type d'un élément */
struct personne {
         struct personne *succ ;
         char nom[TAILLE_NOM] ;
         char prenom[TAILLE_PRENOM] ;
         struct personne *pred;
       } ;
typedef struct personne personne_t;
/* --- variables globales --- */
```

```
personne_t *table_hachage[TAILLE_TABLE] ;
/* primitives de gestion de la table de hachage */
void initialisation_table() ;
unsigned int code_hachage(char clef[]) ;
void insertion_element(personne_t *element) ;
void suppression_element(personne_t *element_a_supprimer) ;
void affichage_table() ;
personne_t *recherche_element(char clef[]) ;
/* === Programme principal === */
main()
{
  personne_t *pers ;
  int i,nbpersonnes ;
  char nom[TAILLE_NOM] ;
  initialisation_table() ;
  printf("Nombre de personnes à saisir : ") ;
  scanf("%d",&nbpersonnes) ;
  for (i=0 ; i<nbpersonnes ; i++)
  {
    pers=(personne_t *) malloc(sizeof(personne_t)) ;
    printf("Nom et Prénom : ") ;
    scanf("%s %s",pers->nom,pers->prenom) ;
    pers->pred=NULL ;
    pers->succ=NULL ;
    insertion_element(pers) ;
  }
  affichage_table() ;
  printf("Nom de la personne à supprimer : ") ;
  scanf("%s",nom) ;
  pers=recherche_element(nom) ;
  if (pers == NULL)
    printf("%s non trouvé !\n",nom) ;
  else
  {
    printf("Suppression de %s %s\n",pers->nom,pers->prenom) ;
    suppression_element(pers) ;
  }
 affichage_table() ;
}
/* --- fonction de hachage --- */
unsigned int code_hachage(char clef[])
{
  unsigned int tmp ;
  unsigned int i,res=0,taille;
  taille=strlen(clef) ;
  for (i=0 ;i <taille ; i++)
  {  /* 268435456 = 2 puissance 28 */
     /* 16777216  = 2 puissance 24 */
     res=(res<<4)+clef[i] ; /* (res*16)+clef[i] */
     if (tmp=(res & 0xf0000000)) /* si res > 268435456 */
     {                          /* tmp=(res DIV 268435456)*268435456 */
        res=res^(tmp>>24) ;  /* res= res+(tmp DIV 16777216) */
        res=res^tmp ;         /* res=(res-tmp) */
```

```
      }
   }
   return res%TAILLE_TABLE ;
}
/* --- recherche dans la table de hachage --- */
personne_t *recherche_element(char clef[])
{
   int code, termine=0 ;
   personne_t *element;
   code=code_hachage(clef) ;
   printf("--- code = %d ---\n",code) ;
   element=table_hachage[code] ;
   while( ! termine)
   {
      if (element == NULL)
         termine=1 ;
      else if (strcmp(element->nom,clef)==0)
         termine=1 ;
      else
         element=element->succ ;
   }
   return element ;
}
/* --- initialisation de la table de hachage --- */
void initialisation_table()
{
   int i ;
   for (i=0 ; i < TAILLE_TABLE ; i++)
     table_hachage[i]=NULL ;
}
/* --- insertion d'un élément dans la table --- */
void insertion_element(personne_t *nouvel_element)
{
   int code ;
   personne_t *pt_debut, *prem_element;
   code=code_hachage(nouvel_element->nom) ;
   printf("Insertion %s %s ",nouvel_element->nom,nouvel_element->prenom);
   printf("-> code=%d\n",code) ;
   pt_debut=table_hachage[code] ;
   if (pt_debut == NULL) /* la liste de cette case est vide */
     table_hachage[code]=nouvel_element ;
   else /* on insère l'élément en début de liste */
   {
     prem_element=table_hachage[code] ;
     table_hachage[code]=nouvel_element ;
     nouvel_element->succ=prem_element ;
     prem_element->pred=nouvel_element ;
   }
}
/* --- suppression d'un élément dans la table --- */
void suppression_element(personne_t *element_a_supprimer)
{
   int code ;
```

```
  personne_t *pt_succ, *pt_pred;
  pt_succ=element_a_supprimer->succ ;
  pt_pred=element_a_supprimer->pred;
  if (pt_succ != NULL) /* il a un successeur dans la liste */
    pt_succ->pred=pt_pred ;
  if (pt_pred != NULL) /* il a un prédecesseur dans la liste */
    pt_pred->succ=pt_succ;
  else /* c'est le premier de la liste */
  {
    code=code_hachage(element_a_supprimer->nom) ;
    table_hachage[code]=pt_succ ;
  }
  free(element_a_supprimer) ;
}
/* --- affichage de tous les éléments de la table --- */
void affichage_table()
{
  int code ;
  personne_t *element;
  printf("=== TABLE ===\n") ;
  for (code=0 ; code<TAILLE_TABLE ; code++)
  {
    if (table_hachage[code] != NULL)
    {
      printf("--- code = %d ---\n",code) ;
      element=table_hachage[code] ;
      while(element != NULL)
      {
        printf("  %s %s\n",element->nom,element->prenom) ;
        element=element->succ ;
      }
    }
  }
}
```

Les programmes sources C, C++ et Java téléchargeables qui implémentent cet algorithme se nomment respectivement : `hachage.c`, `hachage.cpp`, `hachage.java`.

La commande de compilation pour les programmes C et C++ est :

```
$ make hachage
```

Voici un exemple d'exécution de ce programme. Un affichage intermédiaire présente le code calculé à chaque insertion d'un nouvel élément dans la table. L'affichage de la table apparaît après l'insertion des personnes. Le nom de la personne à supprimer est ensuite demandé. Un dernier affichage de la table confirme la suppression. La suppression de toutes les occurrences d'un même nom n'est pas traitée, seul le dernier nom entré est supprimé.

```
$ hachage
Nombre de personnes à saisir : 4
Nom et Prénom : dupont jacques
Insertion dupont jacques -> code=104
```

```
Nom et Prénom : martin paul
Insertion martin paul -> code=85
Nom et Prénom : kasma sophie
Insertion kasma sophie -> code=60
Nom et Prénom : leroy guillaume
Insertion leroy guillaume -> code=30
=== TABLE ===
--- code = 30 ---
  leroy guillaume
--- code = 60 ---
  kasma sophie
--- code = 85 ---
  martin paul
--- code = 104 ---
  dupont jacques
Nom de la personne à supprimer : martin
--- code = 85 ---
Suppression de martin paul
=== TABLE ===
--- code = 30 ---
  leroy guillaume
--- code = 60 ---
  kasma sophie
--- code = 104 ---
  dupont jacques
```

La commande de compilation pour le programme Java est :

```
$ javac hachage.java
```

La syntaxe pour exécuter le programme compilé Java est :

```
$ java hachage
```

Les programmes sources C, C++ et Java téléchargeables `hachage_fichier.c`, `hachage_fichier.cpp`, `hachage_fichier.java` effectuent le même traitement à partir de noms et prénoms contenus dans le fichier `liste_utilisateurs.txt` de 1532 personnes. Voici un exemple d'exécution (certaines lignes d'affichage sont remplacées par des « ... ») :

```
$ cat liste_utilisateurs.txt
MONYZSI Zenis
NYOGLI Karoline
PUIKH Nicolas
...
$ hachage_fichier
Insertion MONYZSI          Zenis             -> code hachage= 13
Insertion NYOGLI           Karoline          -> code hachage= 46
Insertion PUIKH            Nicolas           -> code hachage=  7
...
--- code = 0 ---
  CUIMIG Herve
--- code = 2 ---
  YKHAMZ-TEYGI Guy
--- code = 5 ---
```

```
   ZOMOZNY Patricia
   TOMG Gudovic
   ZYTMO Sylvie
--- code = 6 ---
   POGLI Modolphe
   FONTYONI Annie
--- code = 7 ---
   PUIKH Nicolas
--- code = 8 ---
   KUTGIR Natalie
--- code = 12 ---
   MYTEUX Khristine
--- code = 13 ---
   MONYZSI Zenis
...
Nom de la personne à supprimer : MYTEUX
--- code = 12 ---
Suppression de MYTEUX Khristine
--- code = 0 ---
   CUIMIG Herve
--- code = 2 ---
   YKHAMZ-TEYGI Guy
--- code = 5 ---
   ZOMOZNY Patricia
   TOMG Gudovic
   ZYTMO Sylvie
--- code = 6 ---
   POGLI Modolphe
   FONTYONI Annie
--- code = 7 ---
   PUIKH Nicolas
--- code = 8 ---
   KUTGIR Natalie
--- code = 13 ---
   MONYZSI Zenis
...
```

## 4.4. Table de hachage à adressage ouvert

La table de hachage à *adressage ouvert* propose une autre organisation, où les données sont rangées directement dans la table. La taille de la table doit être supérieure ou égale au nombre de données à gérer, ce qui implique que le facteur de charge est inférieur à 1. Cette organisation est parfaite pour les applications qui doivent disposer d'une table de taille fixe, car contrairement à la table chaînée, la taille de la mémoire allouée ne varie pas durant l'exécution.

Le problème des collisions est résolu en recherchant à partir de la position indiquée par le code de hachage la première position libre dans la table. Ainsi, quand la position de rangement est déjà occupée, on teste les positions suivantes jusqu'à en trouver une de libre, dans laquelle on insère la donnée. Ces tests successifs peuvent réduire fortement la performance de l'algorithme. Il faut donc essayer de les minimiser. Dans le cas d'une répartition uniforme, quand la table est à moitié pleine, le nombre de tests est de l'ordre de 2. Quand la table est occupée à 80 %, le nombre de tests passe à 5, puis à 10 et 20 pour des occupations respectives à 90 % et 95 %. Il faut donc éviter un remplissage trop important de la table sous peine de voir les performances se dégrader. Un moyen sûr d'éviter ce problème est de dimensionner la table assez largement pour ne jamais dépasser le seuil des 80 %.

Il existe deux méthodes pour rechercher la première position libre en cas de collision : le *test linéaire* et le *hachage double*.

## Test linéaire

Le test linéaire est simple à mettre en œuvre. Quand la position indiquée par le code de hachage est occupée, on recherche la première position libre dans chacune des cases suivantes. Si on arrive au bout de la table, on poursuit la recherche à partir du début. Le traitement s'arrête quand on a parcouru M cases sans trouver d'emplacement libre. La table est alors pleine (ce qui ne devrait jamais se produire !). La suite des positions testées est fournie par la formule suivante, avec i variant de 0 à M–1 :

$$(h(c)+i) \text{ modulo } M$$

La figure 7.2 présente ce processus.

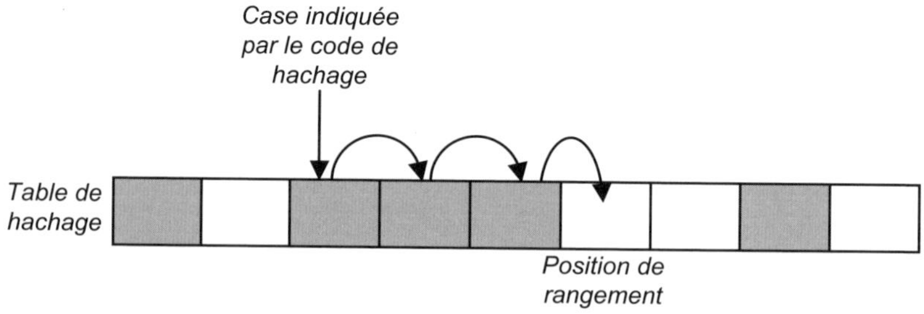


**Figure 7.2** • Test linéaire.

Cette méthode souffre d'un phénomène appelé *regroupement primaire*. Ce dernier produit de longues séries de cases occupées, ce qui allonge les tests qui tombent sur ce type de série. La performance n'est pas excellente, car la répartition n'est pas uniforme.

Les programmes sources C, C++ et Java téléchargeables qui implémentent cet algorithme se nomment respectivement : `hachage2.c`, `hachage2.cpp`, `hachage2.java`.

La commande de compilation pour les programmes C et C++ est :

```
$ make hachage2
```

La syntaxe pour exécuter le programme compilé C et C++ est :

```
$ hachage2
```

La commande de compilation pour le programme Java est :

```
$ javac hachage2.java
```

La syntaxe pour exécuter le programme compilé Java est :

```
$ java hachage2
```

Les programmes sources C, C++ et Java téléchargeables `hachage2_fichier.c`, `hachage2_fichier.cpp`, `hachage2_fichier.java` effectuent le même traitement à partir de noms et prénoms contenus dans le fichier `liste_utilisateurs.txt` de 1532 personnes.

## Hachage double

Le hachage double n'a pas le défaut de la méthode précédente. Avec ce procédé, en cas de collision, la première case de libre n'est pas recherchée séquentiellement mais selon un déplacement calculé avec une seconde fonction de hachage. La formule de calcul de la série des positions testées est la suivante, avec i variant de 0 à M–1 :

$$(h_1(c) + (i \times h_2(c))) \text{ modulo } M$$

La première fonction de hachage ($h_1$) est la fonction principale présentée précédemment. La seconde fonction de hachage ($h_2$) doit être choisie avec soin afin de s'assurer que toutes les positions de la table seront examinées. En pratique, elle doit respecter les mêmes règles que la fonction principale et utiliser un modulo légèrement inférieur à M, comme M–1 ou M–2. Le choix de M devient important, car si on prend par exemple le nombre premier 109, alors 109–2=107 est aussi premier, ce qui permet d'avoir une répartition uniforme et aléatoire pour les deux fonctions de hachage. Il existe beaucoup d'autres pairs de nombres premiers qui ont une différence de 2, comme 2 593 et 2 591. La figure 7.3 présente le processus du hachage double. L'écriture du programme qui utilise la table de hachage à adressage ouvert est proposée à l'exercice 3.

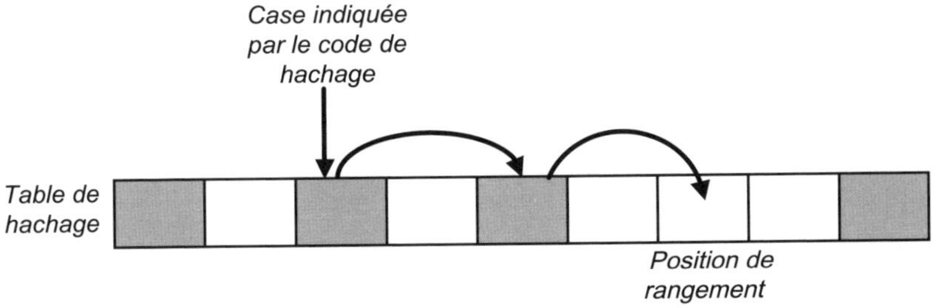


**Figure 7.3** • Double hachage.

## La classe *Java Hashtable*

Le langage Java propose une classe `Hashtable` dans le paquetage `java.util` qui implémente une table de hachage. Les principales méthodes associées sont :

- `put()` qui insère un élément selon la clef spécifiée ;
- `get()` qui retourne l'élément lié à la clef indiquée ;
- `keys()` qui retourne une énumération des clefs de cette table ;

- `elements()` qui retourne une énumération des élements de cette table ;
- `remove()` qui supprime de la table l'élément précisé par la clef ;
- `size()` qui retourne le nombre d'éléments de la table.

Le programme Java téléchargeable `hachage_Hashtable.java` utilise cette classe. La clef utilisée est la concaténation du nom et du prénom de la personne saisie.

La commande de compilation est :

```
$ javac hachage_Hashtable.java
```

Voici un exemple d'exécution :

```
$ java hachage_Hashtable
Nombre de personnes à saisir : 4
Nom et Prénom : dupont jacques
Nom et Prénom : martin paul
Nom et Prénom : kasma sophie
Nom et Prénom : leroy guillaume
Taille de la table :4
 --- Contenu de la table ---
    Liste des clefs :
martinpaul
kasmasophie
dupontjacques
leroyguillaume
    Liste des elements :
Nom:martin              Prenom:paul
Nom:kasma               Prenom:sophie
Nom:dupont              Prenom:jacques
Nom:leroy               Prenom:guillaume
Nom et Prénom de la personne à supprimer : martin paul
Taille de la table :3
 --- Contenu de la table ---
    Liste des clefs :
kasmasophie
dupontjacques
leroyguillaume
    Liste des elements :
Nom:kasma               Prenom:sophie
Nom:dupont              Prenom:jacques
Nom:leroy               Prenom:guillaume
```

# 5. Les arbres de recherche équilibrés

## 5.1. Principe

Le chapitre 5 a abordé les *arbres de recherche*, et montré comment utiliser les arbres binaires pour ordonner les données au fur et à mesure de la construction de l'arbre. La recherche d'une donnée dans un tel arbre parcourt chaque nœud en suivant le fils gauche ou le fils droit, selon que la donnée à trouver est plus petite ou plus grande que celle du nœud visité, jusqu'à atteindre le nœud recherché. La recherche proprement dite a été présentée au chapitre 5. Nous ne la détaillons pas de nouveau. Cependant, la rapidité de la recherche dépend de la construction de l'arbre. C'est cet aspect qui est traité dans cette section.

La complexité de l'algorithme de recherche dépend de *l'équilibre de l'arbre*. Si l'ensemble des données sont réparties de manière uniforme dans l'arbre, alors les feuilles ou nœuds terminaux sont tous au même niveau. On dit que *l'arbre est équilibré*. Dans ce cas idéal, la complexité de la recherche est en O(log N), car chaque descente d'un niveau dans l'arbre divise par 2 le nombre de données à comparer. Dans le cas extrême où toutes les données sont initialement ordonnées par ordre croissant, la construction de l'arbre de recherche va produire un arbre totalement déséquilibré. Chaque nouvelle valeur plus grande que la précédente s'insère comme fils droit de celle-ci. L'arbre final ne possède qu'une seule branche, qui ne contient que des fils droits. La recherche de la dernière valeur provoque le parcours de la totalité des nœuds. L'algorithme est alors en O(N), ce qui est beaucoup moins performant puisque la complexité est équivalente à celle d'une simple recherche séquentielle dans une liste de données. Dans ce cas, l'organisation des données en arbre binaire n'est plus justifiée.

L'équilibre de l'arbre est primordial pour la performance de l'algorithme de recherche. Cette section montre comment obtenir des *arbres équilibrés* par la méthode proposée par Adel'son-Vel'skii et Landis en 1962. Ces structures d'arbres équilibrés se nomment *arbres AVL* (des initiales de leurs inventeurs).

## 5.2. Fonctionnement d'un arbre AVL

Un *arbre AVL* est un arbre binaire de recherche possédant une information supplémentaire pour chaque nœud, son *facteur d'équilibre*. Le facteur d'équilibre d'un nœud est une valeur entière positive ou négative, qui représente l'équilibre du sous-arbre débutant à ce nœud. Il correspond à la hauteur du sous-arbre qui part du fils gauche, moins la hauteur du sous-arbre qui part du fils droit. Si la valeur est 0, le sous-arbre est équilibré. Cela signifie que la plus grande longueur de la branche gauche est égale à la plus grande longueur de la branche droite. Les nœuds terminaux des deux branches sont au même niveau. Si la valeur est positive, c'est que le sous-arbre *pèse à gauche*. Si elle est négative, il *pèse à droite*. Un arbre AVL est globalement équilibré quand l'ensemble de ses sous-arbres le sont. Il n'est pas toujours possible d'avoir un sous-arbre parfaitement équilibré, aussi une variation de +1 à –1 est admise.

L'équilibrage de l'arbre se fait durant sa construction. À chaque insertion d'un nouveau nœud, on recalcule les facteurs d'équilibre des nœuds parcourus. La figure 7.4 montre le facteur d'équilibre des nœuds de l'arbre de recherche créé à partir de la suite de valeurs 26, 41, 33, 50, 65, 20, 22, 18, sans qu'aucun rééquilibrage ne soit effectué.

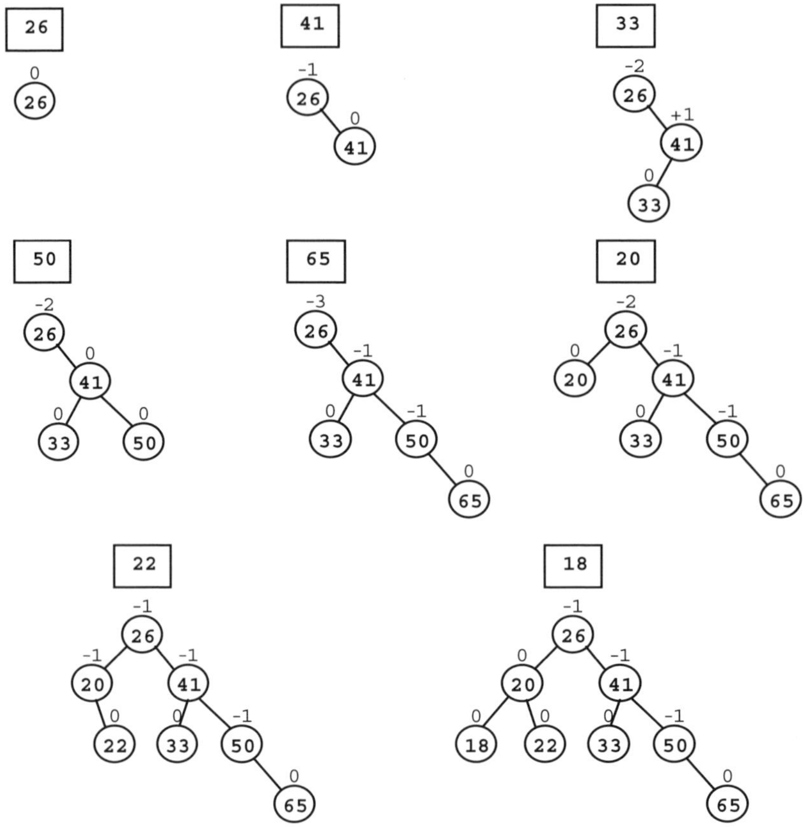


**Figure 7.4** • Facteurs d'équilibre d'un arbre, sans rééquilibrage.

Cette figure montre que le facteur d'équilibre du nœud 26 passe à –2 à l'insertion de la valeur 33. Le passage d'un facteur d'équilibre à +2 ou à –2 doit provoquer le rééquilibrage du sous-arbre, dont la racine est le nœud déséquilibré. De cette façon, les facteurs d'équilibre restent compris entre +1 et –1, et l'arbre AVL reste globalement équilibré. Le rééquilibrage du sous-arbre s'obtient par une *rotation des nœuds* du sous-arbre déséquilibré.

## 5.3. Gestion du facteur d'équilibre

La première difficulté à résoudre est la modification du facteur d'équilibre à chaque insertion d'un nouveau nœud. On modifie le type `NoeudArbre` présenté au chapitre 5 pour ajouter le champ `facteur_équilibre`.

**« Pseudo-code »**

```
Type NoeudArbre en Enregistrement
                  champ  valeur            en Entier
                  champ  facteur_équilibre en Entier
```

```
        champs gauche,droit      en Pointeurs de NoeudArbre
    Fin d'Enregistrement
```

Ce facteur doit être mis à jour lors de la remontée des appels récursifs de la fonction `insertion_noeud()`. Cette fonction (dont une version itérative est présentée à l'exercice 4 du chapitre 5) admet deux paramètres : le nœud racine du sous-arbre dans lequel il faut effectuer l'insertion et le nouveau nœud à insérer. Elle insère le nouveau nœud comme fils gauche ou fils droit du nœud visité (la racine du sous-arbre), selon que sa valeur est plus petite ou plus grande, si ce nœud ne possède pas de fils à cette position. Si le nœud visité possède déjà un fils à l'emplacement d'insertion désiré, il suffit de rappeler la fonction sur le fils droit ou gauche (selon l'insertion gauche/droite voulue) pour poursuivre la descente dans l'arbre, et essayer d'insérer le nouveau nœud au niveau inférieur.

Quand la position d'insertion est atteinte, il faut mettre le facteur d'équilibre du nouveau nœud à 0, et retourner la valeur +1 si le nœud est inséré à gauche, –1 s'il est inséré à droite. Au retour de l'appel récursif, il faut mettre à jour le facteur d'équilibre du nœud supérieur en ajoutant la valeur absolue du retour si c'est le fils gauche qui a été parcouru, ou en retirant la valeur absolue du retour si c'est le fils droit qui a été parcouru. Il faut ensuite retourner le facteur d'équilibre de ce nœud à l'appel récursif précédent, et ainsi de suite. Prenons l'exemple de l'insertion de la valeur 22 présentée à la figure 7.4. Ce nœud s'insère comme fils droit de la valeur 20. Avant l'insertion, le facteur d'équilibre de la racine (26) est –2, et celui du nœud 20 est 0. La valeur 22 est insérée comme fils droit de 20 avec une valeur d'équilibre à 0. On fait remonter la valeur –1 (insertion à droite) à l'appel récursif précédent, ce qui positionne le facteur d'équilibre du nœud 20 à –1 (0 moins valeur absolue de –1). Ce facteur d'équilibre est retourné à l'appel précédent, ce qui positionne le facteur de la racine (26) à –1 (–2 plus valeur absolue de –1, donc –2+1). L'écriture de la fonction `insertion_noeud()` est proposée à l'exercice 4.

La modification du facteur d'équilibre d'un nœud (au retour d'un appel récursif) peut provoquer un déséquilibre du sous-arbre dont il est la racine. Si c'est le cas, il faut rééquilibrer le sous-arbre par la rotation appropriée, avant de poursuivre la remontée.

## 5.4. Rotations des arbres AVL

Une rotation réarrange les nœuds du sous-arbre pour le rééquilibrer en conservant les propriétés de l'arbre de recherche. Le fils gauche doit être inférieur au père, qui doit être inférieur au fils droit. Il n'existe que quatre rotations, nommées *gauche-gauche*, *gauche-droite*, *droite-droite* et *droite-gauche* selon la position initiale du *fils* (droit ou gauche) et du *petit-fils* (droit ou gauche du fils). Ainsi, la rotation à mettre en œuvre pour rééquilibrer l'arbre à l'insertion de la valeur 33 (voir figure 7.4) pour le sous-arbre qui débute au nœud 26 est *droite-gauche*. À l'insertion de la valeur 33, le sous-arbre qui débute à la valeur 26 devient déséquilibré (–2), vers le fils *droit* et le petit-fils *gauche*.

Les rotations sont regroupées en deux catégories : les *rotations gauches* (gauche-gauche et gauche-droite) quand le facteur d'équilibre passe à +2, et les *rotations droites* (droite-droite et droite-gauche) quand le facteur d'équilibre passe à –2.

## La rotation gauche-gauche

La rotation *gauche-gauche* est déterminée quand le facteur d'équilibre du nœud racine du sous-arbre est égal à +2 et que le facteur d'équilibre du *fils gauche* de ce nœud est égal à +1. Soit *s_arbre* le nœud racine du sous-arbre, et *fils_gauche* son fils gauche. Le *petit_fils* est le fils gauche de *fils_gauche*.

Pour réaliser cette rotation, on affecte le fils droit de *fils_gauche* au pointeur gauche de *s_arbre* (étape 1). On affecte l'adresse de *s_arbre* au pointeur droit de *fils_gauche* (étape 2). On affecte ensuite l'adresse de *fils_gauche* au pointeur qui désigne *s_arbre* (étape 3). Cette dernière manipulation suppose qu'il faut connaître le père de *s_arbre* pour pouvoir modifier son fils (gauche ou droit) qui pointe sur *s_arbre*. Il faut donc modifier la liste des paramètres de la fonction `insertion_noeud()` pour transmettre l'adresse du père en plus du nœud racine du sous-arbre et du nouveau nœud à insérer.

À la fin de la rotation, le facteur d'équilibre de *s_arbre* est mis à 0, ainsi que celui de *fils_gauche*. Les autres restent inchangés. La figure 7.5 présente cette rotation provoquée par l'insertion du nœud 18, dans un arbre contenant les valeurs 33, 26 et 20.

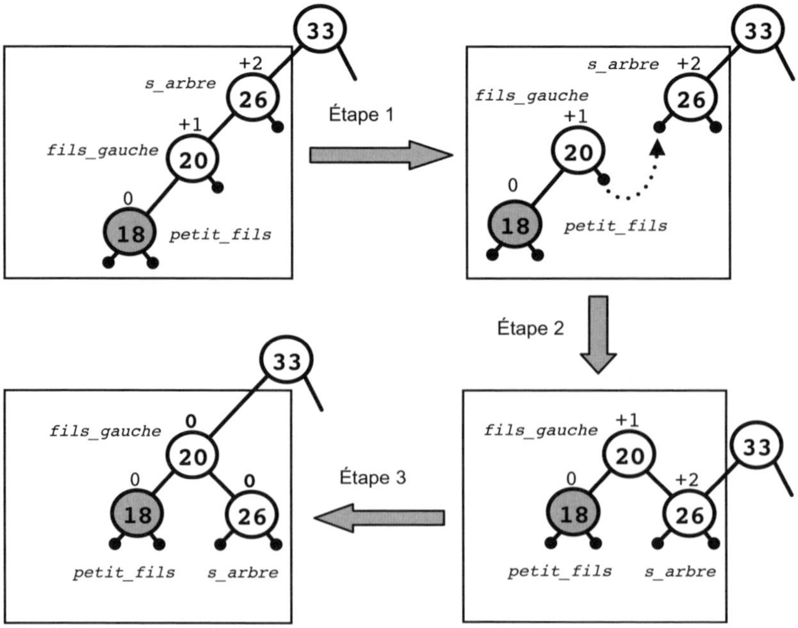


**Figure 7.5** • Rotation gauche-gauche.

## La rotation gauche-droite

La rotation *gauche-droite* est plus complexe. Elle est déterminée quand le facteur d'équilibre du nœud racine du sous-arbre est égal à +2 et que le facteur d'équilibre du *fils gauche* de ce nœud est égal à –1. Soit *s_arbre* le nœud racine du sous-arbre, et *fils_gauche* son fils gauche. Le *petit_fils* est le fils droit de *fils_gauche.*

Pour réaliser cette rotation, on affecte le fils gauche de *petit_fils* au pointeur droit de *fils_gauche* (étape 1). On affecte l'adresse de *fils_gauche* au pointeur gauche de *petit_fils* (étape 2). On affecte le fils droit de *petit_fils* au fils gauche de *s_arbre* (étape 3). On affecte l'adresse de *s_arbre* au fils droit de *petit_fils* (étape 4). On affecte ensuite l'adresse de *petit_fils* au pointeur qui désigne *s_arbre* (étape 5), soit le pointeur du père qui désigne *s_arbre.*

Le réajustement des facteurs d'équilibre dépend du facteur initial de *petit_fils.* S'il vaut +1, celui de *s_arbre* est positionné à –1, et celui de *fils_gauche* prend la valeur 0. S'il vaut 0, les facteurs de *s_arbre* et de *fils_gauche* prennent la valeur 0. S'il vaut –1, le facteur de *s_arbre* est mis à 0, et celui de *fils_gauche* prend la valeur +1. Enfin, le facteur de *petit_fils* est remis à 0, dans tous les cas. La figure 7.6 présente cette rotation provoquée par l'insertion du nœud 22, dans un arbre contenant les valeurs 33, 26 et 20.

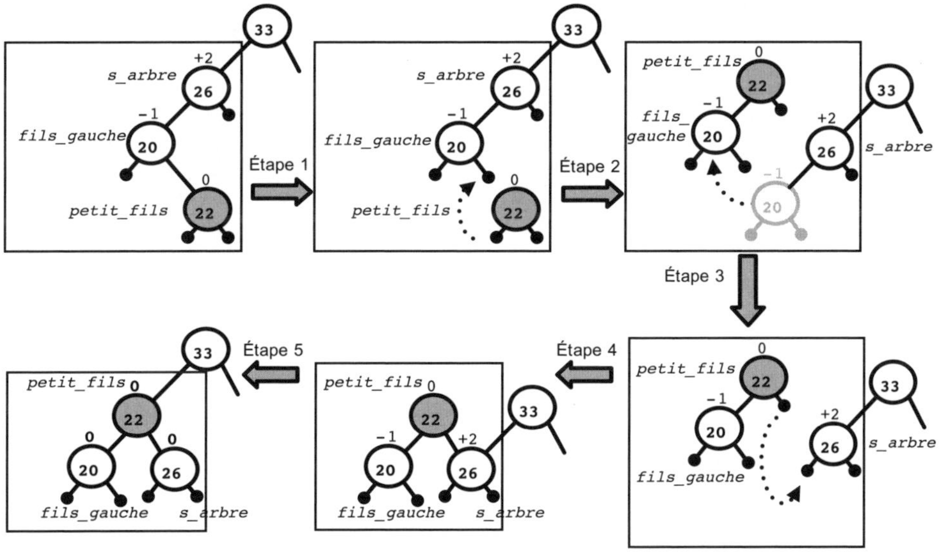


**Figure 7.6** • Rotation gauche-droite.

## La rotation droite-droite

La rotation *droite-droite* est symétrique à la rotation *gauche-gauche.* Elle est déterminée quand le facteur d'équilibre du nœud racine du sous-arbre est égal à –2 et que le facteur d'équilibre du *fils droit* de ce nœud est égal à –1. Soit *s_arbre* le nœud racine du sous-arbre, et *fils_droit* son fils droit. Le *petit_fils* est le fils droit de *fils_droit.*

Pour réaliser cette rotation, on affecte le fils gauche de *fils_droit* au pointeur droit de *s_arbre* (étape 1). On affecte l'adresse de *s_arbre* au pointeur gauche de *fils_droit* (étape 2). On affecte ensuite l'adresse de *fils_droit* au pointeur qui désigne *s_arbre* (étape 3), soit le fils du père qui désigne *s_arbre*.

À la fin de la rotation, le facteur d'équilibre de *s_arbre* est mis à 0, ainsi que celui de *fils_droit*. Les autres restent inchangés. La figure 7.7 présente cette rotation provoquée par l'insertion du nœud 45, dans un arbre contenant les valeurs 33, 38, 39, 40, 42, 43.

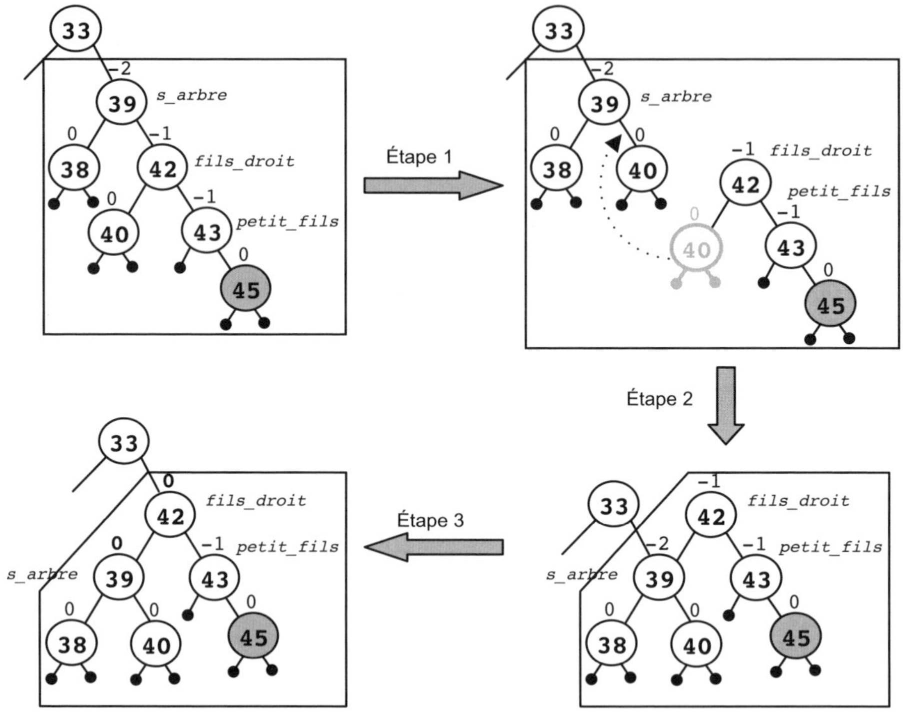


**Figure 7.7** • Rotation droite-droite.

## La rotation droite-gauche

La rotation *droite-gauche* est symétrique à la rotation *gauche-droite*. Elle est déterminée quand le facteur d'équilibre du nœud racine du sous-arbre est égal à –2 et que le facteur d'équilibre du *fils droit* de ce nœud est égal à +1. Soit *s_arbre* le nœud racine du sous-arbre, et *fils_droit* son fils droit. Le *petit_fils* est le fils gauche de *fils_droit*.

Pour réaliser cette rotation, on affecte le fils droit de *petit_fils* au pointeur gauche de *fils_droit* (étape 1). On affecte l'adresse de *fils_droit* au pointeur droit de *petit_fils* (étape 2). On affecte le fils gauche de *petit_fils* au fils droit de *s_arbre* (étape 3). On affecte l'adresse de *s_arbre* au fils gauche de *petit_fils* (étape 4). On affecte ensuite l'adresse de *petit_fils* au pointeur qui désigne *s_arbre* (étape 5), soit le pointeur du père qui désigne *s_arbre*.

Le réajustement des facteurs d'équilibre dépend du facteur initial de *petit_fils*. S'il vaut +1, celui de *s_arbre* est positionné à 0, et celui de *fils_droit* prend la valeur –1. S'il vaut 0, les facteurs de *s_arbre* et de *fils_droit* prennent la valeur 0. S'il vaut –1, le facteur de *s_arbre* est mis à +1, et celui de *fils_droit* prend la valeur 0. Enfin, le facteur de *petit_fils* est remis à 0, dans tous les cas. La figure 7.8 présente cette rotation provoquée par l'insertion du nœud 38, dans un arbre contenant les valeurs 33, 36 et 40.

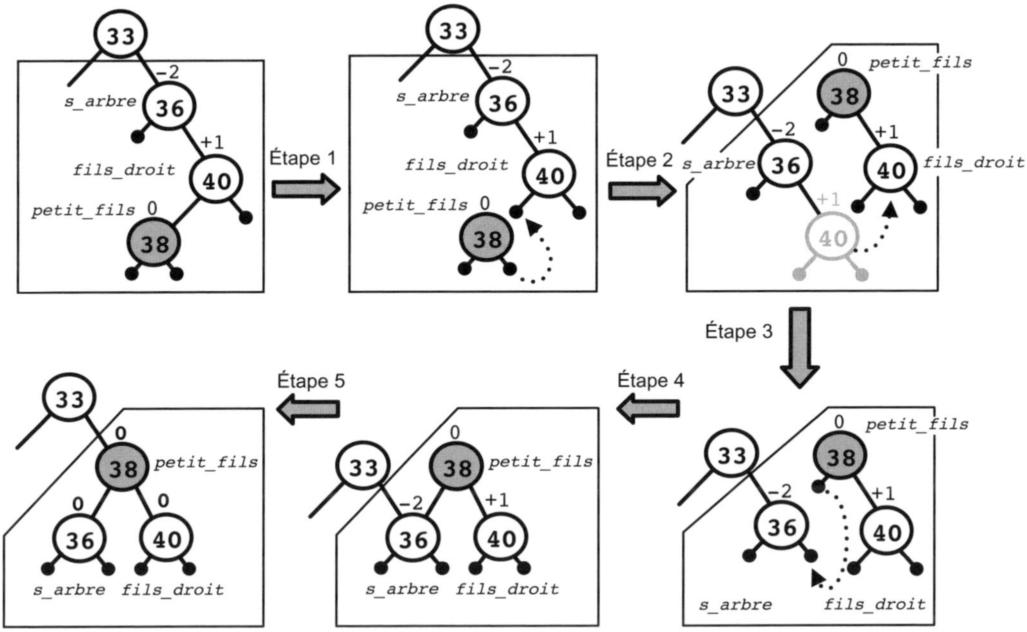


**Figure 7.8** • Rotation droite-gauche.

L'écriture des fonctions de rotation est proposée à l'exercice 4.

# Résumé

Ce chapitre a présenté plusieurs algorithmes de recherche très divers. Cela va de la recherche séquentielle, qui propose une méthode simple de recherche, à des algorithmes plus sophistiqués, comme la recherche dichotomique ou par interpolation dont les performances sont nettement meilleures. Enfin, des algorithmes plus complexes, comme les tables de hachage et les arbres AVL, proposent une approche radicalement différente en organisant les données pour proposer une méthode d'accès rapide. La recherche par table de hachage est couramment utilisée avec les compilateurs, les systèmes d'exploitation ou les bases de données, car elle allie performance et gestion optimale de la mémoire. Dans tous les cas, il faut utiliser la méthode qui semble la plus adaptée au contexte du programme. Ainsi, la recherche séquentielle, qui possède l'avantage de parcourir les données dans leur état brut sans avoir besoin de les trier ou de les réorganiser, peut être satisfaisante pour un faible nombre de données.

# Problèmes et exercices

Les exercices proposés portent tous les algorithmes de recherche présentés dans ce chapitre. Les solutions des exercices ainsi que trois exercices supplémentaires sont sur le site compagnon.

## Exercice 1 : Recherche dichotomique itérative

Écrivez une version itérative de la fonction `recherche_dichotomique()` étudiée à la section 2 de ce chapitre. Cette fonction utilisera une boucle qui simulera les appels récursifs. À chaque itération, on vérifiera si la donnée recherchée n'est pas située au milieu de l'intervalle traité ; sinon, on le divisera en deux parties et on modifiera les bornes de l'intervalle actuel pour la prochaine itération, pour qu'il désigne la partie gauche ou droite selon la valeur de la donnée de recherche. On supposera que les nombres ne sont présents qu'une seule fois dans la liste.

## Exercice 2 : Recherche par interpolation itérative

Écrivez la fonction `recherche_interpolation()` qui implémente l'algorithme du même nom, en modifiant la fonction `recherche_dichotomique()` de l'exercice précédent. Si un nombre apparaît plusieurs fois, seule sa première position sera trouvée.

## Exercice 3 : Hachage à adressage ouvert

Modifiez les fonctions de traitement d'une table de hachage chaînée, `initialisation_table()`, `insertion_élément()` et `recherche_élément()`, présentées à la section 4 de ce chapitre pour effectuer le traitement sur une table de hachage à adressage ouvert. Modifiez également l'enregistrement `personne_t` qui décrit une personne (nom, prénom) pour l'adapter à la nouvelle table. Vous utiliserez le hachage double et écrirez la seconde fonction de hachage `code_hachage2()`. Les homonymies ne seront pas traitées.

## Exercice 4 : Construction d'un arbre AVL

Cet exercice propose de construire un arbre AVL (arbre de recherche équilibré) en deux étapes.

1. Écrivez la fonction `insertion_noeud()` qui insère un nouveau nœud dans un arbre binaire de recherche, où chaque nœud possède un facteur d'équilibre. Cette fonction récursive admet deux paramètres : le nœud débutant le sous-arbre d'insertion et le nouveau nœud à insérer. Quand la position d'insertion est trouvée, le nouveau nœud est inséré et la fonction retourne –1 ou +1, selon que l'insertion a été effectuée à droite ou à gauche. Sinon, la fonction est appelée récursivement sur le sous-arbre gauche ou droit selon la position d'insertion. Au retour d'un

appel récursif, le facteur d'équilibre du nœud dont le fils a été parcouru doit être mis à jour.

Écrivez également la fonction `recherche_arbre()`, permettant de rechercher une valeur dans l'arbre. Elle admettra deux paramètres entiers : `nombre`, qui est le nombre entier à rechercher, et `nbcoups`, paramètre passé par adresse, qui doit contenir au retour de l'appel de la fonction le nombre d'itérations de la boucle de recherche nécessaire pour trouver la valeur. La fonction retournera le pointeur du nœud de l'arbre contenant la valeur recherchée.

2. Modifiez la fonction `insertion_noeud()` et écrivez les fonctions de rotation des nœuds du sous-arbre qui implémentent la gestion d'un arbre AVL. Au retour d'un appel récursif, si le nouveau facteur d'équilibre du nœud courant passe à +2 ou à –2, la fonction `insertion_noeud()` appellera la fonction de rotation appropriée pour rééquilibrer le sous-arbre.

# 8

# Les méthodes numériques

Ce chapitre aborde la résolution de problèmes mathématiques *d'analyse numérique*. Ce domaine étudie des problèmes dans lesquels les calculs et les approximations jouent un rôle prépondérant. Certains algorithmes numériques utilisent une approche par polynômes comme l'*interpolation polynomiale*, ou par approximation comme la *résolution d'équations*. D'autres trouvent des estimateurs d'une fonction pour déterminer la ligne optimale dans un ensemble de points telle la méthode des *moindres carrés*. Nous présentons trois de ces méthodes.

## 1. Interpolation polynomiale

### 1.1. Principe

L'interpolation polynomiale est une méthode d'approximation des valeurs d'une fonction $f$ par un polynôme. À partir de $N+1$ points connus de cette fonction, ayant comme coordonnées $(x_0,y_0)$, $(x_1,y_1)$, … , $(x_n,y_n)$, on en déduit la valeur de nouveaux points $(z_n,p(z_n))$.

La méthode consiste à *interpoler* les points connus, c'est-à-dire trouver le polynôme $p$ qui passe par tous ces points.

Une fois le polynôme déterminé, il est alors possible de trouver l'ordonnée $p(z_n)$ de nouveaux points ayant leur abscisse $z_n$ dans l'intervalle $[x_0,x_n]$ des abscisses connues. $p(z_n)$ est une valeur approchée de $f(z_n)$.

Cette méthode est très utilisée dans tous les domaines où la détermination de modèles mathématiques à partir de l'expérimentation occupe une place prépondérante. C'est par exemple le cas du traitement du signal, de la prospection minière ou pétrolière, ou bien encore de l'imagerie médicale, domaine dans lequel, à partir de quelques points, on en déduit les autres pour reconstituer l'image complète.

La figure 8.1 présente cette problématique. À partir de dix points connus $(x_n,y_n)$, représentés par un rond (●), on interpole la fonction $f(x)$ de manière à obtenir le polynôme $p_n$ pour lequel $p_n(x_n) = y_n$. Il est ensuite possible de trouver l'ordonnée $p_n(z_n)$ des points d'abscisses $z_n$ représentés par un carré (□). La formule mathématique présentée sur la figure est fournie à titre indicatif, elle est inconnue du processus d'interpolation. Elle a été choisie pour faire apparaître plusieurs variations de la courbe.

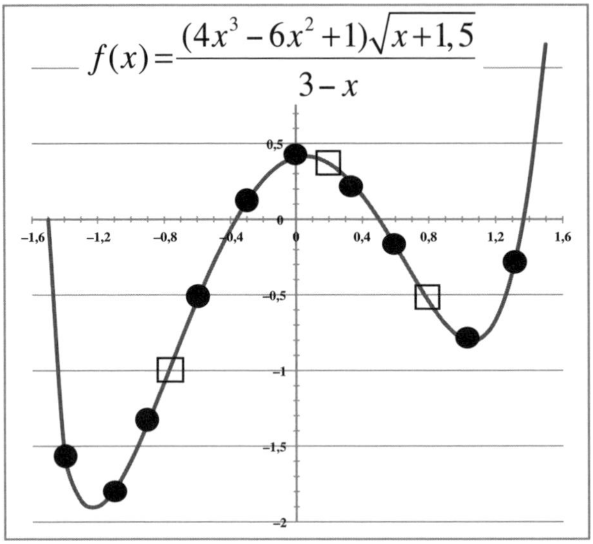


| i | $x_i$ ● | $f(x_i)$ |
|---|---|---|
| 0 | –1,4 | –1,5622 |
| 1 | –1,1 | –1,7869 |
| 2 | –0,9 | –1,3458 |
| 3 | –0,6 | –0,5334 |
| 4 | –0,3 | 0,1168 |
| 5 | 0 | 0,4082 |
| 6 | 0,3 | 0,2822 |
| 7 | 0,6 | –0,1787 |
| 8 | 1 | –0,7906 |
| 9 | 1,3 | –0,3465 |

| i | $z_i$ □ | $f(z_i)$ ou $p_n(z_i)$ |
|---|---|---|
| 0 | –0,8 | –1,0762 |
| 1 | 0,2 | 0,3688 |
| 2 | 0,8 | –0,546 |

**Figure 8.1** • Exemple d'interpolation de 10 points.

La partie centrale du processus d'interpolation est la construction du *polynôme d'interpolation*. Avant d'aborder sa conception, il est nécessaire de rappeler brièvement quelques définitions sur les polynômes.

## 1.2. Rappel sur les polynômes

Un *polynôme* est une combinaison linéaire de produits de puissances entières d'une ou de plusieurs *indéterminées*. Il donne localement une valeur approchée de toute fonction dérivable, c'est-à-dire continue sur son espace de dérivation. Un polynôme ayant une seule indéterminée ($x$) est une expression de la forme :

$$p_n(x)=a_0x^0+a_1x^1+a_2x^2+\ldots+a_nx^n$$

où $a_0$, $a_1$, … , $a_n$ sont les *coefficients*. Le polynôme est dit de degré $n$ si $a_n$ est non nul. Puisque $x^0 = 1$ et $x^1 = x$, la forme simplifiée du polynôme est :

$$p_n(x)=a_0+a_1x+a_2x^2+\ldots+a_nx^n$$

Cette forme est appelée *canonique*.

Il existe d'autres formes, dont la *forme de Newton* plus adaptée à l'interpolation polynomiale. Elle se note :

$$p_n(x)=a_0+a_1(x-c_1)+a_2(x-c_1)(x-c_2)+\ldots+a_n(x-c_1)(x-c_2)\ldots(x-c_n)$$

où $a_0$, $a_1$, … , $a_n$ sont les *coefficients*, et $c_1$, $c_2$, … , $c_n$ sont les *centres*. Lorsque tous les centres sont nuls, la forme de Newton est équivalente à la forme canonique.

## 1.3. Le polynôme d'interpolation

### Construction

Pour interpoler la fonction $f(x)$, on construit un polynôme d'interpolation $p_n(z)$ de degré $\leq n$, à partir de $N+1$ points connus. On calcule la valeur $p_n(z)$, qui est une valeur approchée de $f(x)$ pour $x = z$.

La formule du polynôme d'interpolation est obtenue à partir de la forme de Newton. Elle se note :

$$\begin{aligned} p_n(z) = f[x_0] &+ f[x_0,x_1](z-x_0) + f[x_0,x_1,x_2](z-x_0)(z-x_1) + \dots \\ &+ f[x_0, \dots, x_n](z-x_0) \dots (z-x_{n-1}) \end{aligned}$$

où $z$ est l'abscisse du point à déterminer, $x_0$, … , $x_n$ sont les abscisses des $N+1$ points connus de $f(x)$, et $f[x_0]$, … , $f[x_0, \dots, x_n]$ sont les *différences divisées*, calculées à partir de $x_0$, … , $x_n$.

Les *différences divisées* sont définies par la formule :

$$f\left[x_i,\dots,x_j\right] = \begin{cases} f(x_i) & si \quad i = j \\ \dfrac{f\left[x_{i+1},\dots,x_j\right] - f\left[x_i,\dots,x_{j-1}\right]}{x_j - x_i} & si \quad i < j \end{cases}$$

Cette formule montre que, si $i < j$, alors la *différence divisée* $f[x_i, \dots, x_j]$ est obtenue par le calcul préalable des différences précédentes $f[x_{i+1}, \dots, x_j]$ et $f[x_i, \dots, x_{j-1}]$. Ainsi, pour calculer $f[x_0,x_1,x_2,x_3]$, il faut connaître $f[x_1,x_2,x_3]$ et $f[x_0,x_1,x_2]$ comme le montre le calcul suivant :

$$f\left[x_0,x_1,x_2,x_3\right] = \frac{f\left[x_1,x_2,x_3\right] - f\left[x_0,x_1,x_2\right]}{x_3 - x_0}$$

Ce calcul peut être obtenu par une méthode récursive, mais cela serait beaucoup trop coûteux puisque la majorité des différences divisées serait calculée plusieurs fois, chaque nouvelle différence divisée recalculerait toutes les différences précédentes. Il est préférable de calculer de manière itérative chaque différence divisée, de la conserver dans une *table des différences*, puis de calculer la différence suivante à partir des résultats conservés dans la table. Chaque différence divisée n'est alors calculée qu'une seule fois.

À la fin du calcul, seules les différences divisées, $f[x_0]$, $f[x_0,x_1]$, $f[x_0,x_1,x_2]$, et $f[x_0,x_1,x_2,x_3]$, … , $f[x_0,x_1,x_2, \dots ,x_n]$, participent au calcul du polynôme d'interpolation ; ce sont les *coefficients* qui seront conservés dans une *table des coefficients*.

La figure 8.2 présente la construction de la *table des différences* et de la *table des coefficients* (sur fond gris) obtenues pour le polynôme $p_3(z)$ :

$$p_3(z) = f[x_0] + f[x_0,x_1](z - x_0) + f[x_0,x_1,x_2](z - x_0)(z - x_1) \\ + f[x_0,x_1,x_2,x_3](z - x_0)(z - x_1)(z - x_2)$$

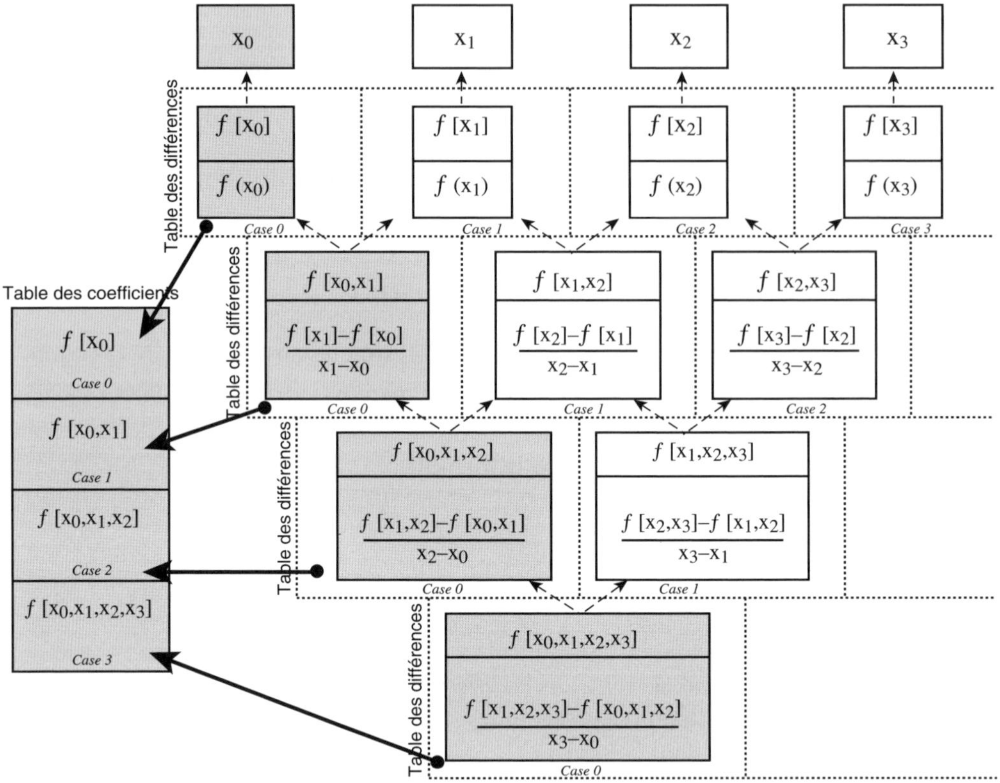


**Figure 8.2** • Table des différences divisées pour un polynôme de degré 3.

Le traitement itératif est le suivant :

Lors de la première itération du calcul, les différences divisées $f[x_0]$, $f[x_1]$, $f[x_2]$, $f[x_3]$ correspondent aux valeurs $y_0 = f(x_0)$, $y_1 = f(x_1)$, $y_2 = f(x_2)$, $y_3 = f(x_3)$. Elles sont conservées dans les cases 0, 1, 2, 3 de la *table des différences*. Le coefficient $f[x_0]$, présent dans la case 0 de la *table des différences*, est ensuite conservé dans la case 0 de la *table des coefficients*.

Lors de la deuxième itération du calcul, les différences divisées $f[x_0,x_1]$, $f[x_1,x_2]$, $f[x_2,x_3]$ sont calculées et conservées dans la *table des différences*. Comme lors de l'itération précédente, le coefficient $f[x_0]$ présent dans la case 0 de la *table des différences* a été recopié dans la case 0 de la *table des coefficients*. On peut réutiliser les mêmes cases de la *table des différences*, au fur et à mesure des calculs, pour y stocker les nouvelles différences divisées. Ainsi, cette table n'a qu'une seule dimension (ligne) et possède $N$+1 cases. À chaque itération, on réutilise les cases 0, 1, 2, … , pour y conserver les nouveaux calculs. À la deuxième itération, les différences divisées $f[x_0,x_1]$, $f[x_1,x_2]$, $f[x_2,x_3]$ sont rangées dans les cases 0, 1, 2 de la *table des différences*. Les valeurs précédentes sont donc remplacées. On affecte ensuite la case 1 de la *table des coefficients*, avec le contenu de la 0 de la *table des différences*, soit $f[x_0,x_1]$.

Lors de la troisième itération du calcul, les différences divisées $f[x_0,x_1,x_2]$, $f[x_1,x_2,x_3]$ sont calculées et conservées dans les cases 0 et 1 de la *table des différences*. Le coefficient $f[x_0,x_1,x_2]$, présent dans la case 0 de la *table des différences*, est ensuite copié dans la case 2 de la *table des coefficients*.

Lors de la quatrième itération du calcul, la différence divisée $f[x_0,x_1,x_2,x_3]$ est calculée, et conservée dans la case 0 de la *table des différences*. Le coefficient $f[x_0,x_1,x_2,x_3]$ est ensuite copié dans la case 3 de la *table des coefficients*.

À la fin du traitement itératif, la *table des coefficients* contient $f[x_0]$, $f[x_0,x_1]$, $f[x_0,x_1,x_2]$, $f[x_0,x_1,x_2,x_3]$, dans les cases 0, 1, 2, et 3.

## Exemple d'application

La figure 8.3 présente le calcul des *différences divisées* et des *coefficients* obtenus pour une série de quatre points dont les coordonnées sont : (0 , 0,41), (0,3 , 0,28), (0,6 , –0,18) et (1 , –0,79). Les résultats sont : $f[x_0] = 0{,}41$, $f[x_0,x_1] = -0{,}4333$, $f[x_0,x_1,x_2] = -1{,}8333$, et $f[x_0,x_1,x_2,x_3] = 1{,}8452$.

Le polynôme à calculer est de degré 3. La formule :

$$p_3(z) = f[x_0] + f[x_0,x_1](z - x_0) + f[x_0,x_1,x_2](z - x_0)(z - x_1) + \\ f[x_0,x_1,x_2,x_3](z - x_0)(z - x_1)(z - x_2)$$

appliquée aux quatre points connus, présentés dans l'exemple, s'écrit :

$$p_3(z) = 0{,}41 - 0{,}4333(z - 0) - 1{,}8333(z - 0)(z - 0{,}3) + 1{,}8452(z - 0)(z - 0{,}3)(z - 0{,}6)$$

Le calcul du polynôme $p_3(z)$ pour le point d'abscisse $z = 0{,}2$ est $p_3(0{,}2)$, soit :

$$p_3(0{,}2) = 0{,}41 - 0{,}4333(0{,}2-0) - 1{,}8333(0{,}2-0)(0{,}2-0{,}3) \\ + 1{,}8452(0{,}2-0)(0{,}2-0{,}3)(0{,}2 - 0{,}6)$$

Les étapes successives de ce calcul sont :

$$p_3(0{,}2) = 0{,}41 - 0{,}4333(0{,}2) - 1{,}8333(0{,}2)(-0{,}1) + 1{,}8452(0{,}2)(-0{,}1)(-0{,}4)$$

$$p_3(0{,}2) = 0{,}41 - 0{,}4333(0{,}2) - 1{,}8333(-0{,}02) + 1{,}8452(+0{,}008)$$

$$p_3(0{,}2) = 0{,}41 - 0{,}08666 + 0{,}03666 + 0{,}01476$$

soit :

$$p_3(0{,}2) = 0{,}37476$$

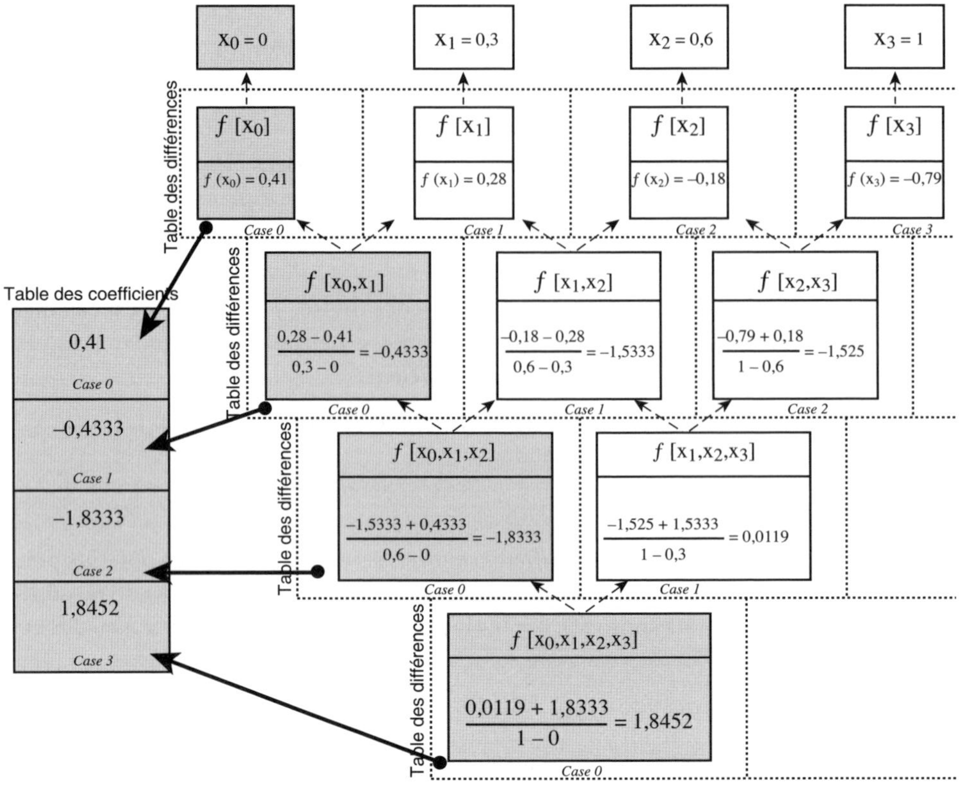


**Figure 8.3** • Calcul de la table des différences divisées.

## Erreur d'interpolation

Le calcul précédent montre que l'interpolation polynomiale de $p_3(z)$ n'est qu'une valeur approchée de $f(z)$. En effet, la valeur obtenue pour $z = 0{,}2$, est $p_3(z) = 0{,}37476$, alors que la fonction exacte présentée à la figure 8.1 donne $f(z) = 0{,}3688$, soit une erreur d'interpolation de $+0{,}00596$.

Cette erreur dépend du nombre de points connus initialement et de leur répartition sur l'intervalle d'interpolation. Ainsi, si on prend 60 points répartis de manière relativement homogène sur la courbe de la figure 8.1 dans l'intervalle $[-1{,}5\ ,\ 1{,}5]$, alors le calcul devient $p_3(0{,}2) = 0{,}368705$. L'erreur d'interpolation n'est plus que de $-0{,}000095$.

Le contrôle de l'erreur est donc un point important : celle-ci est directement dépendante du nombre de points connus et de leur représentativité de cette courbe, donc de la répartition homogène de cette série de points dans l'intervalle d'interpolation.

Ceci est d'autant plus vrai si la courbe présente de brusques changements de direction. Dans ce cas, l'interpolation des points situés dans ces zones de changement brutaux aura une erreur d'interpolation plus importante que dans les zones de variation presque linéaire, sauf si le granularité des points connus est plus importante dans ces zones particulières.

Il existe des méthodes pour contrôler cette erreur d'interpolation, mais nous ne les abordons pas dans cet ouvrage.

## 1.4. Le programme

Le programme suivant présente deux procédures :

- **interpolation(nbx,tabfx,nbz,tabpz)** : effectue l'interpolation. *nbx* est le nombre de points connus, *tabfx* est le tableau de structures des coordonnées $(x,y)$ des points connus, *nbz* est le nombre de nouveaux points à déterminer et *tabpz* le tableau de structures des coordonnées $(z\,, p(z))$ des points dont on doit déterminer l'ordonnée $p(z)$ à partir de l'abscisse z.
- **affiche_points_interpolés(nbz, tabpz)** : affiche les coordonnées $z$ et $p(z)$ des points trouvés.

Le programme principal charge les coordonnées des points connus dans le tableau *tabfx*, à partir d'un fichier, et demande la liste des abscisses des nouveaux points à trouver. Il appelle ensuite les procédures d'interpolation et d'affichage des résultats.

La première partie de la procédure d'interpolation calcule les différences divisées qui sont rangées dans le tableau `table_différences`, puis copie à chaque fin d'itération de la boucle k le contenu de la case 0 de ce tableau dans la case k du tableau des coefficients `table_coefficients`.

La deuxième partie de cette procédure effectue le calcul des différents termes (éléments additionnés) du polynôme d'interpolation, et détermine de proche en proche la valeur $p(z)$ pour chaque abscisse z entrée, en ajoutant le nouveau terme trouvé (par exemple, la valeur correspondant à $f[x_0,x_1,x_2](z-x_0)(z-x_1)$) au total précédent. Ainsi, à la fin du calcul, on dispose de la valeur du polynôme pour chaque abscisse $z$ fournie par l'utilisateur.

**« Pseudo-code »**

```
// ===========================
// === programme principal ===
// ===========================
Programme interpolation
Déclarations
 Constante MAX_POINTS = 10000
 Type global Point  en Enregistrement
                                 champ x       Réel_Long
                                 champ y       Réel_Long
                        Fin d'Enregistrement
 Variables i, nbpoints_connus, nbpoints_à_interpoler  en Entiers
 Variables x, y                      en Réels_Longs
 Variable  tabpoints_connus          en Tableau[MAX_POINTS] de Points
 Variable  tabpoints_à_interpoler    en Tableau[MAX_POINTS] de Points
 Variable  fpoints_connus            en Fichier
 Variable  NomFichier                en Chaîne
```

```
Début
 // --- saisie du nom du fichier contenant les points connus ---
 Écrire("Nom du fichier contenant les coordonnées des points connus:")
 Lire(NomFichier)
 // --- chargement du fichier des points connus ---
 fpoints_connus ← ouvrir(NomFichier,"lecture")
 i ← 0
 Tant Que (NON Fin_de_fichier(fpoints_connus)) Faire
  Lire(fpoints_connus,x,y)
  tabpoints_connus[i].x ← x
  tabpoints_connus[i].y ← y
  i ← i+1
 FinTantQue

 nbpoints_connus ← i

 // --- saisie des informations pour les points a interpoler ---
 Écrire("Entrez le nombre de points à interpoler : ")
 Lire(nbpoints_à_interpoler)

 Pour i variant de 0 à nbpoints_à_interpoler-1 Faire
  Écrire("abscisse du point :")
  Lire(tabpoints_à_interpoler[i].x)
 FinPour

 // --- appel de la procédure d'interpolation ---
   interpolation(nbpoints_connus,tabpoints_connus,nbpoints_à_
interpoler,tabpoints_à_interpoler)

 // --- affichage des points interpolés ---
 affiche_points_interpolés(nbpoints_à_interpoler,tabpoints_à_interpoler)
Fin

// ======================
// ===  sous-programmes ===
// ======================

// ----Procédure d'interpolation----
Procédure interpolation(nbx,tabfx,nbz,tabpz)
Déclarations
  Paramètres nbx, nbz           en Entiers
  Paramètres tabfx, tabpz       en Tableaux[MAX_POINTS] de Points
  Variables  i,j,k             en Entiers
  Variable   table_différences  en Tableau[MAX_POINTS] de Réels_Longs
  Variable   table_coefficients en Tableau[MAX_POINTS] de Réels_Longs
  Variable   terme              en Réel_Long
Début
  // --- initialisation de la table des différences divisées ---
  Pour i variant de 0 à nbx-1 Faire
   // la table des différentes est initialisée avec
   // les valeurs y0 des points connus, donc f(x0)
    table_différences[i] ← tabfx[i].y
  FinPour
```

```
// --- calcul des coefficients du polynôme d'interpolation ---
// le premier coefficient contenu dans la case 0 de table_coefficients
// est initialisé par le contenu de la case 0 de table_différences
// soit la valeur f(x0)
table_coefficients[0] ← table_différences[0]

// la boucle de compteur k calcule les coefficients successifs
// qui sont rangés dans table_coefficients
Pour k variant de 1 à nbx-1 Faire
  // la boucle de compteur i calcule chaque différence divisée
  // de cette itération
  Pour i variant de 0 à nbx-k-1 Faire
    // pour k=1  ==>  pour i=0 :
    //            le dénominateur sera : f[x1]-f[x0]
    //            j prendra la valeur 0+1 = 1
    //            le diviseur sera xj-xi = x1-x0
    //            le calcul sera (f[x1]-f[x0]) / (x1-x0)
    //            ==> pour i=1 :
    //            le dénominateur sera : f[x2]-f[x1]
    //            j prendra la valeur 1+1 = 2
    //            le diviseur sera xj-xi = x2-x1
    //            le calcul sera (f[x2]-f[x1]) / (x2-x1)
    //            ==> pour i=2 : ......
    // pour k=2  ==>  pour i=0 :
    //            le dénominateur sera : f[x1,x2]-f[x0-x1]
    //            j prendra la valeur 0+2 = 2
    //            le diviseur sera xj-xi = x2-x0
    //            le calcul sera (f[x1,x2]-f[x0-x1]) / (x2-x0)
    //            ==> pour i=1 :
    //            le dénominateur sera : f[x2,x3]-f[x1,x2]
    //            j prendra la valeur 1+2 = 3
    //            le diviseur sera xj-xi = x3-x1
    //            le calcul sera (f[x2,x3]-f[x1,x2]) / (x3-x2)
    //            ==> pour i=2 : ......
    // pour k=3  ...

    j ← i+k
    table_différences[i] ← (table_différences[i+1]-table_différences[i])/
(tabfx[j].x-tabfx[i].x)
  FinPour
  // une fois toutes les différences de cette itération calculées
  // on range le contenu de la case de 0 de la table des différences
  // dans la case k de la table des coefficients
  table_coefficients[k] ← table_différences[0]
FinPour

// --calcul du polynôme d'interpolation pour les points à interpoler --

// la boucle k construit chaque terme du polynôme
// et l'additionne au calcul précédent
Pour k variant de 0 à nbz-1 Faire
  tabpz[k].y ← 0
```

```
    Pour j variant de 0 à nbx-1 Faire
      // on évalue chaque terme du polynôme
      // par exemple pour j=2 f[x0,x1,x2]*(z-x0)*(z-x1)

      // on récupère d'abord le coefficient de ce terme
      // par exemple pour j=2:f[x0,x1,x2] contenu dans table_coefficients
      terme ← table_coefficients[j]

      // boucle de calcul de (z-x0)*(z-x1)* ...
      Pour i variant de 0 à j-1 Faire
        // on multiplie la valeur actuelle du terme par (z-xi)
        // pour construire ((z-x0)*(z-x1)*...*(z-xi)
        terme ← terme * (tabpz[k].x - tabfx[i].x)
      FinPour

      // on additionne la valeur du terme trouvé
      // à la valeur actuelle du polynôme
      // donc à la valeur actuelle de pn(z)
      tabpz[k].y ← tabpz[k].y + terme
    FinPour
  FinPour
Fin

// ----Procédure d'affichage des points connus et interpolés----
Procédure affiche_points_interpolés(nbz,tabpz)
Déclarations
  Paramètre nbz     en Entier
  Paramètre tabpz   en Tableau[MAX_POINTS] de Points
  Variable  i       en Entier
Début
 Écrire("-- Points interpolés p(z) --")
 Pour i variant de 0 à nbz-1 Faire
   Écrire("z=",tabpz[i].x," p(z)=",tabpz[i].y)
 FinPour
Fin
```

Les programmes sources C, C++ et Java téléchargeables qui implémentent cet algorithme se nomment respectivement : `interpolation.c`, `interpolation.cpp`, `interpolation.java`.

La commande de compilation pour les programmes C et C++ est :

```
$ make interpolation
```

La commande de compilation pour le programme Java est :

```
$ javac interpolation.java
```

La syntaxe pour exécuter le programme compilé Java est :

```
$ java interpolation
```

Les fichiers utilisés par ce programme qui contiennent les points connus se nomment : `interpolation_donnees_fig8.1_4pts.txt`, `interpolation_donnees_fig8.1_28pts.txt`, `interpolation_donnees_fig8.1_60pts.txt`. Ils contiennent respectivement 4, 28 et 60 points connus de la figure 8.1. Le dernier fichier contenant plus de points donnera un résultat avec une meilleure précision. Voici le contenu de `interpolation_donnees_fig8.1_4pts.txt` :

```
$ cat interpolation_donnees_fig8.1_4pts.txt
0.0    0.4082
0.3    0.2822
0.6   -0.1787
1.0   -0.7906
```

Voici un exemple d'exécution de ce programme :

```
$ interpolation
Nom du fichier contenant les coordonnées (x,y) des points connus :
interpolation_donnees_fig8.1_4pts.txt
---Chargement du fichier : interpolation_donnees_fig8.1_4pts.txt ---
i=0    0.0    0.4082
i=1    0.3    0.2822
i=2    0.6    -0.1787
i=3    1.0    -0.7906
Entrez le nombre de points à interpoler : 1
abscisse du point x0 : 0.2
--- Table des coefficients ---
k=0    table_coefficients[0] = 0.4082
k=1    table_coefficients[1] = -0.42
k=2    table_coefficients[2] = -1.86056
k=3    table_coefficients[3] = 1.86996
--- Calcul du polynôme ---
j=0  valeur de p(0.2) = 0.4082
j=1  valeur de p(0.2) = 0.3242
j=2  valeur de p(0.2) = 0.361411
j=3  valeur de p(0.2) = 0.376371
-- Points interpolés p(z) --
z=0.2  p(z)=0.376371
```

# 2. Méthode des moindres carrés

## 2.1. Principe

La méthode des *moindres carrés* trouve la meilleure estimation des coefficients $a_0$ et $a_1$ de la droite d'équation $y = a_1x + a_0$, passant par un ensemble de $N$ points $(x_0,y_0)$, … , $(x_{n-1},y_{n-1})$. Cette droite est appelée *droite de régression linéaire*.

Cette méthode est très utilisée pour déterminer la relation linéaire qu'il peut exister entre deux variables, $x$ et $y$. C'est le cas, lorsqu'on obtient un ensemble de points $(x,y)$ de manière expérimentale, et que le dessin de ces points fait apparaître un nuage autour d'une droite invisible qui passerait au milieu. Du fait de l'erreur de la mesure expérimentale, les points ne seront pas correctement alignés. Trouver l'équation de la droite permet de prévoir les valeurs $y$ des nouvelles données $x$ qui n'auraient pas encore été expérimentées.

Les champs d'applications sont vastes. Cela peut être, par exemple, l'étude de la corrélation entre le nombre de couverts qu'un restaurant fait chaque jour (variable $x$) et son chiffre d'affaires journalier (variable y). Même s'il semble évident qu'il y ait une relation, il n'existe pas pour autant une addition exacte et identique pour chaque client. Le fait de connaître l'équation de la droite permet de prévoir le chiffre d'affaires en cas d'augmentation du nombre de couverts. Cependant, cette méthode peut donner des résultats erronés si la relation entre les deux variables n'est pas linéaire. Les courbes de croissance des carnets de santé des enfants, qui mettent en relation l'âge et la taille, en sont un exemple. La relation semble parfois linéaire, mais à partir d'un certain âge, l'enfant arrête de grandir, alors que la droite obtenue par cette méthode continuerait de croître, prévoyant des tailles de plus en plus grandes avec l'âge ! Cette projection n'est donc efficace que pour les relations linéaires entre deux variables.

La méthode des *moindres carrés* tente de minimiser les carrés des distances *verticales* entre chaque point du nuage et la droite recherchée. Pour bien la comprendre, il est nécessaire de rappeler la définition mathématique de la *distance* entre deux points et les calculs qui en découlent.

## 2.2. Rappel sur le calcul des distances

La distance entre deux points $(x_1,y_1)$ et $(x_2,y_2)$ est définie par le calcul :

$$r = \sqrt{(x_2 - x_1)^2 + (y_2 - y_1)^2}$$

Dans le cadre de la méthode des moindres carrés, la distance calculée est la distance *verticale* entre le point situé sur la droite et le point mesuré expérimentalement. Ces deux points ayant la même abscisse ($x_1 = x_2$) la formule précédente se résume à :

$$r = \sqrt{(y_2 - y_1)^2} = |y_2 - y_1|$$

D'une manière générale, pour tout point $x_i$, ayant pour ordonnée mesurée expérimentalement $y_i$, et pour ordonnée située sur la droite $y(x_i)$, on appelle *déviation* de $y_i$ en $x_i$ le calcul :

$$|y_i - y(x_i)|$$

Cette déviation correspond à l'erreur de la mesure expérimentale. Si la mesure est exacte, alors $y(x_i)$, et $y_i$ sont égaux et le calcul de la déviation est égal à 0.

La méthode des moindres carrés essaie de minimiser les déviations entre les points mesurés, et les points situés sur la droite recherchée. Elle s'appuie sur *la somme des carrés des déviations*. Ainsi plus on *minimise* cette somme, plus on *maximise* la probabilité d'obtenir la meilleure approximation de la droite théorique avec des valeurs $a_0$ et $a_1$ optimales. De plus, les carrés mettent en évidence les grandes déviations qui, dans une distribution normale de points, sont moins fréquentes, pour ajuster au mieux la droite.

Les calculs des valeurs $a_0$ et $a_1$ sont donnés par les formules suivantes :

$$a_1 = \frac{n\sum x_i y_i - \sum x_i \sum y_i}{n\sum x_i^2 - \left(\sum x_i\right)^2}, \qquad a_0 = \frac{\sum y_i - a_1 \sum x_i}{n}$$

La figure 8.4 présente la *droite de régression linéaire* d'équation $y = a_1 x + a_0$, trouvée par cette méthode à partir du nuage de points dont les coordonnées sont présentées dans les colonnes $x_i$ *et* $y_i$ du tableau de cette figure. La colonne $x_i^2$ donne les carrés de l'abscisse de chaque point, et $x_i y_i$ le résultat de l'abscisse multiplié par l'ordonnée. En bas de chaque colonne apparaît la somme des 11 valeurs.

Avec les valeurs du tableau, les résultats des calculs des coefficients $a_0$ et $a_1$ sont :

$$a_1 = \frac{(11\times(2981{,}09)) - ((0{,}70)\times(-109{,}90))}{(11\times(986{,}03)) - (0{,}70)^2} = 3{,}03056$$

$$a_0 = \frac{-109{,}90 - (3{,}03056\times 0{,}70)}{11} = -10{,}1838$$

L'équation de la droite optimale passant par l'ensemble de ces points est :

$$f(x) = 3{,}03x - 10{,}18.$$

La figure 8.4 présente :

- les points initiaux ou expérimentaux en rond noir ;
- la droite obtenue qui passe « au milieu » des points ;
- la distance verticale entre chaque point et cette droite en pointillés, distance aussi appelée *déviation*.

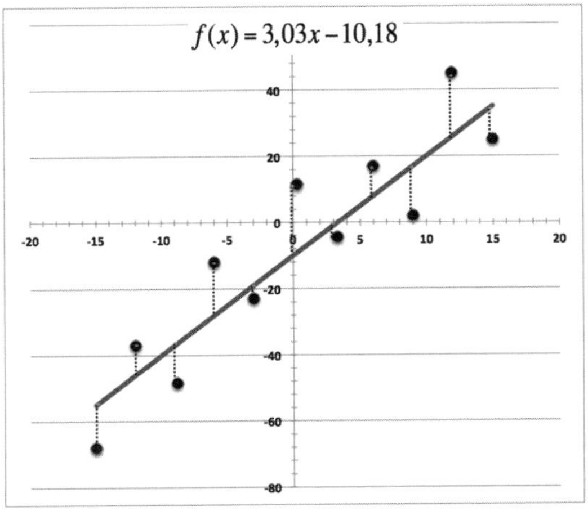


| i | $x_i$ | $y_i$ | $x_i^2$ | $x_i y_i$ |
|---|---|---|---|---|
| 0 | -15,00 | -57,00 | 225,00 | 855,00 |
| 1 | -12,00 | -46,00 | 144,00 | 552,00 |
| 2 | -8,80 | -36,40 | 77,44 | 320,32 |
| 3 | -6,00 | -28,00 | 36,00 | 168,00 |
| 4 | -3,00 | -19,00 | 9,00 | 57,00 |
| 5 | 0,30 | -9,10 | 0,09 | -2,73 |
| 6 | 3,30 | -0,10 | 10,89 | -0,33 |
| 7 | 6,00 | 8,00 | 36,00 | 48,00 |
| 8 | 9,00 | 17,00 | 81,00 | 153,00 |
| 9 | 11,90 | 25,70 | 141,61 | 305,83 |
| 10 | 15,00 | 35,00 | 225,00 | 525,00 |
| Somme | 0,70 | -109,90 | 986,03 | 2981,09 |

**Figure 8.4** • Méthode des moindres carrés-calcul des coefficients de la droite.

## 2.3. Programme

Le programme suivant utilise la procédure **moindres_carrés(nbx,tabptexp,@ coeff0,@coeff1)**.

Celle-ci effectue le calcul des coefficients de la droite passant dans le nuage de points. Les variables du programme *a*0 et *a*1 sont passées par adresses (notation @) aux paramètres `coeff0`, `coeff1` de la procédure, ce qui permet de retourner leur valeur finale). `nbx` est le nombre de points expérimentaux, `tabptexp` est le tableau de structures des coordonnées (*x*,*y*) de ces points.

La première partie de la procédure calcule les différentes sommes. La deuxième partie calcule les deux coefficients de la droite.

**« Pseudo-code »**

```
// ==========================
// === programme principal ===
// ==========================
Programme des_moindres_carrés
Déclarations
 Constante MAX_POINTS = 10000
 Type global Point  en Enregistrement
                               champ x      Réel_Long
                               champ y      Réel_Long
                         Fin d'Enregistrement
 Variables i, nbpoints_expérimentaux en Entiers
 Variables x, y, a0, a1             en Réels_Longs
 Variable  tabpoints_expérimentaux   en Tableau[MAX_POINTS] de Points
 Variable  fpoints_expérimentaux     en Fichier
 Variable  NomFichier                en Chaîne
Début
 // --- saisie du nom du fichier contenant les points expérimentaux ---
 Écrire("Nom du fichier contenant les coordonnées des points expérimentaux:")
 Lire(NomFichier)

 // --- chargement du fichier des points expérimentaux ---
 fpoints_expérimentaux ← ouvrir(NomFichier,"lecture")
 i ← 0
 Tant Que (NON Fin_de_fichier(fpoints_expérimentaux)) Faire
  Lire(fpoints_expérimentaux,x,y)
  tabpoints_expérimentaux[i].x ← x
  tabpoints_expérimentaux[i].y ← y
  i ← i+1
 FinTantQue
 nbpoints_expérimentaux ← i

 // --- appel de la procédure des moindres carrés ---
 moindres_carrés(nbpoints_expérimentaux,tabpoints_expérimentaux,@a0,@a1)

 // --- affichage du résultat ---
 Écrire("Fonction linéaire trouvée :")
```

```
 Écrire("y = ",a1," x  + ",a0)
Fin

// ===================================
// -- Procédure des moindres_carrés --
// ===================================
Procédure moindres_carrés(nbx,tabptexp,@coeff0,@coeff1)
Déclarations
  Paramètre  nbx              en Entiers
  Paramètre  tabptexp         en Tableaux[MAX_POINTS] de Points
  Paramètres coeff0, coeff1   en Entiers
  Variable   i                en Entiers
  Variables  xi, yi           en Réels_Longs
  Variables  somme_xi,somme_yi,somme_xi_carré,somme_xiyi en Réels_Longs

  // initialisation des sommes
  somme_xi       ← 0
  somme_yi       ← 0
  somme_xi_carré ← 0
  somme_xiyi     ← 0

  // -- calcul des sommes de xi, yi, xi au carré et xi*yi --
  Pour i variant de 0 à nbx-1 Faire
    xi ← tabptexp[i].x
    yi ← tabptexp[i].y
    somme_xi       ← somme_xi + xi
    somme_yi       ← somme_yi + yi
    somme_xi_carré ← somme_xi_carré + puissance(xi,2)
    somme_xiyi     ← somme_xiyi + (xi*yi)
  FinPour

  // -- calcul des coefficients coeff0 et coeff1 --
       coeff1   ←   ((nbx*somme_xiyi)-(somme_xi*somme_yi))/
((nbx*somme_xi_carré)- puissance(somme_xi,2))
  coeff0 ← (somme_yi-(coeff1*somme_xi))/nbx
Fin
```

Les programmes sources C, C++ et Java téléchargeables qui implémentent cet algorithme se nomment respectivement : `moindres_carres.c`, `moindres_carres.cpp`, `moindres_carres.java`.

La commande de compilation pour le programme C est :

```
$ cc -o moindres_carres -lm moindres_carres.c
```

La commande de compilation pour le programme C++ est :

```
$ make moindres_carres
```

La commande de compilation pour le programme Java est :

```
$ javac moindres_carres.java
```

La syntaxe pour exécuter le programme compilé Java est :

```
$ java moindres_carres
```

Le fichier utilisé par ce programme contenant les points expérimentaux de la figure 8.4 se nomme : moindres_carres_donnees_fig8.4.txt.

Voici un exemple d'exécution du programme :

```
$ moindres_carres
Nom du fichier contenant les coordonnées (x,y) des points expérimentaux:
moindres_carres_donnees_fig8.4.txt
---Chargement du fichier : moindres_carrés_donnees_fig8.4.txt ---
i=0  -15.0  -57.0
i=1  -12.0  -46.0
i=2   -8.8  -36.4
i=3   -6.0  -28.0
i=4   -3.0  -19.0
i=5    0.3   -9.1
i=6    3.3   -0.1
i=7    6.0    8.0
i=8    9.0   17.0
i=9   11.9   25.7
i=10  15.0   35.0

Fonction linéaire trouvée :
y = 3.03056 x  -10.1838
```

# 3. Recherche des solutions d'équations

La recherche des solutions d'équations est un problème mathématique classique. Il intervient dans de nombreux domaines comme les sciences de l'ingénieur, en robotique, en traitement du signal, etc. Cela consiste à trouver les valeurs de $x$ pour lesquelles $f(x) = 0$. $x$ est alors appelée *racine* de l'équation. Cette section présente la résolution d'équations polynomiales, avec recherche de racines réelles, par la méthode de Newton.

## 3.1. Principe de la méthode de Newton

La méthode de Newton est une méthode d'approximation. Elle consiste à rechercher une racine, à partir d'un *point de départ* suffisamment proche de celle-ci, puis à déterminer par une série d'itérations des points de plus en plus proches les uns des autres et convergents vers la racine. Quand la distance entre deux points successifs est suffisamment faible, le processus s'arrête et la racine est trouvée. La formule calculant l'abscisse du point suivant du processus d'itération $x_{i+1}$ à partir de $x_i$, est :

$$x_{i+1} = x_i - \frac{f(x_i)}{f'(x_i)}$$

Où $f(x_i)$ est la valeur de la fonction au point d'abscisse $x_i$, et $f'(x_i)$ celle de sa dérivée en ce point.

Les deux principales étapes de cette méthode sont :

- La recherche des points de départ : on recherche les intervalles $[x_a , x_b]$ encadrant chaque racine. Et pour chacun, on détermine le point de départ utilisé par l'étape suivante. Ce processus est très important, car il conditionne la convergence du processus itératif vers la racine.
- La recherche des racines : à partir des points de départ trouvés précédemment, on applique le processus itératif d'approximation pour trouver la racine.

La figure 8.5 représente les racines obtenues pour l'équation :

$$f(x) = -x^3 - 2x^2 + 5x + 4{,}5$$

Les trois racines, $x_1$ = -3,136670, $x_2$ = -0,757428, $x_3$ = +1,894098, vérifient les calculs $f(x_1) = f(x_2) = f(x_3) = 0$. La méthode de Newton trouve ces trois racines en 5, 3 et 4 itérations. Les intervalles encadrant les racines ([−4 , −3], [−0,8 , −0,7], [+1 , +2]), ainsi que leur valeur approchée calculée à chaque itération sont présentés dans le tableau de cette figure. Les détails des calculs permettant d'obtenir ces résultats sont donnés plus loin dans ce chapitre, avec la description de l'exécution du programme.

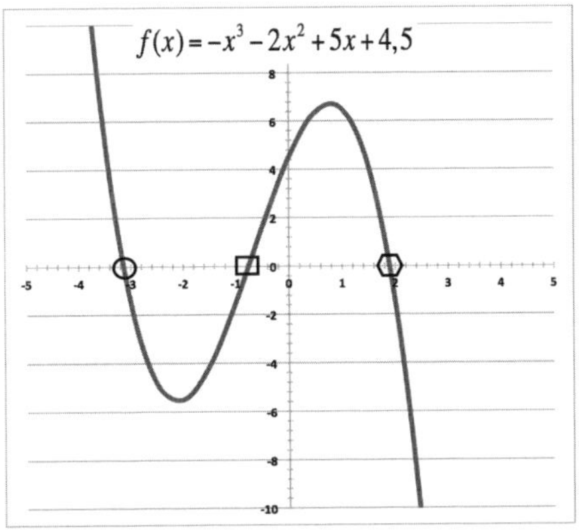


| itération | $x_i$ [-4 , -3] | xi [-0,8 , -0,7] | xi [+1 , +2] |
|---|---|---|---|
| 1 | -4,000000 | -0,700000 | +2,000000 |
| 2 | -3,388889 | -0,757346 | +1,900000 |
| 3 | -3,168338 | -0,757428 | +1,894118 |
| 4 | -3,137272 | | +1,894098 |
| 5 | -3,136670 | | |

| | $x_1$ ○ | $x_2$ □ | $x_3$ ⬡ |
|---|---|---|---|
| 3 Racines | -3,136670 | -0,757428 | +1,894098 |

**Figure 8.5** • Racines d'une équation.

## 3.2. Rappel sur les dérivées

La méthode de Newton s'appuie sur l'interprétation des *dérivées* d'une fonction, et utilise un calcul itératif basé sur la *tangente* à cette fonction en un point $x_0$, qui de proche en proche va tendre vers une racine, en « longeant » la courbure de la fonction. Pour bien assimiler le fonctionnement de cette méthode, il est important de rappeler les définitions des dérivées d'une fonction et de comprendre leur signification.

## Dérivées d'un polynôme

Le calcul de la dérivée d'une fonction peut s'avérer complexe selon le type de fonction. Nous ne présentons ici que les dérivées des fonctions polynomiales.

Soit une fonction polynomiale de la forme :

$$f(x) = a_n x^n + a_{n-1} x^{n-1} + ... + a_2 x^2 + a_1 x + a_0$$

La dérivée première de cette fonction se note :

$$f'(x) = (n \times a_n x^{n-1}) + (n-1 \times a_{n-1} x^{n-2}) + ... + (2 \times a_2 x^1) + a_1$$

La dérivée seconde de cette fonction est la dérivée de la dérivée première. Elle se note :

$$f''(x) = (n-1 \times n \times a_n x^{n-2}) + (n-2 \times n-1 \times a_{n-1} x^{n-3}) + ... + (2 \times a_2)$$

Ainsi, si la fonction polynomiale est :

$$f(x) = -x^3 - 2x^2 + 5x + 4,5$$

Sa dérivée première est :

$$f'(x) = -3x^2 - (2 \times 2)x^1 + 5 = -3x^2 - 4x + 5$$

La dérivée seconde de cette fonction est la dérivée de la dérivée première. Elle se note :

$$f''(x) = (-3 \times 2)x^1 - 4 = -6x - 4$$

## Signification des dérivées premières et secondes

La figure 8.6 représente la fonction $f(x)$ en A, et ses fonctions dérivées $f'(x)$ en B, $f''(x)$ en C, ainsi que la tangente en $x_0 = -2,5$ en D, pour :

$$f(x) = -x^3 - 2x^2 + 5x + 4,5$$

La *dérivée première* $f'(x)$, en un point $x_0$ représente la *croissance* de $f(x)$ en $x_0$. Ainsi, si la fonction $f(x)$ est *croissante* en $x_0$, alors $f'(x_0)$ sera positive. Si $f(x)$ est décroissante en $x_0$, alors $f'(x_0)$ sera négative.

La figure 8.6 B montre que $f'(x)$ est négative sur les intervalles [-5 , -2,1196] et [+0,7863 , +5] présentés sur fond gris. Sur ces mêmes intervalles, on constate que $f(x)$ est décroissante, c'est-à-dire que la courbe s'incline vers le bas (figure 8.6 A). De la même manière, $f'(x)$ est positive sur l'intervalle [-2,1196 , +0,7863 ] (figure 8.6 B). On en déduit que $f(x)$ est croissante sur cet intervalle, c'est-à-dire que la courbe progresse vers le haut (figure 8.6 A). Les points $x_1$ = -2,1196 et $x_2$ = +0,7863 sont les racines de $f'(x)$, car $f'(-2,1196) = f'(+0,7863) = 0$.

La *dérivée seconde* $f''(x)$ présentée sur la figure 8.6 C indique la *convexité* ou la *concavité* de la courbe $f(x)$, c'est-à-dire, le fait que la courbe s'ouvre vers le haut ou vers le bas.

Une fonction est dite *convexe* sur un intervalle $[x_a, x_b]$ si le segment de droite, qui relie deux de ses points ayant leur abscisse dans cet intervalle, passe au-dessus de la courbe. Dans ce cas, la fonction présente une courbure orientée vers le bas, elle s'ouvre vers le haut. Une fonction est dite *concave* sur un intervalle $[x_a, x_b]$ si le segment de droite, qui relie deux de ses points ayant leur abscisse dans cet intervalle, passe au-dessous de la courbe. Dans ce cas, la fonction présente une courbure orientée vers le haut, elle s'ouvre vers le bas.

La figure 8.6 C montre que $f''(x)$ est positive sur l'intervalle [-5 , -0,6667]. La fonction $f(x)$ est convexe (courbure orientée vers le bas, ouverture vers le haut) sur cet intervalle. $f''(x)$ est négative sur l'intervalle [-0,6667 , +5]. La fonction $f(x)$ est concave (courbure orientée vers le haut, ouverture bers le bas) sur cet intervalle. Le point d'inflexion de la concavité (convexité) $x_0$ = -0,6667 est représenté par une zone grise hachurée sur les figures 8.6 A et C. Il correspond à la racine de $f''(x)$, car $f''$(-0,6667) = 0.

La *tangente* de $f(x)$ en $x_0$ est la droite qui « touche » la courbe $f(x)$ en $x_0$, et seulement en ce point. Elle indique la *pente* de la courbe en ce point. La figure 8.6 D présente la tangente en $x_0$ = -2,5. L'équation de cette droite est donnée par la formule :

$$y = f'(x_0)(x - x_0) + f(x_0)$$

Appliqué au point $x_0$ = -2,5 la formule de cette tangente est :

$$y = f'(-2{,}5)(x - (-2{,}5)) + f(-2{,}5)$$

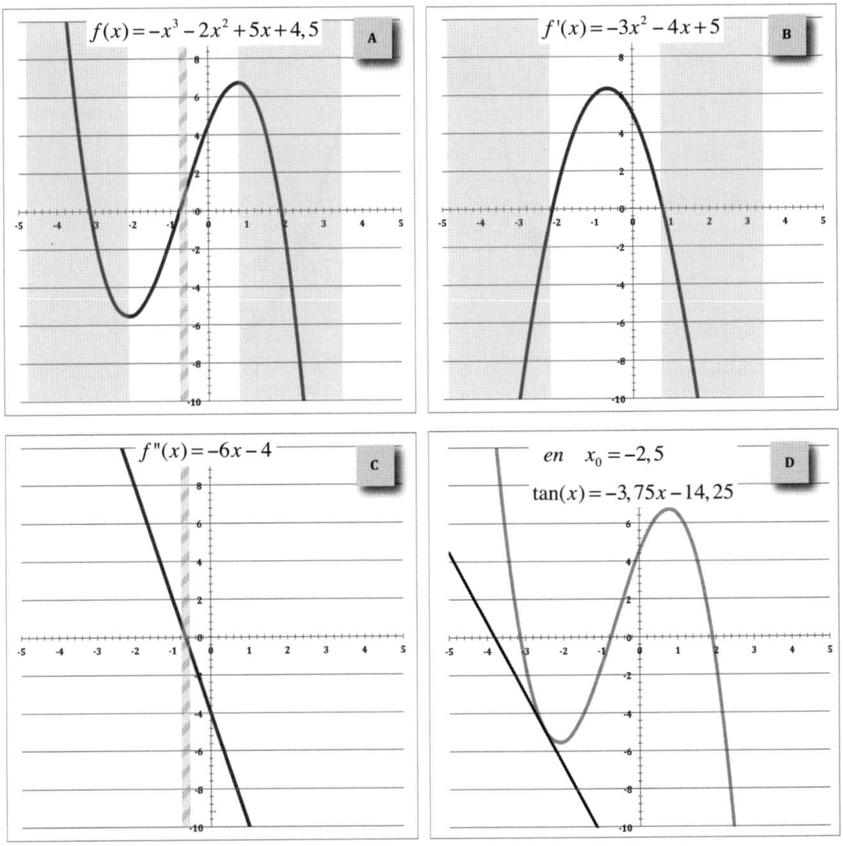


**Figure 8.6** • Fonctions dérivées et tangente.

Soit :

$$y = -3{,}75(x + 2{,}5) + (-4{,}875) = -3{,}75x - 9{,}375 - 4{,}875$$
$$y = -3{,}75x - 14{,}25$$

## 3.3. Choix du point de départ pour la méthode de Newton

Le choix d'un « bon » *point de départ* est fondamental pour que le processus itératif qui cherche la racine converge vers une solution.

La méthode de Newton suit la tangente obtenue à partir d'un *point de départ*, pour trouver le nouveau point situé sur la courbe et dont l'abscisse est le point d'intersection de la tangente et de l'axe des *x*. À partir du nouveau point obtenu, on réitère le traitement, jusqu'à ce que deux points successifs soient suffisamment proches (distance de leurs abscisses inférieure à une certaine valeur) pour considérer qu'ils sont une bonne approximation de la racine recherchée. La figure 8.7 présente ce traitement itératif pour différentes configurations de courbes.

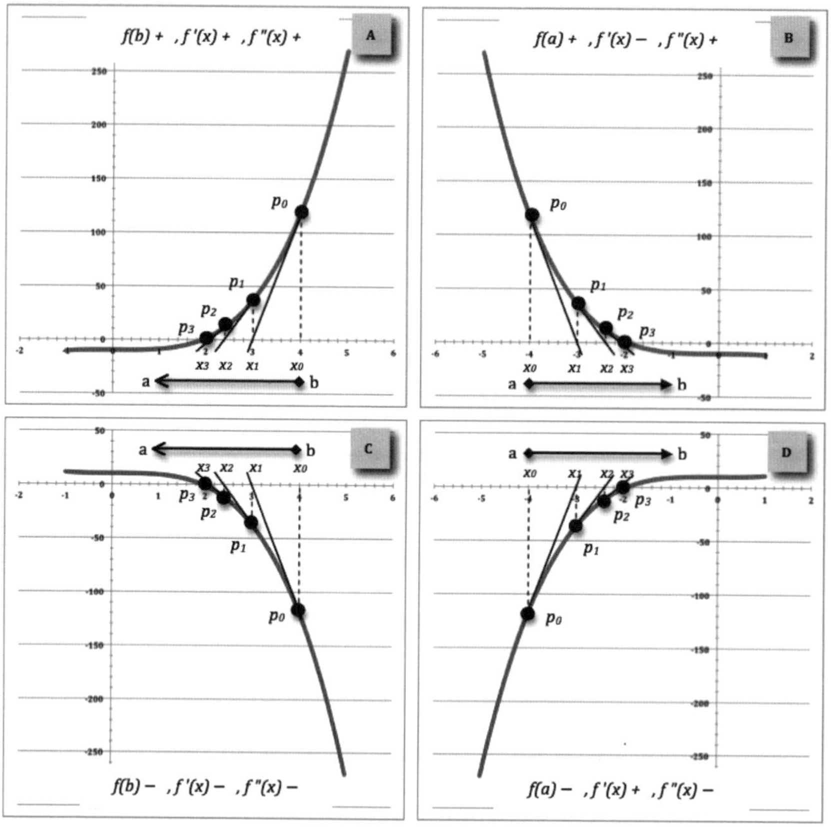


**Figure 8.7** • Choix du point de départ.

Ainsi, de proche en proche, on suit la courbure de la fonction, à partir d'un point de départ, en trouvant le point suivant d'abscisse $x_{i+1}$ grâce à la tangente de la courbe au point traité $x_i$. Pour mémoire, le calcul est le suivant :

$$x_{i+1} = x_i - \frac{f(x_i)}{f'(x_i)}$$

Pour que cette méthode fonctionne, il faut d'abord trouver un *intervalle* $[x_a, x_b]$ dans lequel il existe *une et une seule racine*, et commencer le traitement itératif à partir du point $x_a$ ou $x_b$ qui sera du « *bon côté* » de la courbure et de l'axe des abscisses. Vérifier ces critères revient à vérifier les trois règles suivantes sur le signe de la fonction et de ses dérivées :

1. Trouver un *intervalle* $[x_a, x_b]$ dans lequel il *existe au moins une racine* : Pour cela il faut que $f(x_a)$ et $f(x_b)$ soient de signes opposés. Dans ce cas, la courbe coupe l'axe des abscisses sur cet intervalle au moins en un point $x_1$, qui est une racine car $f(x_1) = 0$. Cette condition ne permet pas d'assurer qu'il n'y ait qu'une seule racine.
2. Vérifier qu'il n'existe sur cet intervalle *qu'une et une seule racine* : Pour cela il faut ajouter à la première règle, le fait que les dérivées premières $f'(x_a)$ et $f'(x_b)$ soient du même signe. Dans ce cas, la fonction ne sera que croissante, ou que décroissante. Ainsi si la fonction ne fait que croître (respectivement que décroître) et que $f(x_a)$ et $f(x_b)$ sont de signes opposés, alors la courbe ne coupe l'axe des abscisses qu'une seule fois, il n'y a qu'une racine dans l'intervalle $[x_a, x_b]$.
3. Choisir le « bon » point de départ entre $x_a$ et $x_b$ afin de converger vers la racine : la méthode est basée sur la détermination d'une série de points dont la tangente croise l'axe des abscisses. Le point de croisement devenant l'abscisse du point suivant. Il est donc important de choisir le bon point de départ entre $x_a$ et $x_b$, afin qu'il se trouve du bon côté de la courbure de la fonction et que sa tangente croise l'axe des abscisses. Un mauvais choix aboutirait à un traitement divergent. Pour cela on vérifie que $f''(x_a)$ et $f''(x_b)$, qui représentent la *concavité* ou *convexité*, sont *de même signe* et on choisit comme *point de départ* $x_a$ si le signe de $f(x_a)$ est égal au signe de $f''(x_a)$ ou $x_b$ si le signe de $f(x_b)$ est égal au signe de $f''(x_b)$.

Dans le tableau 8.1 et la figure 8.7, nous utilisons la notation *a* ou *b* à la place de $x_a$ ou $x_b$ afin de simplifier l'écriture et d'améliorer la compréhension.

Le tableau 8.1 récapitule les conditions qui déterminent le choix de *a* ou de *b*, comme point de départ, pour trouver la racine sur l'intervalle [a,b], selon les valeurs des signes des différentes fonctions aux points *a* et *b*.

**Tableau 8.1** : Choix du point de départ sur l'intervalle [a,b]

| Signe de *f*(*a*) et *f*(*b*) | Signe de *f'*(*x*) sur [a,b] | Signe de *f''*(*x*) sur [a,b] | Point de départ | Figure 8.7 |
|---|---|---|---|---|
| $f(a)$ – et $f(b)$ + | $f'(a) = f'(b) = +$ courbe croissante | $f''(a) = f''(b) = +$ courbe convexe | b | Figure 8.7A |
| $f(a)$ + et $f(b)$ – | $f'(a) = f'(b) = -$ courbe décroissante | $f''(a) = f''(b) = +$ courbe convexe | a | Figure 8.7B |
| $f(a)$ + et $f(b)$ – | $f'(a) = f'(b) = -$ courbe décroissante | $f''(a) = f''(b) = -$ courbe concave | b | Figure 8.7C |
| $f(a)$ – et $f(b)$ + | $f'(a) = f'(b) = +$ courbe croissante | $f''(a) = f''(b) = -$ courbe concave | a | Figure 8.7D |

La figure 8.7 montre comment, à partir du point a ou b choisi selon les règles précédentes, le processus d'itération progresse vers la racine en utilisant la tangente aux points successifs $p_0$, $p_1$, $p_2$, $p_3$, contenu dans l'intervalle [a,b], selon les différentes valeurs des signes des fonctions.

## 3.4. Programme

Voici le programme qui implémente cet algorithme. Le programme principal demande de saisir le degré de la fonction polynomiale, puis les différents coefficients. Il affiche ensuite l'équation de la fonction et de ses deux dérivées *via* la procédure **affiche_fonctions**(), puis il demande l'intervalle de recherche des racines. Il appelle ensuite les fonctions :

- **recherche_départ_racines**() qui retourne le nombre de racines trouvées. Cette fonction appelle :
  - **calcule_signe_fonctions**() et **affiche_signe_fonctions**() qui calcule et affiche les différents signes des fonctions aux bornes des intervalles.
  - **mémorise_interv_racine**() qui met à jour les tableaux `tab_départ_interv_racines[]`, `tab_déb_interv_racines[]`, `tab_fin_interv_racines[]`, avec les points de départ et les bornes des intervalles ayant une et une seule racine.
- **racine_équation**() qui retourne une valeur booléenne indiquant si une racine a été trouvée, et retourne sa valeur dans le paramètre `val_racine` passé par adresse.

Les fonctions qui implémentent de $f(x)$, $f'(x)$ et $f''(x)$ sont **f(x)**, **fprime(x)**, **fseconde(x)**. La fonction **signe**() retourne le signe du réel passé en argument. Un ensemble d'instructions `Écrire()` trace le fonctionnement de l'algorithme.

« **Pseudo-code** »

```
// ========================
// == programme principal ==
// ========================
```

```
Programme racine_équation
Déclarations
 // Des constantes
 Constante DEGRÉ_MAX          = 10
 Constante MAX_RACINES        = 100
 Constante PAS_RECHERCHE      = 1
 Constante DIV_PAS_RECHERCHE = 10
 Constante DELTA              = 0,000001
 // -- Variables globales --
 Variable  globale  tab_f_coeff        en Tableau[DEGRÉ_MAX] de Réels
 Variable  globale  tab_fprime_coeff   en Tableau[DEGRÉ_MAX] de Réels
 Variable  globale  tab_fseconde_coeff en Tableau[DEGRÉ_MAX] de Réels
 Variables globales degré_f,degré_fprime,degré_fseconde      en Entiers
 Variable  globale  tab_départ_interv_racines en Tableau[MAX_RACINES] de
Réels
 Variable  globale  tab_déb_interv_racines en Tableau[MAX_RACINES] de Réels
 Variable  globale  tab_fin_interv_racines en Tableau[MAX_RACINES] de Réels
 // Variables du programme
 Variables i, j, k, nb_racines                          en Entiers
 Variables racine_trouvée                               en Booléen
 Variables x, val_racine                                en Réels_Longs
 Variables borne_inf_rech, borne_sup_rech               en réels
 Variables départ, déb_interv, fin_interv              en Réels
Début
 Écrire("Degré de l'équation à résoudre : ")
 Lire(degré_f)

 Pour i variant de degré_f à 0 par pas de -1 Faire
   Écrire("Coefficient de x à la puissance ",i," : ")
   Lire(tab_f_coeff[i])
 FinPour

 degré_fprime   ←  degré_f - 1
 degré_fseconde ←  degré_fprime - 1

 // -- Calcul des coefficients de fprime et de fseconde ---
 Pour i variant de degré_f à 0 par pas de -1 Faire
   j ← i -1
   Si (j>=0) Alors
     tab_fprime_coeff[j]   ← tab_f_coeff[i]*i
   FinSi
   k ← i-2
   Si (k>=0) Alors
     tab_fseconde_coeff[k] ← tab_fprime_coeff[j]*j
   FinSi
 FinPour

 // -- Affichage des fonctions --
 Écrire("Affichage de la fonction et de ses dérivées :")
 affiche_fonctions()

 // -- Saisie de l'intervalle de recherche des racines --
 Écrire("Intervalle de recherche des racines (ex: -10.5  10.5): ")
```

```
 Lire(borne_inf_rech,borne_sup_rech)

 // -- Recherche du nombre de racines et des intervalles les encadrant --
 nb_racines ← recherche_départ_racines(borne_inf_rech,borne_sup_rech,PAS_
RECHERCHE)

 Écrire("--- Recherche des  ",nb_racines,"  racines ---")
 Pour i variant de 0 à nb_racines-1 Faire
   déb_interv  ← tab_déb_interv_racines[i]
   fin_interv  ← tab_fin_interv_racines[i]
   départ      ← tab_départ_interv_racines[i]
   Écrire("Intervalle [",déb_interv,",",fin_interv,"] point de départ =",départ)

   // --- Appel de la procédure racine_équation ---
    racine_trouvée ← racine_équation(@val_racine,départ,déb_interv,fin_
interv,DELTA)
   Si (racine_trouvée = VRAI) Alors
      Écrire("   Racine trouvée = ",val_racine)
      Écrire("   Vérification: f(",val_racine,") =",f(val_racine))
   Sinon
      Écrire("Racine NON TROUVÉE")
   FinSi
 FinPour
Fin

// =====================
// ==  sous-programmes ==
// =====================

// -- Fonction f(x) --
Fonction f(x) en Réel_Long
Déclarations
 Paramètre x         en Réel_Long
 Variable  résultat en Réel_Long
 Variable  i        en Entier
Début
 résultat ← 0,0
 Pour i variant de degré_f à 0 par pas de -1 faire
   résultat ← résultat + (tab_f_coeff[i]*puissance(x,i))
 FinPour
 retourner résultat
Fin

// -- Fonction f'(x) --
Fonction fprime(x) en Réel_Long
Déclarations
 Paramètre x         en Réel_Long
 Variable  résultat en Réel_Long
 Variable  i        en Entier
Début
 résultat ← 0,0
 Pour i variant de degré_fprime à 0 par pas de -1 faire
   résultat ← résultat + (tab_fprime_coeff[i]*puissance(x,i))
```

```
  FinPour
  retourner résultat
Fin

// -- Fonction f"(x) --
Fonction fseconde(x) en Réel_Long
Déclarations
  Paramètre x         en Réel_Long
  Variable  résultat en Réel_Long
  Variable  i         en Entier
Début
  résultat ← 0,0
  Pour i variant de degré_fseconde à 0 par pas de -1 faire
    résultat ← résultat + (tab_fseconde_coeff[i]*puissance(x,i))
  FinPour
  retourner résultat
Fin
// ----------------------------------------------------------------
// -- Fonction de recherche des intervalles et des points de départ --
// ----------------------------------------------------------------
Fonction recherche_départ_racines(borne_inf,borne_sup,pas_de_recherche)
en Entier
Déclarations
  Paramètres borne_inf,borne_sup,pas_de_recherche  en Réels
  Variables  xa,xb,xa2,xb2,x_point_départ, y       en Réels
  Variable   pas_de_recherche_ajustement            en Réel
  Variables  signe_f_xa,signe_f_xb                  en Caractères
  Variables  signe_f_xa2,signe_f_xb2                en Caractères
  Variables  signe_fprime_xa,signe_fprime_xb        en Caractères
  Variables  signe_fprime_xa2,signe_fprime_xb2      en Caractères
  Variables  signe_fseconde_xa,signe_fseconde_xb    en Caractères
  Variables  signe_fseconde_xa2,signe_fseconde_xb2 en Caractères
  Variable   nb_rac                                 en Entier
Début
  nb_rac     ← 0
  xb         ← borne_inf
  Écrire("--- Recherche des intervalles encadrant les racines ---")
  Écrire("--- et des points de départ                        ---")
  Tant Que (xb <= borne_sup) Faire
    xa ← xb
    xb ← xb + PAS_RECHERCHE
    // Calcul des signes de f(xa),f(xb),f'(xa),f'(xb),f"(xa),f"(xb)
    calcule_signe_fonctions(xa,xb,@signe_f_xa, @signe_f_xb,@signe_fprime_
xa,@signe_fprime_xb, @signe_fseconde_xa,@signe_fseconde_xb)

    Si ((signe_f_xa<>signe_f_xb)ET(signe_fprime_xa=signe_fprime_xb)) Alors
      // Il existe une et une seule racine
      Écrire("Une racine dans l'intervalle : [",xa,",",xb,"]")
      // Affichage des signes des fonctions
      affichage_signe_fonctions(xa,xb,signe_f_xa,signe_f_xb, signe_fprime_
xa,signe_fprime_xb, signe_fseconde_xa,signe_fseconde_xb)

      // On vérifie que le signe de f"(x) ne change pas sur l'intervalle
```

```
      Si (signe_fseconde_xa = signe_fseconde_xb) Alors
        // On choisit xa ou xb comme point de départ
        // afin que f() soit du même signe que f"()
        Si (signe_f_xa = signe_fseconde_xa) Alors
          x_point_départ ←  xa
        Sinon
          x_point_départ ←  xb
        FinSi
        Écrire("  Point de départ : ",x_point_départ)
       // on conserve les valeurs trouvées dans les tableaux
        mémorise_interv_racine(@nb_rac,x_point_depart,xa,xb)
      Sinon  // Le signe de f"(xa) et de f"(xb) ne sont pas identiques
        // Il faut rechercher un intervalle plus petit dans l'intervalle
        // précédent pour que la troisième règle soit aussi vérifiée
        Écrire(" =>signe de f"(",xa,")=",signe_fseconde_xa)
        Écrire("   différent du signe de f"(",xb,")=",signe_fseconde_xb)
        Écrire(" =>ajustement de l'intervalle:")
        // Le nouveau pas de recherche de l'intervalle
        // est plus petit que le pas précédent
        pas_de_recherche_ajustement ← pas_de_recherche/DIV_PAS_RECHERCHE
        // Initialisation avec de bonnes valeurs sauf pour
        // signe_f_seconde afin de démarrer la boucle
        xb2                 ← xa
        signe_f_xa2         ← '+'
        signe_f_xb2         ← '-'
        signe_fprime_xa2    ← '+'
        signe_fprime_xb2    ← '+'
        signe_fseconde_xa2 ← '+'
        signe_fseconde_xb2 ← '-'

        // On recherche le sous intervalle [xa2,xb2]
        // dans l'intervalle [xa,xb] tant qu'on
        // ne vérifie pas les 3 règles sur les signes de :
        // f(), fprime() et fseconde(), en xa2 et xb2
         Tant Que (NON((signe_f_xa2 <> signe_f_xb2) ET (signe_fprime_xa2
= signe_fprime_xb2) ET (signe_fseconde_xa2 = signe_fseconde_xb2))) Faire
          xa2 ← xb2
          xb2 ← xa2 + pas_de_recherche_ajustement
              // On calcule les signes de f(xa2),f(xb2), f'(xa2),f'(xb2),
f"(xa2),f"(xb2)
        calcule_signe_fonctions(xa2,xb2,@signe_f_xa2, @signe_f_xb2,@signe_
fprime_xa2,@signe_fprime_xb2, @signe_fseconde_xa2,@signe_fseconde_xb2)
          // Affichage des signes des fonctions
         affichage_signe_fonctions(xa2,xb2,signe_f_xa2,signe_f_xb2, signe_
fprime_xa2,signe_fprime_xb2, signe_fseconde_xa2,signe_fseconde_xb2)
        FinTantQue
        Écrire(" Sous intervalle retenu: [",xa2,",",xb2,"]")
        // On détermine lequel de xa2 ou xb2 est le point de départ
        Si (signe_f_xa2 = signe_fseconde_xa2) Alors
          x_point_départ ←  xa2
        Sinon
          x_point_départ ←  xb2
        FinSi
```

```
        Écrire("  Point de départ : ",x_point_départ)
        // On conserve les valeurs trouvées dans les tableaux
        mémorise_interv_racine(@nb_rac,x_point_depart,xa2,xb2)
      FinSi
    FinSi
  FinTantQue
  retourner nb_rac
Fin
// ----------------------------------------
// -- Fonction de résolution de l'équation --
// ----------------------------------------
Fonction racine_équation(@val_rac,pointdep,déb_inter,fin_inter,delta) en
Booléen
Déclarations
  Paramètres val_rac, delta                en Réel Long
  Paramètres pointdep,déb_inter,fin_inter en réels
  Variables  bornes_depassées,code_retour en Booléens
  Variables  xi, xj                        en Réels_Longs
  Variable   nb_iterations                 en Entier
Début
  nb_iterations←1
  xi ← pointdep - (2*delta)
  xj ← pointdep
  bornes_depassées ← FAUX
  Tant Que ((valeur_absolue(xi-xj)>delta) ET (NON bornes_depassées)) Faire
    // calcul principal de la méthode de Newton
    xi ← xj
    xj ← xi - ( f(xi) / fprime(xi) )
    bornes_depassées ← (NON ((xj>=déb_inter) ET (xj<=fin_inter)) )
    Écrire(" Itération ",nb_iterations,": ",xi)
    nb_iterations ← nb_iterations+1
  FinTantQue
  Si (NON bornes_depassées) Alors   code_retour ← VRAI
  Sinon                             code_retour ← FAUX
  FinSi
  val_rac ← xj
  retourner code_retour
Fin

// --- Procédure qui mémorise l'intervalle et le point de départ ---
Procédure mémorise_interv_racine(@nbrac,x_point_dep,xa,xb)
Déclarations
  Paramètre  nbrac                 en Entier
  Paramètres xa,xb,x_point_dep    en Réels
Début
  tab_deb_interv_racines[nbrac]    = xa
  tab_fin_interv_racines[nbrac]    = xb
  tab_depart_interv_racines[nbrac] = x_point_dep
  nbrac ← nbrac+1
Fin

// -- Fonction outil retournant le signe d'un réel --
Fonction signe(x) en Caractère
```

```
Déclaration
   Paramètre x                    en Réel_Long
   Variable  signe_à_retourner en Caractère
Début
   Si (x >= 0) Alors  signe_à_retourner ← '+'
   Sinon              signe_à_retourner ← '-'
   FinSi
   retourner signe_à_retourner
Fin
// ----Procédure outil d'affichage des fonctions----
Procédure affiche_fonctions()
Déclaration
 Variable i en Entier
Début
 // -- Affichage de l'équation de la fonction f(x) --
 Écrire("f(x) = ")
 Pour i variant de degré_f à 0 par pas de -1 Faire
   Si (i = 0) Alors     Écrire(tab_f_coeff[i])
   Sinon                Écrire("tab_f_coeff[i],"x",i)
   FinSi
   Si (i <> 0) Alors    Écrire("  +  ")
   Sinon                Écrire("")
   FinSi
 FinPour
 // -- Affichage de l'équation de la fonction f'(x) --
 Écrire("f'(x) = ")
 Pour i variant de degré_fprime à 0 par pas de -1 Faire
   Si (i = 0) Alors     Écrire(tab_fprime_coeff[i])
   Sinon                Écrire("tab_fprime_coeff[i],"x",i)
   FinSi
   Si (i <> 0) Alors    Écrire("  +  ")
   Sinon                Écrire("")
   FinSi
 FinPour
// -- Affichage de l'équation de la fonction f"(x) --
 Écrire("f"(x) = ")
 Pour i variant de degré_fseconde à 0 par pas de -1 Faire
   Si (i = 0) Alors     Écrire(tab_fseconde _coeff[i])
   Sinon                Écrire("tab_fseconde _coeff[i],"x",i)
   FinSi
   Si (i <> 0) Alors    Écrire("  +  ")
   Sinon                Écrire("")
   FinSi
 FinPour
Fin

// ----Procédure outil d'affichage des signes des fonctions----
Procédure affichage_signe_fonctions(xa,xb,sfa,sfb,sfpa,sfpb,sfsa,sfsb)
Déclarations
  Paramètres xa,xb                       en Réels
  Paramètres sfa,sfb,sfpa,sfpb,sfsa,sfsb en Caractères
Début
  Écrire("[",xa,",",xb,"]")
```

```
  Écrire("signe de f  (",xa,")=,",sfa ," signe de f  (",xb,")=,",sfb )
  Écrire("signe de f' (",xa,")=,",sfpa," signe de f' (",xb,")=,",sfpb)
  Écrire("signe de f"(",xa,")=,",sfsa," signe de f"(",xb,")=,",sfsb)
Fin

// ----Procédure de calcul des signes des fonctions----
Procédure calcule_signe_fonctions(xa,xb,@sfa,@sfb,@sfpa,@sfpb,@sfsa,@sfsb)
Déclarations
  Paramètres xa,xb                        en Réels
  Paramètres sfa,sfb,sfpa,sfpb,sfsa,sfsb en Caractères
Début
  // calcul du signe de f(xa) et de f(xb)
  sfa  ← signe(f(xa));
  sfb  ← signe(f(xb));
  // calcul du signe de f'(xa) et de f'(xb)
  sfpa ← signe(fprime(xa));
  sfpb ← signe(fprime(xb));
  // calcul du signe de f"(xa) et de f"(xb)
  sfsa ← signe(fseconde(xa));
  sfsb ← = signe(fseconde(xb));
Fin
```

Les programmes sources C, C++ et Java téléchargeables qui implémentent cet algorithme se nomment respectivement : `resolution_equation.c`, `resolution_equation.cpp`, `resolution_equation.java`.

La commande de compilation pour le programme C est :

```
$ cc -o resolution_equation -lm resolution_equation.c
```

La commande de compilation pour le programme C++ est :

```
$ make resolution_equation
```

La commande de compilation pour le programme Java est :

```
$ javac resolution_equation.java
```

La syntaxe pour exécuter le programme compilé Java est :

```
$ java resolution_equation
```

Voici un exemple d'exécution du programme. Les données saisies correspondent à celles de la figure 8.5. Le degré de l'équation est 3. Les valeurs saisies, –1, –2, 5 et 4.5 (utiliser le point décimal pour les programmes exécutables provenant des sources C et C++, et la virgule décimale pour le programme Java) correspondent aux coefficients de l'équation :

$$f(x) = -x^3 - 2x^2 + 5x + 4{,}5$$

Un premier affichage rappelle les formes de $f(x)$, $f'(x)$ et $f''(x)$ où `x3` représente $x^3$, `x2` représente $x^2$ et `x1` représente $x^1$.

L'intervalle de recherche des racines saisi est : [-100 , 100].

Un premier traitement recherche les intervalles encadrant les racines et détermine, pour chacun, le point de départ (borne inférieure ou supérieure de l'intervalle) :

- Un premier intervalle [-4 , -3] est trouvé avec les trois conditions suivantes remplies :
- $f(-4)$ et $f(-3)$ sont de signes différents, respectivement + et -.
- $f'(-4)$ et $f'(-3)$ sont du même signe -.
- $f''(-4)$ et $f''(-3)$ sont du même signe +.
- Le point de départ choisi est -4, car $f(-4)$ est du même signe de $f''(-4)$.
- Un deuxième intervalle [-1 , +0] est trouvé mais avec seulement les deux premières conditions remplies :
- $f(-1)$ et $f(+0)$ sont de signes différents, respectivement - et +.
- $f'(-1)$ et $f'(+0)$ sont du même signe +.
- Mais, $f''(-1)$ et $f''(+0)$ sont de signes différents. Une recherche d'un intervalle plus fin situé à l'intérieur de [-1,+0] est initiée. L'intervalle [-0,8 , -0,7] est trouvé, respectant les trois conditions.
- Le point de départ choisi est -0,7, car $f(-0,7)$ est du même signe de $f''(-0,7)$.
- Un troisième intervalle [+1 , +2] est trouvé avec les trois conditions suivantes remplies :
- $f(+1)$ et $f(+2)$ sont de signes différents, respectivement + et -.
- $f'(+1)$ et $f'(+2)$ sont du même signe -.
- $f''(+1)$ et $f''(+2)$ sont du même signe -.
- Le point de départ choisi est +2, car $f(+2)$ est du même signe de $f''(+2)$.

Le traitement suivant recherche les trois racines à partir des points de départ sélectionnés.

À partir de $x = -4$, la racine $x_1 = -3{,}136670$ est trouvée en cinq itérations.

À partir de $x = -0{,}7$, la racine $x_2 = -0{,}757428$ est trouvée en trois itérations.

À partir de $x = +2$, la racine $x_3 = +1{,}894098$ est trouvée en quatre itérations.

Pour chaque racine $x_1$, $x_2$, $x_3$, on vérifie que $f(x_1) = f(x_2) = f(x_3) = 0$

```
$ resolution_equation
Degré de l'équation à résoudre : 3

Coefficient de x à la puissance 3 : -1
Coefficient de x à la puissance 2 : -2
Coefficient de x à la puissance 1 : 5
Coefficient de x à la puissance 0 : 4.5

Affichage de la fonction et de ses dérivées :
f(x)   =  -1.00 x3   +   -2.00 x2   +    5.00 x1   +    4.50
```

```
f'(x)  =  -3.00 x2   +   -4.00 x1   +    5.00
f"(x)  =  -6.00 x1   +   -4.00

Intervalle de recherche des racines (ex: -10.5  10.5): -100 100

--- Recherche des intervalles encadrant les racines ---
--- et des points de départ                          ---

Une racine dans l'intervalle : [ -4.00 , -3.00 ]
  [-4.00 , -3.00] signe de f (-4.00)  = +   signe de f(-3.00)   = -
  [-4.00 , -3.00] signe de f'(-4.00)  = -   signe de f'(-3.00)  = -
  [-4.00 , -3.00] signe de f"(-4.00) = +   signe de f"(-3.00) = +
  Point de départ : -4.00

Une racine dans l'intervalle : [ -1.00 , +0.00 ]
  [-1.00 , +0.00] signe de f (-1.00)  = -   signe de f(+0.00)   = +
  [-1.00 , +0.00] signe de f'(-1.00)  = +   signe de f'(+0.00)  = +
  [-1.00 , +0.00] signe de f"(-1.00) = +   signe de f"(+0.00) = -
  => le signe de f"(-1.00)= +  est différent du signe de f"(+0.00)= -
  => ajustement de l'intervalle:
     [-1.00 , -0.90] signe de f (-1.00)  = -   signe de f(-0.90)   = -
     [-1.00 , -0.90] signe de f'(-1.00)  = +   signe de f'(-0.90)  = +
     [-1.00 , -0.90] signe de f"(-1.00) = +   signe de f"(-0.90) = +

     [-0.90 , -0.80] signe de f (-0.90)  = -   signe de f(-0.80)   = -
     [-0.90 , -0.80] signe de f'(-0.90)  = +   signe de f'(-0.80)  = +
     [-0.90 , -0.80] signe de f"(-0.90) = +   signe de f"(-0.80) = +

     [-0.80 , -0.70] signe de f (-0.80)  = -   signe de f(-0.70)   = +
     [-0.80 , -0.70] signe de f'(-0.80)  = +   signe de f'(-0.70)  = +
     [-0.80 , -0.70] signe de f"(-0.80) = +   signe de f"(-0.70) = +

     Sous intervalle retenu par l'ajustement : [-0.80 , -0.70]
     Point de départ : -0.70

Une racine dans l'intervalle : [ +1.00 , +2.00 ]
  [+1.00 , +2.00] signe de f (+1.00)  = +   signe de f(+2.00)   = -
  [+1.00 , +2.00] signe de f'(+1.00)  = -   signe de f'(+2.00)  = -
  [+1.00 , +2.00] signe de f"(+1.00) = -   signe de f"(+2.00) = -
  Point de départ : +2.00

--- Recherche des  3  racines ---

Intervalle [ -4.00 , -3.00 ]  point de départ = -4.00
   Itération   1  :  -4.000000
   Itération   2  :  -3.388889
   Itération   3  :  -3.168338
   Itération   4  :  -3.137272
   Itération   5  :  -3.136670

   Racine trouvée =  -3.136670
   Vérification   :   f(-3.136670) = +0.000000
```

```
Intervalle [ -0.80 , -0.70 ]  point de départ = -0.70
   Itération   1  :  -0.700000
   Itération   2  :  -0.757346
   Itération   3  :  -0.757428

   Racine trouvée =  -0.757428
   Vérification   :  f(-0.757428) = +0.000000

Intervalle [ +1.00 , +2.00 ]  point de départ = +2.00
   Itération   1  :  +2.000000
   Itération   2  :  +1.900000
   Itération   3  :  +1.894118
   Itération   4  :  +1.894098

   Racine trouvée =  +1.894098
   Vérification   :  f(+1.894098) = +0.000000
```

# 9

# Les algorithmes classiques

Il existe, en algorithmique, quelques grands classiques. Ils présentent généralement les solutions que des mathématiciens devenus célèbres ont apportées à des problèmes initialement complexes. C'est le cas des algorithmes de chemin optimal, de compression ou de chiffrement de données. Ce chapitre en présente deux : le plus court chemin de Dijkstra et la compression de données de Huffman.

## 1. Algorithme du plus court chemin de Dijkstra

L'algorithme du plus court chemin a été proposé par Edsger Dijkstra en 1959. Il trouve le plus court chemin entre deux points situés dans un graphe. Ses applications sont nombreuses et vont du calcul de l'itinéraire dans un réseau routier à la recherche du routage optimal dans un réseau informatique.

### 1.1. Rappel sur les graphes

Un graphe est un ensemble de points dont certains sont reliés deux à deux par un lien. Les points sont nommés *sommets* ou *nœuds* du graphe.

Un lien entre les sommets A et B est nommé *arête*, s'il est bidirectionnel (de A vers B et de B vers A), et *arc*, s'il est unidirectionnel (de A vers B uniquement ou de B vers A uniquement). Un graphe ne possédant que des arêtes est dit *non orienté*, tandis qu'un graphe possédant des arcs est dit *orienté*. Une arête peut être représentée par deux arcs inversés. Le déplacement à pied dans les rues d'une ville peut être modélisé par un graphe non orienté, chaque rue pouvant être parcourue dans les deux sens. Au contraire, le déplacement en voiture impose le respect des sens interdits, la modélisation de ce mode circulation s'appuie donc sur un graphe orienté.

Enfin, la distance séparant les sommets peut être identique entre tous les sommets du graphe ou différente selon les arcs. Dans ce dernier cas, on parle d'un graphe *valué* ou *pondéré*, chaque arc ayant un poids spécifique. C'est la représentation d'un réseau routier dans lequel les routes ont des longueurs différentes.

Dans le cas général, un graphe peut avoir des arêtes (ou des arcs) *multiples*, soit des sommets en relation avec plusieurs autres sommets. Enfin, un arc peut être une boucle, si le sommet pointe sur lui-même.

Les *arbres*, comme les *arbres binaires* présentés au chapitre 5, sont des cas particuliers de graphe dans lesquels les sommets sont hiérarchisés. Chaque sommet est alors le *père* d'autres sommets appelés *fils*. Dans un arbre, aucun lien ne remonte d'un fils vers un ancêtre.

## 1.2. Description de l'algorithme

L'algorithme de Dijkstra construit, par-dessus un graphe valué, un arbre des plus courts chemins du sommet de départ, appelé *racine*, vers tous les autres sommets du graphe. Cet algorithme impose que les poids des arêtes (ou des arcs) soient tous positifs ou nuls (aucune distance négative).

Il fait partie des algorithmes dits « gloutons » car il construit à chaque étape une extension de l'arbre en ajoutant le sommet dont la distance est minimale à un instant donné. Il utilise une pondération des sommets qui évolue et indique la distance de chaque sommet à la racine et il colorie les sommets en noir dès qu'ils sont intégrés à l'arbre.

Initialement, tous les sommets possèdent une pondération infinie (aucun chemin connu vers la racine), ils sont coloriés en blanc (ils n'appartiennent pas à l'arbre) et ne possèdent pas de père puisqu'ils ne sont pas dans l'arbre.

À la première étape, le sommet de départ est choisi, son poids est mis à 0 et il est coloré en noir pour indiquer qu'il fait partie de l'arbre. Son père est inexistant, c'est la racine.

À la deuxième étape, l'algorithme étudie, parmi les sommets blancs, les sommets $t$, adjacents au dernier sommet $s$ ajouté à l'arbre (la racine pour l'étape 1). Pour chaque sommet $t$, il additionne le poids de $s$ à la valeur de l'arc $(s,t)$. Si le résultat est inférieur au poids actuel du sommet $t$ étudié, il devient le nouveau poids de $t$, et le sommet $s$ devient le nouveau père de $t$. Le poids et le père de chaque sommet adjacent à $s$ sont ainsi mis à jour.

La troisième étape sélectionne, parmi tous les sommets blancs, celui qui possède le poids le plus faible et le colorie en noir pour l'ajouter à l'arbre. Ce sommet devient le dernier sommet ajouté à l'arbre.

L'algorithme recommence à partir de l'étape 2 jusqu'à ce que tous les sommets soient coloriés en noir. L'arbre est alors fini. Chaque sommet possède un poids indiquant la distance du plus court chemin qui le mène à la racine. En remontant de père en père à partir du sommet d'arrivée, on effectue le chemin inverse vers le sommet de départ, la racine de l'arbre. La figure 9.1 présente les étapes de cet algorithme.

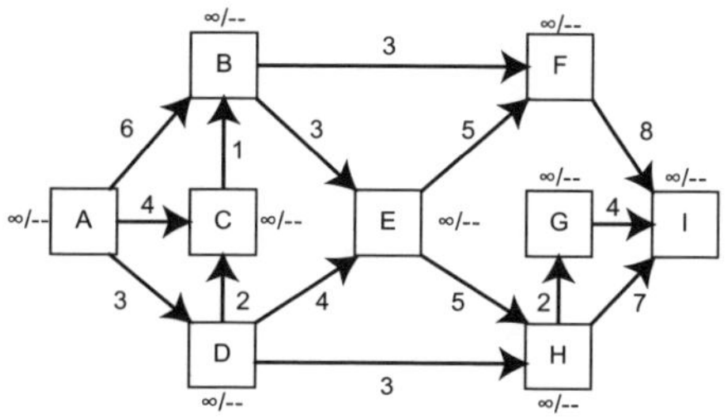


*Étape 0 : L'ensemble des sommets est initialisé.*

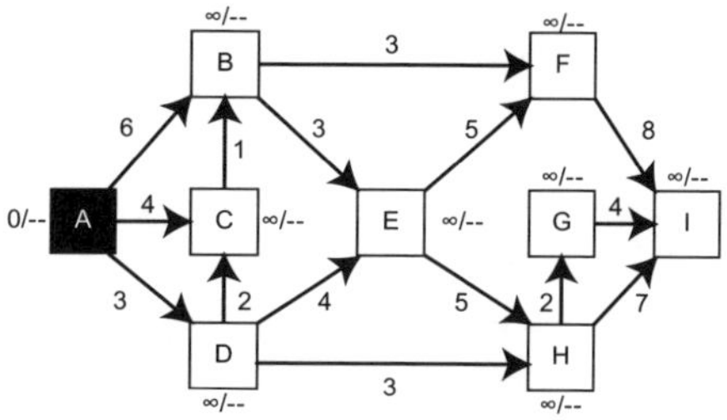


*Étape 1 : Le sommet de départ (A) est choisi.*
*Son poids est mis à 0. Il est colorié en noir.*

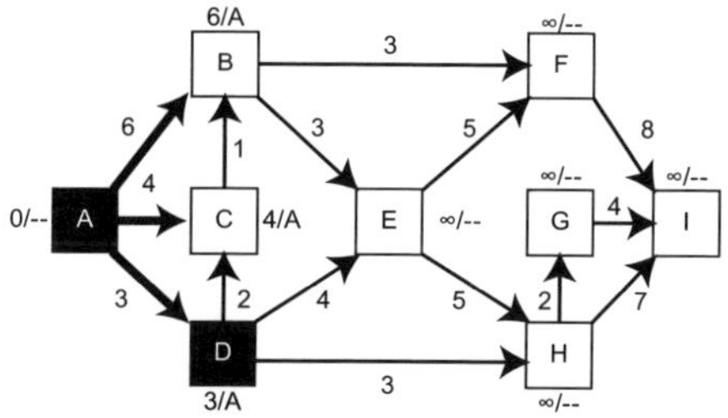


*Étape 2 : Les sommets blancs adjacents sont étudiés.*
*Les poids et pères de B, C et D sont mis à jour.*
*Étape 3 : Le sommet D de poids minimal est choisi.*

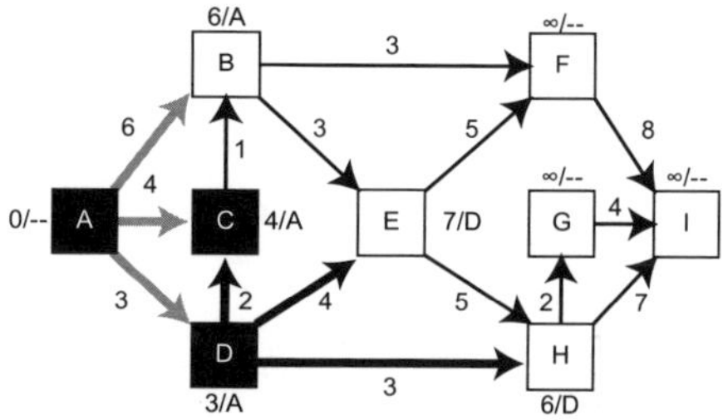


*Étape 2 : Les poids et pères de E et H sont mis à jour.*
*C est inchangé.*
*Étape 3 : Le sommet C de poids minimal est choisi.*

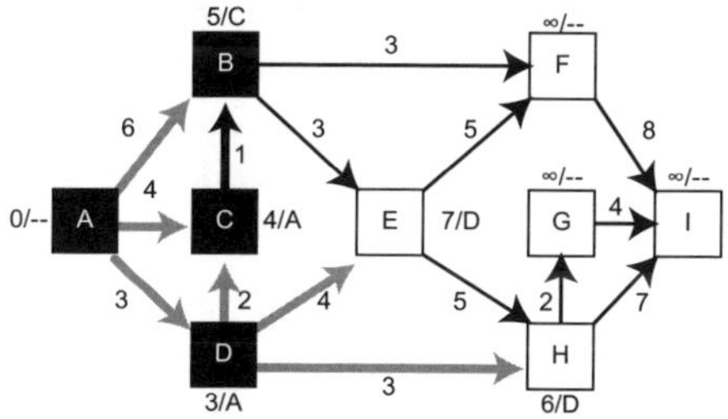


*Étape 2 : Le poids et le père de B sont mis à jour.*
*Étape 3 : Le sommet B de poids minimal est choisi.*

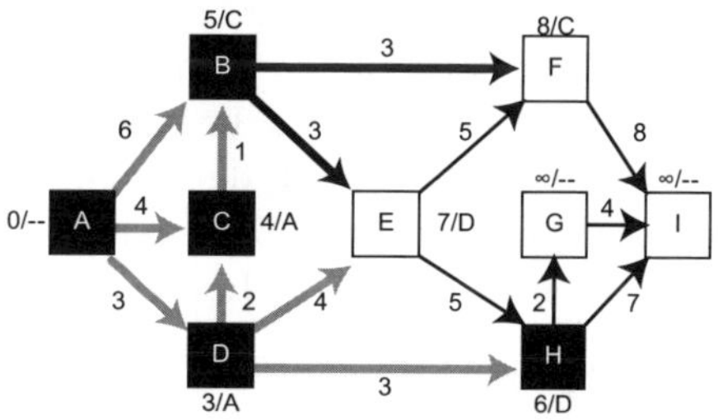


*Étape 2 : Le poids et le père de F sont mis à jour.*
*E est inchangé.*
*Étape 3 : Le sommet H de poids minimal est choisi.*

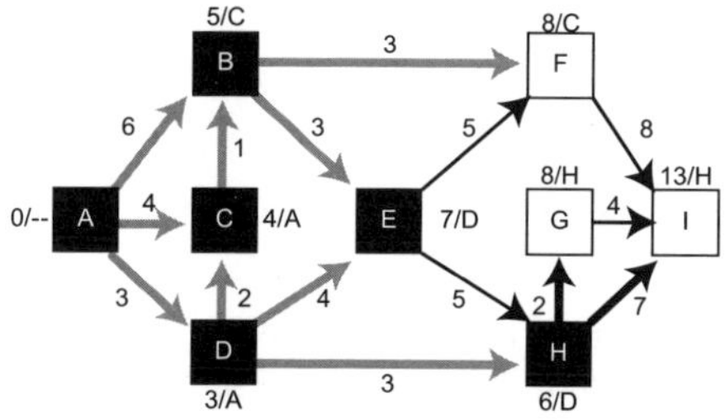


*Étape 2 : Les poids et pères de G et I sont mis à jour.*
*Étape 3 : Le sommet E de poids minimal est choisi.*

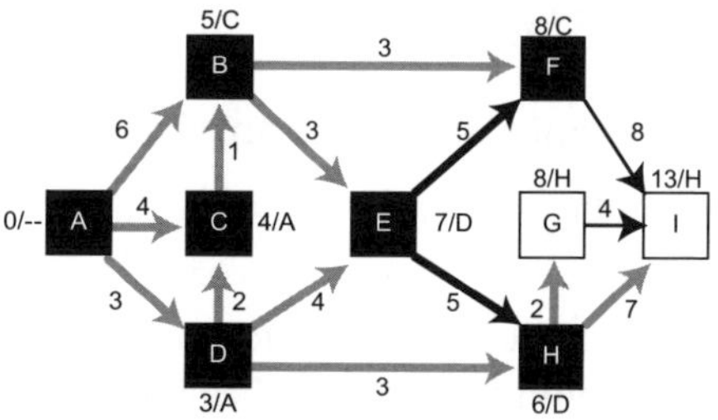


*Étape 2 : H et F sont inchangés.*
*Étape 3 : Le sommet F de poids minimal est choisi.*

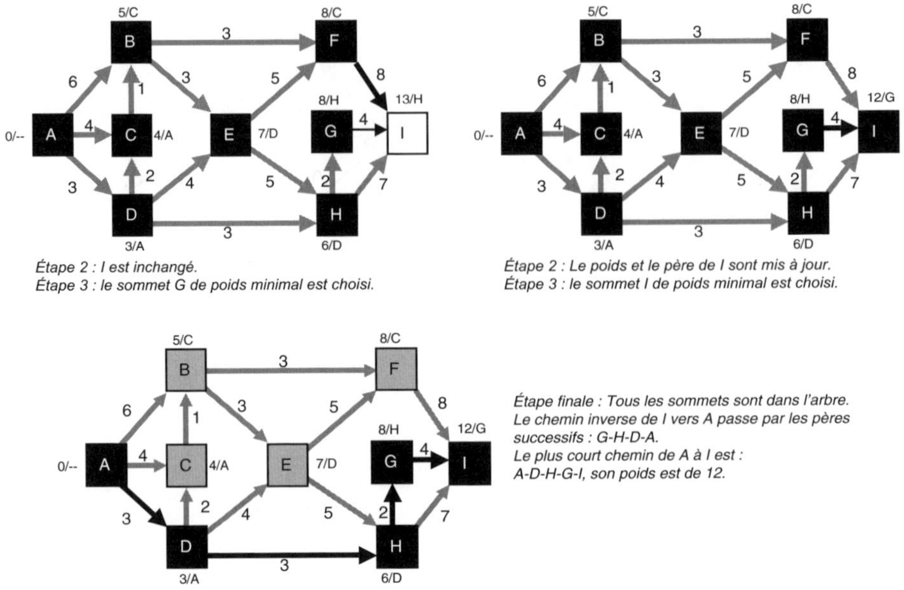


**Figure 9.1** • Étapes de l'algorithme.

À l'étape 0, tous les sommets ont une pondération infinie. À l'étape 1, le sommet de départ A est colorié en noir et intégré à l'arbre. À l'étape 2, les sommets blancs B, C, D, adjacents à A, sont étudiés. Le poids de D prend la valeur 3 (poids de A = 0 + valeur de l'arc A – D = 3), le poids de C prend la valeur 4, celui de B prend la valeur 6. Parmi tous les sommets blancs, D est celui qui possède le poids le plus faible, il est colorié en noir et intégré à l'arbre. Les étapes 2 et 3 se poursuivent sur les autres sommets.

À la fin, chaque sommet contient les informations permettant de trouver le chemin inverse (vers A), donc d'en déduire le plus court chemin à partir du sommet de départ. Ainsi, le plus court chemin de A vers I est A-D-H-G-I, son poids est de 12.

## 1.3. L'algorithme

### Implémentation des données

Un graphe peut être représenté par un tableau à deux dimensions ou par des listes chaînées.

Dans le cas de l'implémentation sous la forme d'un tableau, les lignes et les colonnes sont les sommets du graphe, chaque case au croisement de la ligne *s1* et de la colonne *s2* contient la valeur de l'arc (*s1*,*s2*) du graphe. Si le graphe est non orienté, le tableau est symétrique par rapport à sa diagonale, la distance de *s1* à *s2* est la même que celle de *s2* à *s1*. La diagonale du tableau ne contient que des valeurs à 0 : quel que soit le sommet *s*, l'arc (*s*,*s*) est égal à 0. Les cases « vides » sont affectées par une valeur représentant l'infini, par exemple 99999, pour indiquer qu'il n'existe pas d'arc.

L'avantage de cette représentation est sa simplicité. La valeur de l'arc (*s1,s2*) est fournie par la case de ligne *s1* et de colonne *s2*. L'inconvénient majeur est l'occupation inutile d'espace mémoire. La plupart des cases sont vides (chaque sommet n'a de relation qu'avec quelques sommets seulement). Dans le cas de graphes importants, elle doit être évitée.

La figure 9.2 présente le tableau correspondant au graphe de la figure 9.1.

| | A | B | C | D | E | F | G | H | I |
|---|---|---|---|---|---|---|---|---|---|
| A | 0 | 6 | 4 | 3 | 99999 | 99999 | 99999 | 99999 | 99999 |
| B | 99999 | 0 | 99999 | 99999 | 3 | 3 | 99999 | 99999 | 99999 |
| C | 99999 | 1 | 0 | 99999 | 99999 | 99999 | 99999 | 99999 | 99999 |
| D | 99999 | 99999 | 2 | 0 | 4 | 99999 | 99999 | 3 | 99999 |
| E | 99999 | 99999 | 99999 | 99999 | 0 | 5 | 99999 | 5 | 99999 |
| F | 99999 | 99999 | 99999 | 99999 | 99999 | 0 | 99999 | 99999 | 8 |
| G | 99999 | 99999 | 99999 | 99999 | 99999 | 99999 | 0 | 99999 | 4 |
| H | 99999 | 99999 | 99999 | 99999 | 99999 | 99999 | 2 | 0 | 7 |
| I | 99999 | 99999 | 99999 | 99999 | 99999 | 99999 | 99999 | 99999 | 0 |

**Figure 9.2** • Tableau des arcs.

L'autre représentation en listes chaînées précise pour chaque sommet *s* la liste des sommets adjacents. Les informations portées par les éléments de la liste sont le « nom » du sommet adjacent et sa distance à *s*. La liste des sommets peut être aussi une liste chaînée ou un tableau « colonne ». Cette représentation minimise l'occupation mémoire, mais elle est moins simple à programmer. La figure 9.3 présente un tableau « colonne » de listes chaînées.

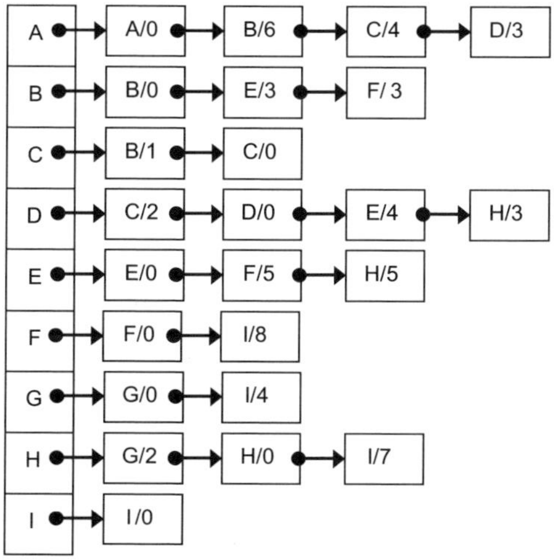


**Figure 9.3** • Listes chaînées des arcs.

Le programme suivant utilise un tableau à deux dimensions, afin de privilégier la présentation de l'algorithme et non la gestion plus complexe des listes chaînées. Ce programme pourra cependant être aisément modifié pour utiliser ces dernières, comme cela est présenté au chapitre 3.

## Le programme

Le programme suivant implémente l'algorithme du plus court chemin. Les principales procédures et fonctions sont :

- `procédure dijkstra_initialise(num_sommet_depart)`. Initialisation des sommets.
- `fonction dijkstra_recherche_sommmet_poids_min()`. Recherche du sommet de poids minimal.
- `procédure dijkstra_colorier_sommet(num_sommet)`. Colorie un sommet en noir, pour l'intégrer à l'arbre.
- `procédure dijkstra_calcule_poids_sommets_adjacents(num_sommet)`. Met à jour le poids des sommets adjacents.
- `procédure dijkstra_affiche_plus_court_chemin(num_sommet)`. Affiche, dans le bon sens, le plus court chemin, du sommet de départ à `num_sommet`.

Les autres sous-programmes n'interviennent pas directement dans l'algorithme. C'est, par exemple, le cas de `chargement_sommets()` qui charge les sommets à partir d'un fichier.

**« Pseudo-code »**

```
// ===========================
// === programme principal ===
// ===========================
Programme dijkstra
Déclarations
  // Des constantes
  Constante NBSOMMETS          =  1000
  Constante TAILLE_NOM_FICHIER =  100
  Constante TAILLE_NOM         =  50
  Constante NB_COLONNES        =  2
  Constante NON_TROUVE         =  -1
  Constante INCONNU            =  -1
  Constante INFINI             =  99999
  // Des types communs
  Type global Type_couleur en énumération
                              blanc, noir
                     Fin énumération
  Type global Sommet  en Enregistrement
                              champ nom      en Chaîne
                              champ pere     en Entier
                              champ poids    en Entier
                              champ couleur  en Type_couleur
                Fin d'Enregistrement
```

```
  // tableau des sommets
  Variable globale tab_sommets en Tableau[NBSOMMETS]          de Sommet
  // tableau des arcs valués
  Variable globale tab_arcs    en Tableau[NBSOMMETS][NBSOMMETS] d'Entiers
  // tableau des noms des arcs
  Variable global tab_arcs_noms en Tableau[NBSOMMETS][NBSOMMETS] de Chaînes
  // variables globales
  Variable globale nbsommets  en Entier
  Variable globale NomFichier en Chaînes
  // variables du programme
  Variables sommet_depart, sommet_arrivee         en Chaînes
  Variables num_sommet_depart, num_sommet_arrivee en Entiers
  Variable  num_sommet_poids_min                  en Entier
Début
  nbsommets ← 0
  Si (chargement_sommets() <>  NON_TROUVE ) Alors
    Si (chargement_arcs()  <>  NON_TROUVE ) Alors
      num_sommet_depart ← choix_sommet("de départ")
      Si (num_sommet_depart <>  NON_TROUVE) Alors
        num_sommet_arrivee ← choix_sommet("d'arrivée")
        Si (num_sommet_arrivee <>  NON_TROUVE) Alors
          // ===  Algorithme de Djikstra ===
          // -- initialisation des sommets --
          dijkstra_initialise(num_sommet_depart)
          // -- recherche du sommet de poids minimal --
           Tant Que((num_sommet_poids_min ← dijkstra_recherche_sommmet_
poids_min()) <>  NON_TROUVE) Faire
            // ce sommet est colorié en noir
            dijkstra_colorier_sommet(num_sommet_poids_min)
            // on met à jour le poids des sommets adjacents
          dijkstra_calcule_poids_sommets_adjacents(num_sommet_poids_min)
          FinTantQue
          // affiche le plus court chemin à partir du sommet d'arrivée
          dijkstra_affiche_plus_court_chemin(num_sommet_arrivee)
        FinSi
      FinSi
    FinSi
  FinSi
Fin

// ======================
// ===  sous-programmes ===
// ======================

// -- chargement du tableau des sommets --
Fonction chargement_sommets()
Déclarations
  Variable  fsommets                 en Fichier
  Variables NomFichierSommets, nom  en Chaînes
  Variable  code_retour              en Entier
Début
  code_retour ← 0
```

```
  Écrire("Nom du graphe : ")
  Lire(NomFichier)
  fsommets ← ouvrir(NomFichierSommets,"lecture")
  Si (fsommets =  PAS_OUVERT) Alors
    code_retour ← NON_TROUVE
    Écrire("fichier ",NomFichierSommets," non trouvé !")
  Sinon
    Tant Que(NON Fin_de_fichier(fsommets)) Faire
      Si (Lire(fsommets,nom) <>  FIN_DE_FICHIER) Alors
         tab_sommets[nbsommets].nom ← nom
         nbsommets ← nbsommets+1
      FinSi
    FinTantQue
  FinSi
  fermer(fsommets)
  retourner code_retour
Fin

// -- sélection d'un sommet --
Fonction choix_sommet(texte)
Déclarations
  Paramètre texte     en Chaînes
  Variables i, choix  en Entiers
Début
  Pour i variant de 0 à nbsommets-1 Faire
    Écrire(i+1,tab_sommets[i].nom)
  FinPour
  Écrire("Saisissez le numéro du sommet : ")
  Écrire(texte)
  Lire(choix)
  choix ← choix-1
  Si ((choix >= nbsommets) OU (choix<0)) Alors
    Écrire("Choix erroné !")
    choix ← NON_TROUVE
  FinSi
  retourner choix
Fin

// -- chargement du tableau des arcs --
fonction chargement_arcs()
Déclarations
 Variables farcs, farcsnoms                       en Fichiers
 Variables NomFichierArcs, NomFichierNomsArcs     en Chaînes
 Variable  nomarcs                                en Chaînes
 Variables code_retour, i, j                      en Entiers
Début
 code_retour        ← 0
 NomFichierArcs     ← Concaténer(NomFichier,"_arcs.txt")
 NomFichierNomsArcs ← Concaténer(NomFichier,"_noms.txt")
 farcs ← ouvrir(NomFichierArcs,"lecture")
 Si(farcs = PAS_OUVERT) Alors
   code_retour ← NON_TROUVE
   Écrire("fichier ", NomFichierArcs," non trouvé")
```

```
 SinonSi((farcsnoms ← ouvrir(NomFichierNomsArcs,"lecture")) = PAS_OUVERT)
   code_retour ← NON_TROUVE
   Écrire("fichier ", NomFichierNomsArcs," non trouvé")
 Sinon
   Pour i variant de 0 à nbsommets-1 Faire
     Pour j variant de 0 à nbsommets-1 Faire
       Lire(farcs,tab_arcs[i][j])
       Lire(farcsnoms,nomarcs)
       tab_arcs_noms[i][j] ← nomarcs
     FinPour
   FinPour
 FinSi
 fermer(farcs)
 retourner code_retour
Fin

//--DIJKSTRA procédure d'initialisation: couleurs,pondérations,pères--
Procédure dijkstra_initialise(num_sommet_depart)
Déclarations
 Paramètre num_sommet_depart en Entier
 Variables i, ponderation    en Entiers
Début
  Pour i variant de 0 à nbsommets-1 Faire
    Si (i =  num_sommet_depart) Alors
        ponderation ← 0
    Sinon
        Ponderation ← INFINI
    FinSi
    tab_sommets[i].poids    ←  ponderation
    tab_sommets[i].pere     ←  INCONNU
    tab_sommets[i].couleur ←  blanc
  FinPour
Fin
// -- DIJKSTRA fonction de recherche du sommet de poids minimal --
Fonction dijkstra_recherche_sommmet_poids_min()
Déclarations
 Variables i, num_sommet, poids_min en Entiers
Début
  num_sommet ← NON_TROUVE
  poids_min  ← INFINI
  Pour i variant de 0 à nbsommets-1 Faire
    Si ((tab_sommets[i].couleur = blanc) ET (tab_sommets[i].poids < poids_
min)) Alors
      poids_min   ←  tab_sommets[i].poids
      num_sommet  ←  i
    FinSi
  FinPour
  retourner num_sommet
Fin
// -- DIJKSTRA procédure de coloriage en noir d'un sommet --
Procédure dijkstra_colorier_sommet(num_sommet)
Déclaration
  Paramètre num_sommet en Entier
```

```
Début
  tab_sommets[num_sommet].couleur ←  noir
Fin
// -- DIJKSTRA procédure de calcul du poids des sommets adjacents --
Procédure dijkstra_calcule_poids_sommets_adjacents(num_sommet)
Déclaration
  Paramètre num_sommet                    en Entier
  Variables num_adjacent, nouveau_poids en Entiers
Début
  Pour num_adjacent variant de 0 à nbsommets-1 Faire
    nouveau_poids ←  tab_sommets[num_sommet].poids + tab_arcs[num_sommet]
[num_adjacent]
    Si ((tab_sommets[num_adjacent].couleur =  blanc) ET (nouveau_poids<tab_
sommets[num_adjacent].poids)) Alors
      tab_sommets[num_adjacent].poids ←  nouveau_poids
      tab_sommets[num_adjacent].pere  ←  num_sommet
    FinSi
  FinPour
Fin

// -- DIJKSTRA procédure d'affichage du plus court chemin --
Procédure dijkstra_affiche_plus_court_chemin(sommet_arrive)
Déclarations
  Paramètre sommet_arrive                               en Entier
  Variables num_s, nbsommets, i                         en Entiers
  Variables num_s1,num_s2, sommet_depart                en Entiers
  Variables tab_chemin_inverse en Tableau[NBSOMMETS+1] d'Entiers
Début
  num_s     ← sommet_arrive
  nbsommets ← 1

  Si (tab_sommets[sommet_arrive].poids = INFINI) Alors
    Écrire("Aucun chemin n'existe !")
  Sinon
    tab_chemin_inverse[0]← sommet_arrive
    Tant Que (num_s <> INCONNU) Faire
      tab_chemin_inverse[nbsommets] ← num_s
      nbsommets     ← nbsommets+1
      sommet_depart ← num_s
      num_s         ←  tab_sommets[num_s].pere
    FinTantQue
    Écrire("Plus court chemin pour aller\n")
    Écrire("   de ",tab_sommets[sommet_depart].nom)
    Écrire("   à  ",tab_sommets[sommet_arrive].nom)
    Pour i variant de nbsommets-1 à 1 par pas de -1 Faire
      num_s1 ← tab_chemin_inverse[i]
      Si(num_s1 =  sommet_arrive) Alors
        Écrire("vous êtes arrivé à ,",tab_sommets[num_s1].nom)
        Écrire("vous avez parcouru ")
        Écrire(tab_sommets[sommet_arrive].poids," mètres")
      Sinon
        num_s2 ← tab_chemin_inverse[i-1]
        Écrire("de     ",tab_sommets[num_s1].nom)
```

```
            Écrire("suivre ",tab_arcs_noms[num_s1][num_s2])
            Écrire("vers   ",tab_sommets[num_s2].nom)
            Écrire("sur    ",tab_arcs[num_s1][num_s2]," mètres")
        FinSi
    FinPour
  FinSi
Fin
```

Les programmes sources C, C++ et Java téléchargeables qui implémentent cet algorithme se nomment respectivement : `dijkstra.c`, `dijkstra.cpp`, `dijkstra.java`.

La commande de compilation pour les programmes C et C++ est :

```
$ make dijkstra
```

La commande de compilation pour le programme Java est :

```
$ javac dijkstra.java
```

La syntaxe pour exécuter le programme compilé Java est :

```
$ java dijkstra
```

Les fichiers utilisés par ce programme et qui contiennent les sommets, les arcs et le nom des arcs sont : `graphe_fig9.1_arcs.txt`, `graphe_fig9.1_noms.txt`, `graphe_fig9.1_sommets.txt`. Voici leur contenu :

```
$ cat graphe_fig9.1_arcs.txt
0      6      4      3      99999  99999  99999  99999  99999
99999  0      99999  99999  3      3      99999  99999  99999
99999  1      0      99999  99999  99999  99999  99999  99999
99999  99999  2      0      4      99999  99999  3      99999
99999  99999  99999  99999  0      5      99999  5      99999
99999  99999  99999  99999  99999  0      99999  99999  8
99999  99999  99999  99999  99999  99999  0      99999  4
99999  99999  99999  99999  99999  99999  2      0      7
99999  99999  99999  99999  99999  99999  99999  99999  0

$ cat graphe_fig9.1_noms.txt
A-A    A-B    A-C    A-D    Aucun  Aucun  Aucun  Aucun  Aucun
Aucun  B-B    Aucun  Aucun  B-E    B-F    Aucun  Aucun  Aucun
Aucun  C-B    C-C    Aucun  Aucun  Aucun  Aucun  Aucun  Aucun
Aucun  Aucun  D-C    D-D    D-E    Aucun  Aucun  D-H    Aucun
Aucun  Aucun  Aucun  Aucun  E-E    E-F    Aucun  E-H    Aucun
Aucun  Aucun  Aucun  Aucun  Aucun  F-F    Aucun  Aucun  F-I
Aucun  Aucun  Aucun  Aucun  Aucun  Aucun  G-G    Aucun  G-I
Aucun  Aucun  Aucun  Aucun  Aucun  Aucun  H-G    H-H    H-I
Aucun  Aucun  Aucun  Aucun  Aucun  Aucun  Aucun  Aucun  I-I

$ cat graphe_fig9.1_sommets.txt
A B C D E F G H I
```

Voici un exemple d'exécution de ce programme :

```
$ dijkstra
Nom du graphe : graphe_fig9.1
 1: A                                           2: B
 3: C                                           4: D
 5: E                                           6: F
 7: G                                           8: H
 9: I
Saisissez le numéro du sommet de départ :1
 1: A                                           2: B
 3: C                                           4: D
 5: E                                           6: F
 7: G                                           8: H
 9: I
Saisissez le numéro du sommet d'arrivée :9
Plus court chemin pour aller
   de A
   à  I
de A  suivre A-D  vers D  (3 m)
de D  suivre D-H  vers H  (3 m)
de H  suivre H-G  vers G  (2 m)
de G  suivre G-I  vers I  (4 m)
vous êtes arrivé à I, vous avez parcouru 12 m
```

## 1.4. Application au calcul d'itinéraire

L'application immédiate au calcul d'un itinéraire est très simple, car l'algorithme ne dépend pas des données mais simplement de leur représentation en un graphe valué et éventuellement orienté. Il suffit de remplacer les sommets A, B, etc., par des noms de places ou de croisements de rues comme Place_de_la_Bastille, Croist_Fb_Temple/Jules_Ferry, etc., de mettre à jour le tableau des arcs avec les vraies distances et de remplacer le nom des arcs par le nom des rues comme Avenue_Parmentier, Rue_de_la_Roquette.

La complétude des fichiers permet d'avoir un programme qui calcule le trajet dans un arrondissement de Paris, dans toute la ville ou dans toute la France. Le programme reste le même (sous réserve d'utiliser les listes chaînées pour un graphe important comme un pays).

Voici un exemple d'exécution de ce programme sur un fichier des places et des rues du 11e arrondissement de Paris (seules quelques rues et places sont présentées).

```
$ dijkstra
Nom du graphe : paris
 1: Place_de_la_République              2: Croist_Fb_Temple/Jules_Ferry
 3: Croist_Rue_du_Fb_Temple/Parmentier  4: Croist_Fb_Temple/St_Maur
 5: Croist_Fb_Temple/Belleville         6: Croist_Temple/Filles_du_Calv.
 7: Croist_Voltaire/Oberkampf           8: Croist_Av_Républiq/R_Lenoir
 9: Croist_R_Lenoir/Oberkampf          10: Croist_Parmentier/Oberkampf
11: Croist_St_Maur/Oberkampf           12: Croist_Belleville/Oberkampf
```

```
13: Croist_Temple/Filles_du_Calv.       14: Croist_R_Lenoir/Voltaire
15: Croist_Av_République/St_Maur        16: Place_Auguste_Métivier
17: Place_de_la_Bastille                 18: Place_Léon_Blum
...

Saisissez le numéro du sommet de départ :15
 1: Place_de_la_République              2: Croist_ Fb_Temple/Jules_Ferry
 3: Croist_Rue_du_Fb_Temple/Parmentier 4: Croist_Fb_Temple/St_Maur
 5: Croist_Fb_Temple/Belleville         6: Croist_Temple/Filles_du_Calv.
 7: Croist_Voltaire/Oberkampf           8: Croist_Av_Républiq/R_Lenoir
 9: Croist_R_Lenoir/Oberkampf          10: Croist_Parmentier/Oberkampf
11: Croist_St_Maur/Oberkampf           12: Croist_Belleville/Oberkampf
13: Croist_Temple/Filles_du_Calv.      14: Croist_R_Lenoir/Voltaire
15: Croist_Av_République/St_Maur       16: Place_Auguste_Métivier
17: Place_de_la_Bastille                18: Place_Léon_Blum
...

Saisissez le numéro du sommet d'arrivée :18
Plus court chemin pour aller
   de Croist_Av_République/St_Maur
   à  Place_Léon_Blum
de Croist_Av_République/St_Maur suivre Rue_St_Maur  vers Croist_ Chemin_
Vert/Rue_St_Maur  (417 m)
de Croist_Chemin_Vert/Rue_St_Maur  suivre Rue_du_Chemin_Vert  vers
Croist_Chemin_Vert/Av_Parmentier  (250 m)
de Croist_Chemin_Vert/Av_Parmentier  suivre Avenue_Parmentier  vers
Place_Léon_Blum  (333 m)
vous êtes arrivé à Place_Léon_Blum, vous avez parcouru 1000 m
```

# 2. Algorithme de compression de données de Huffman

## 2.1. La compression de données

Une des méthodes de la compression de données, nommée *codage à redondance minimale*, consiste à limiter le nombre de bits nécessaires au codage d'une information. Ainsi, si une couleur prend quatre états (jaune, cyan, magenta, noir), alors deux bits suffisent pour la coder. Nous aurons, par exemple, jaune = 00, cyan = 01, magenta = 10, noir = 11. Cette notion du nombre optimal de bits pour coder une information se nomme l'*entropie*.

L'*entropie* permet de déduire le taux théorique de compression de données, à partir de la *fréquence* d'apparition des symboles dans un ensemble de données. La notion de symbole s'applique à toute information – une couleur, une lettre, etc. – qui doit être compressée.

L'entropie peut être calculée à partir du logarithme en base 2 de la fréquence. Ainsi $-\log_2(^1/_4) = 2$, ce qui indique que 2 bits suffisent pour coder une information dont la fréquence ou la probabilité d'apparition est de 1 sur 4, comme les couleurs précédentes.

La figure 9.4 présente les fréquences d'apparition de cinq symboles parmi un ensemble de 87 éléments (ici des lettres), ainsi que leur entropie respective. L'entropie totale est de 193,456062. En théorie, en utilisant 2,857981 bits pour coder la lettre 'A' qui apparaît 12 fois, 2,195016 bits pour coder la lettre 'B' qui apparaît 19 fois, etc., il suffit de 193,456062 bits pour coder la totalité des 87 symboles. Bien sûr, le nombre réel de bits se rapproche de cette valeur théorique car chaque symbole ne peut être codé que sur un nombre entier de valeurs binaires.

| Symbole | Fréquence | Entropie du symbole | Entropie totale |
|---|---|---|---|
| A | 12/87 | 2,857981 | 34,295772 |
| B | 19/87 | 2,195016 | 41,705304 |
| C | 9/87 | 3,273018 | 29,457166 |
| D | 20/87 | 2,121015 | 42,420308 |
| E | 27/87 | 1,688056 | 45,577512 |
| | | TOTAL | 193,456062 |

**Figure 9.4** • Entropie des symboles.

Avec un codage sur 8 bits, taille usuelle pour le codage d'un caractère avec accentuation, le nombre total de bits serait de $8 \times 87 = 696$ bits. Le codage sur un nombre optimal de bits permet un gain substantiel puisque le taux de compression théorique est de : 1 - (193,456062/696) = 72,20 %.

La compression de données s'accompagne de deux processus. Le premier *encode* les données avec ou sans perte d'information, le second les *décode* pour retrouver l'état initial ou approché en cas de perte d'information. La compression avec perte d'information obtient de meilleurs taux de compression, au détriment de la qualité. Elle s'applique aux domaines où la restitution d'une donnée dégradée n'est pas préjudiciable à sa perception. C'est le cas des images au format jpeg, très utiles aux appareils photo numériques, et des musiques au format mpeg3 stockées sur les baladeurs numériques. Dans ces deux cas, l'œil ou l'oreille s'accommode parfaitement de la perte de qualité de l'information initiale.

## 2.2. Description de l'algorithme

### Principe

Le codage de Huffman a été mis au point par David Huffman en 1952. C'est un algorithme de compression sans perte de données, qui s'appuie sur un codage à redondance minimal, dont le principe est présenté à la section précédente : les symboles les plus fréquents sont codés avec un nombre minimal de bits.

Le taux de compression dépend en grande partie de la répartition des fréquences des différents symboles. Si chacun d'eux possède une fréquence proche des autres, le taux de compression sera moyen. Si certains symboles sont très fréquents et d'autres peu, le taux de compression sera important, puisque de nombreux symboles (ceux ayant une fréquence élevée) auront un codage réduit.

Ce n'est pas l'algorithme qui possède le meilleur taux de compression, mais il permet un codage et un décodage rapides des données.

La compression se déroule en trois étapes :

- la construction du tableau des fréquences ;
- la construction de l'arbre de Huffman ;
- le codage des données : écriture de l'en-tête et des données codées.

La décompression se déroule en trois étapes :

- la lecture de l'en-tête des données compressées ;
- la reconstruction de l'arbre de Huffman ;
- le décodage des données.

### Le tableau des fréquences

La construction du tableau des fréquences est une étape simple. Un premier parcours des données comptabilise les occurrences de chaque symbole et le rapporte au nombre total de symboles pour en déduire la fréquence.

Il est généralement préférable de conserver un simple tableau d'occurrences de valeurs entières en lieu et place d'un tableau de fréquences afin de faciliter l'écriture de l'en-tête des données à partir de valeurs entières. Cependant, cela limite souvent le traitement des données à un maximum de 4 Go (plus grande valeur sur 32 bits).

### La construction de l'arbre de Huffman

La construction de l'arbre de Huffman fait partie des processus de compression et de décompression. À partir du tableau des occurrences triées par ordre croissant, on construit un tableau (ou une liste de nœuds) dans lequel chaque nœud porte l'information d'un symbole et de son nombre d'occurrences. La figure 9.5 présente le processus à partir des données de la figure 9.4.

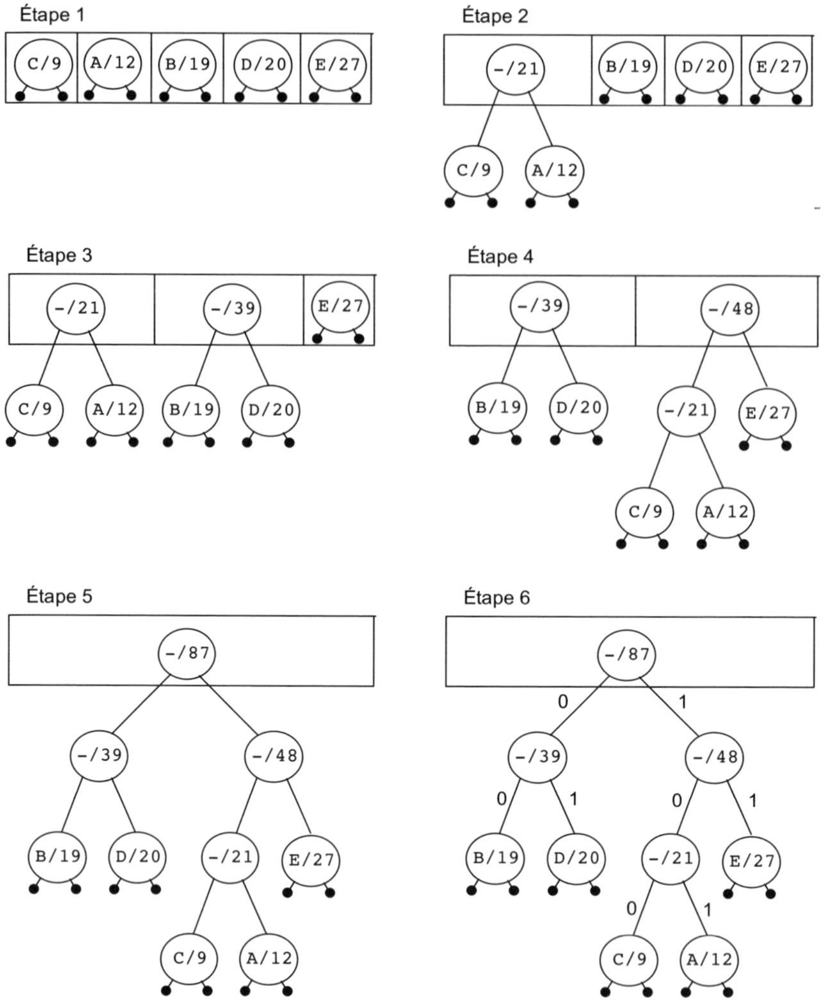


**Figure 9.5** • Construction de l'arbre de Huffman.

À chaque étape, les deux nœuds ayant le nombre d'occurrences le plus faible sont « fusionnés » et un nouveau nœud est créé. Il devient leur père et possède une occurrence égale à la somme des occurrences de ses fils. De proche en proche, l'arbre de Huffman est construit. On obtient le codage binaire de chaque symbole en parcourant l'arbre jusqu'à la feuille du symbole et en ajoutant un 0 si on descend vers la gauche et un 1, si le nœud est situé à droite. En pratique, il est préférable de parcourir une seule fois l'arbre et de conserver le codage binaire de chaque symbole dans un dictionnaire.

Le résultat de la construction de l'arbre de Huffman produit les codages binaires suivants pour les symboles de la figure 9.5 : B=00; D=01; E=11; C=100; A=101.

**Attention**

La figure 9.5 démontre que l'ordre initial des symboles influe directement sur la construction de l'arbre. Ainsi, deux symboles possédant le même nombre d'occurrences pourraient être triés dans un ordre inversé selon la procédure de tri, ce qui produirait un codage binaire également inversé.

Si l'ordre des symboles n'est pas rigoureusement le même en codage et en décodage, le processus de construction de l'arbre de Huffman produira un arbre différent dans chacune de ces phases.

Pour assurer l'unicité de l'arbre de Huffman dans les deux phases, il est nécessaire de conserver le tableau des occurrences dans l'en-tête des données codées.

## Le codage des données

Le codage de Huffman a la particularité de proposer un ensemble de codes binaires disjoints : un codage court, par exemple sur 2 bits, ne peut être le préfixe d'un codage plus long, sur 3 ou 4 bits. Cette propriété est indispensable pour permettre un décodage univoque de la suite des valeurs binaires.

Le codage des données est une étape simple : chaque symbole est remplacé par son codage binaire. La difficulté réside dans le traitement de codes binaires plus courts ou plus longs que l'octet. C'est un processus technique dépendant des primitives disponibles dans chaque langage de programmation.

La figure 9.6 montre comment coder les symboles de la figure 9.5.

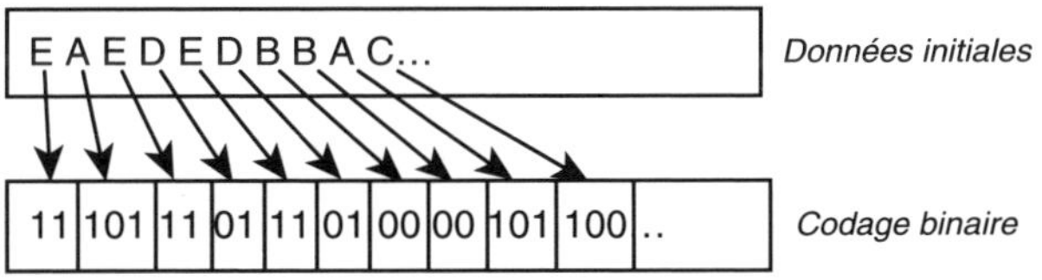


**Figure 9.6** • Codage des données.

Comme cela a été évoqué précédemment, la cohérence du décodage impose de générer un en-tête de données, qui contient les informations nécessaires à la reconstruction de l'arbre de Huffman. Cet en-tête est principalement constitué du tableau des occurrences qui a permis de construire l'arbre. S'il est trop volumineux, le fichier résultat possède un taux de compression moindre puisque le gain des données compressées est diminué du surcoût de l'en-tête. Il est donc important de minimiser le nombre d'octets utilisés pour écrire cette partie.

Malgré cela, on peut aboutir, pour des petits fichiers, à des taux de compression négatifs, si le surcoût des octets de l'en-tête dépasse le gain du codage des données. Mais nous arrivons à la limite de l'intérêt même de la compression qui n'a de sens que sur des données volumineuses.

### Le décodage des données

Le processus de décodage lit l'en-tête puis reconstruit l'arbre de Huffman.

Les données binaires sont ensuite lues, valeur binaire par valeur binaire. À chaque recherche d'un nouveau symbole à décoder, on part de la racine de l'arbre, on descend à gauche si la valeur binaire lue est un 0, vers la droite si c'est un 1 jusqu'à arriver à une feuille. La feuille contient le symbole décodé. Le processus recommence jusqu'à ce que toutes les valeurs binaires aient été interprétées.

Le codage univoque trouve ici toute sa logique, la suite de valeurs binaires ne peut produire qu'un seul parcours de l'arbre jusqu'à une feuille.

## 2.3. L'algorithme

Les procédures et les fonctions suivantes sont communes au processus de compression et de décompression :

- `Procédure huffman_initialise_TabOcurrences ()`. Initialise le tableau des occurrences.
- `Procédure huffman_initialise_Dictionnaire()`. Initialise le dictionnaire des codes binaires des symboles.
- `Procédure huffman_initialise_TA(TA)`. Initialise le tableau des nœuds de l'arbre.
- `Procédure huffman_construire_arbre_binaire()`. Construit l'arbre de Huffman.

Les sous-programmes suivants sont propres au processus de compression :

- `Procédure huffman_creer_code(arbre,code,niveau)`. Génère le code binaire des symboles par un parcours préfixé de l'arbre.
- `Fonction huffman_compression(NomFichier)`. Procédure principale de compression.
- `Procédure huffman_ecrire_entete(fcible)`. Écrit l'en-tête dans le fichier compressé.
- `Procédure huffman_ecrire_codage(fsource,fcible)`. Écrit les codages binaires des symboles dans le fichier compressé.
- `Fonction huffman_calcule_occurrences(nomfichier)`. Calcule les occurrences des symboles du fichier à compresser.

Les sous-programmes suivants sont propres au processus de décompression :

- `Fonction huffman_decompression(NomFichierSource)`. Procédure principale de décompression.
- `Procédure huffman_lire_entete(fentree)`. Lit l'en-tête du fichier compressé.
- `Fonction huffman_lire_codage(fsource,fcible)`. Lit les codes binaires du fichier compressé et décode les symboles.
- `Fonction huffman_calcule_taille_fichier(fentree)`. Calcule la taille du fichier à décompresser.

Les autres sous-programmes n'interviennent pas directement dans l'algorithme.

Voici le programme C `huffman.c` :

**« Pseudo-code »**

```
// ======================
// = programme principal =
// ======================
Programme huffman
Déclarations
  Constante FICHIER_NON_TROUVE ← -1
  Constante CIBLE_NON_GENEREE  ← -2
  Constante MAX_SYMBOLES        ← 256
  Constante MAX_OCCURRENCES     ← 255
  Constante MAX_NOM             ← 255
  Constante GAUCHE              ← 0
  Constante DROITE              ← 1
  Constante BITS8               ← 8
  Constante TAILLE_TAB_OCTETS  ← 20

// --- structure arbre Huffman ---
Type global arbre_huffman en Enregistrement
     Champ  symbole         en Caractère
     Champ  occurrence      en Entier_non_signé
     Champ  code_binaire    en Entier_non_signé
     Champ  nb_bits         en Entier_non_signé
     Champs gauche, droite  en Pointeur d'arbre_huffman
   Fin d'Enregistrement
// --- structure dictionnaire ---
Type global dico en Enregistrement
     Champ code_binaire     en Entier_non_signé
     Champ nb_bits          en Entier_non_signé
   Fin d'Enregistrement

// --- variables globales ---
Variable  globale  NbOctFichierNonCompresse en Entier_non_signé
Variable  globale  NbOctFichierCompresse    en Entier_non_signé
Variables globales NbOctEntete,NbOctDonnees en Entiers_non_signés
Variables globales NbSymboles                en Entiers_non_signés
Variables globales MaxOcurrences,MaxNbBits  en Entiers_non_signés
Variable  globale  TabOcurrences en Tableau[MAX_SYMBOLES] d'Entiers_non_signés
Variable   globale   TabArbres   en   Tableau[MAX_SYMBOLES]de   Pointeurs
d'arbre_huffman
Variable  globale Racine en Pointeur d'arbre_huffman
Variable  globale Dictionnaire en Tableau[MAX_SYMBOLES] de dico
// --- variables du programme ---
Variable  retour                              en Entier
Variables NomFichierAComp, NomFichierADecomp en Chaînes
Variable  compression_decompression           en Caractère

Début
  NbOctFichierNonCompresse ← 0
```

```
  NbOctFichierCompresse     ← 0
  NbOctEntete               ← 0
  NbOctDonnees              ← 0
  NbSymboles                ← 0
  MaxOcurrences             ← 0
  MaxNbBits                 ← 0
  Racine                    ← AUCUNE_ADRESSE

  Écrire("Compression (c) ou décompression (d) : ")
  Lire(compression_decompression)
  Si (compression_decompression = 'c') Alors
    Écrire("Nom du fichier à compresser : ")
    Lire(NomFichierAComp)
    retour ← huffman_compression(NomFichierAComp)
    Si (retour = FICHIER_NON_TROUVE) Alors
        Écrire ("Fichier non trouvé :",NomFichierAComp)
    FinSi
  Sinon
    Écrire("Nom du fichier à décompresser : ")
    Lire(NomFichierADecomp)
    retour ← huffman_decompression(NomFichierADecomp)
    Si (retour = FICHIER_NON_TROUVE) Alors
        Écrire ("Fichier non trouvé :",NomFichierADecomp)
    FinSi
  FinSi
Fin

// =========================
// = compression du fichier =
// =========================
Fonction huffman_compression(NomFichierSource)
Déclarations
  Paramètre  NomFichierSource en Chaîne
  Variable   code_retour      en Entier
  Variables  fsource,fcible   en Fichiers
  Variable   TauxCompression  en Reél
Début
  code_retour ← huffman_calcule_occurrences(NomFichierSource)
  Si(code_retour <> FICHIER_NON_TROUVE) Alors
     huffman_initialise_Dictionnaire()
     huffman_initialise_TA(TabArbres)
     tri_TA_occurrences(TabArbres)
     huffman_construire_arbre_binaire()
     huffman_creer_code(Racine,0,0)
     // génération du nom du fichier cible
     NomFichierCible ← Concaténer(NomFichierSource,".huff ")
     fsource ← ouvrir(NomFichierSource,"lecture")
     fcible  ← ouvrir(NomFichierCible,"écriture")
     Si (fcible = PAS_OUVERT) Alors
       code_retour ← CIBLE_NON_GENEREE
     Sinon
       huffman_ecrire_entete(fcible)
       huffman_ecrire_codage(fsource,fcible)
```

```
        affiche_rapport()
        fermer(fcible)
      FinSi
      fermer(fsource)
    FinSi
    retourner code_retour
Fin
// --- initialisation du tableau des occurrences ---
Procédure huffman_initialise_TabOcurrences()
Déclarations
  Variable i en Entier
Début
  Pour i variant de 0 à MAX_SYMBOLES-1 Faire
     TabOcurrences[i] ← 0
  FinPour
Fin
// --- calcul des occurrences des symboles dans le fichier source ---
Fonction huffman_calcule_occurrences(NomFichier) en Entier
Déclarations
  Paramètre NomFichier                     en Chaînes
  Variables i,code_retour,resultat_lecture en Entiers
  Variable  octet                          en Caractère
  Variable  fsource                        en Fichier
Début
  code_retour ← 0
  huffman_initialise_TabOcurrences()
  fsource ← ouvrir(NomFichier,"lecture")
  Si (fsource = PAS_OUVERT) Alors
    code_retour ← FICHIER_NON_TROUVE
  sinon
    Tant Que (NON Fin_de_fichier(fsource)) faire
      resultat_lecture ← Lire(fsource,octet)
      Si (resultat_lecture <> FIN_DE_FICHIER) Alors
        TabOcurrences[octet]       ← TabOcurrences[octet]+1
        NbOctFichierNonCompresse  ← NbOctFichierNonCompresse+1
      FinSi
    FinTantQue
    fermer(fsource)
    // on mémorise le nombre maximal d'occurrences
    Pour i variant de 0 à MAX_SYMBOLES-1 Faire
      Si (TabOcurrences[i]>MaxOcurrences) Alors
          MaxOcurrences ← TabOcurrences[i]
      FinSi
    FinPour
  FinSi
  retourner code_retour
Fin
// --- initialise le dictionnaire ---
Procédure huffman_initialise_Dictionnaire()
Déclarations
  Variables i,j  en Entiers
Début
  Pour i variant de 0 à MAX_SYMBOLES-1 Faire
```

```
    Dictionnaire[i].code_binaire ← 0
    Dictionnaire[i].nb_bits      ← 0
  FinPour
Fin
// --- initialise le tableau des arbres ---
Procédure huffman_initialise_TA(TA)
Déclarations
  Paramètre TA en Tableau[] de Pointeurs d'arbre_huffman
  Variables i,j  en Entiers
  Variable arbre en Pointeur d'arbre_huffman
Début
  j ← 0
  Pour i variant de 0 à MAX_SYMBOLES-1 Faire
    TA[i] ← AUCUNE_ADRESSE
  FinPour
  Pour i variant 0 à MAX_SYMBOLES-1 Faire
    Si (TabOcurrences[i] <> 0) Alors
      arbre ← allouer(arbre_huffman))
      (*arbre).gauche       ← AUCUNE_ADRESSE
      (*arbre).droite       ← AUCUNE_ADRESSE
      (*arbre).symbole      ← i
      (*arbre).code_binaire ← 0
      (*arbre).nb_bits      ← 0
      (*arbre).occurrence   ← TabOcurrences[i]
      TA[j] ← arbre
      j ← j+1
    FinSi
  FinPour
Fin
// --- construction de l'arbre binaire  ---
Procédure huffman_construire_arbre_binaire()
Déclarations
  Variable  i  en Entier
  Variables arbre_gauche,arbre_droite,nouvel_arbre en Pointeur d'arbre_huffman
  Variable  TA en Tableau[MAX_SYMBOLES] de Pointeurs d'arbre_huffman
Début
  // on travaille sur une copie de TabArbres
  Pour i variant de 0 à MAX_SYMBOLES-1 Faire
    TA[i] ← TabArbres[i]
  FinPour
  Tant Que (TA[1] <> AUCUNE_ADRESSE) Faire
    // on fusionne les arbres 0 et 1
    // le résultat est rangé en 0
    arbre_gauche ← TA[0]
    arbre_droite ← TA[1]
    nouvel_arbre ← allouer(arbre_huffman))
     (*nouvel_arbre).occurrence ← (*arbre_gauche).occurrence + (*arbre_
droite).occurrence
    (*nouvel_arbre).gauche  ← arbre_gauche
    (*nouvel_arbre).droite  ← arbre_droite
    (*nouvel_arbre).symbole ← 0
    TA[0] ← nouvel_arbre
    // on décale la case 1 à la fin et on l'affecte à AUCUNE_ADRESSE
```

```
    i ← 1
    Tant Que ((i<MAX_SYMBOLES-1) ET (TA[i] <> AUCUNE_ADRESSE)) Faire
      TA[i] ← TA[i+1]
      i     ← i+1
    FinTantQue
    TA[i] ← AUCUNE_ADRESSE
    // on trie le tableau
    tri_TA_occurrences(TA)
  FinTantQue
  Racine ← TA[0]
Fin
// --- procédure de tri par occurrences---
Procédure tri_TA_occurrences(TA)
Déclarations
  Paramètre TA      en Tableau[] de Pointeurs d'arbre_huffman
  Variables i,j,val en Entiers
  Variable  arbre   en Pointeur d'arbre_huffman
Début
  i ← 0
  // boucle de traitement
  Tant Que ((i<MAX_SYMBOLES) ET (TA[i] <> AUCUNE_ADRESSE)) Faire
    arbre ← TA[i]
    val   ← (*arbre).occurrence
    // boucle de déplacement des éléments de gauche plus petits
    j ← i
    Tant Que ((j>0) ET (val<((*TA[j-1]).occurrence))) Faire
      TA[j] ← TA[j-1]
      j     ← j-1
    FinTantQue
   // insertion de la valeur à sa place
    TA[j] ← arbre
    i     ← i+1
  FinTantQue
Fin
// ---- création du code par un parcours préfixé de l'arbre ---
Procédure huffman_creer_code(arbre,code,niveau)
Déclaration
  Paramètre  arbre         en Pointeur d'arbre_huffman
  Paramètres code, niveau en Entiers_non_signés
Début
  // détection d'une feuille
  Si (((*arbre).gauche = AUCUNE_ADRESSE) ET ((*arbre).droite = AUCUNE_ADRESSE))
Alors
    (*arbre).nb_bits        ← niveau
    (*arbre).code_binaire ← code
    // on mémorise le code dans le dictionnaire
    Dictionnaire[(*arbre).symbole].code_binaire ← code
    Dictionnaire[(*arbre).symbole].nb_bits       ← niveau
    NbSymboles ← NbSymboles+1
    Si (niveau > MaxNbBits) Alors
       MaxNbBits ← niveau
    FinSi
  Sinon
```

```
      // nouvel appel avec ajout d'un 0 à droite du code
      // ce qui revient  multiplier par 2
      code ← code*2
      huffman_creer_code((*arbre).gauche,code,niveau+1)
      // nouvel appel avec ajout d'un 1 à droite du code
      // ce qui revient à multiplier par 2 et à ajouter 1
      code ← (code*2)+1

      huffman_creer_code((*arbre).droite,code,niveau+1)
    FinSi
Fin
// --- écriture de l'en-tête ---
Procédure huffman_ecrire_entete(fcible)
Déclarations
    Paramètre fcible en Fichier
     Variables statiques nb_octets_occ←1,nb_octets_code_binaire←1,res←0
en Entiers
    Variables i,j,k                      en Entier_non_signé
    Variables occurrence_a_ecrire,code_binaire_a_ecrire en Entier_non_signé
    Variable  taille_fichier_source    en Entier_non_signé
    Variable  taille_Entier_non_signé  en Entier_non_signé
    Variable  tab_octets en Tableau[TAILLE_TAB_OCTETS] de Caractère
    Variable  arbre      en Pointeur d'arbre_huffman
Début
    // 3 octets=écriture des infos nécessaires à la lecture de l'en-tête
    // premier octet = le nombre de symboles sauvegardés : 256 symboles
    //      0 à 255 pour indiquer 1 à 256 symboles
    //      (on retire -1 pour éviter le passage à 0 pour la valeur 256)
    Écrire(fcible,NbSymboles-1)
    NbOctEntete ← NbOctEntete+1

    // deuxième octet = nombre d'octets utilisés (nb_octets_occ)
    //                  pour écrire la valeur occurrence d'un symbole
    res ← MaxOcurrences
    Tant Que ((res ← (res/256)) <>0) Faire
      nb_octets_occ ← nb_octets_occ+1
    FinTantQue
    Écrire(fcible,nb_octets_occ)
    NbOctEntete  ← NbOctEntete+1

    // troisième octet = nombre d'octets utilisés pour écrire
    //                   le code binaire d'un symbole
    res ← MaxNbBits
    nb_octets_code_binaire ← (MaxNbBits/BITS8)+1
    Écrire(fcible,nb_octets_code_binaire)
    NbOctEntete ← NbOctEntete+1

    // 4 octets = écriture de la taille du fichier
    //            source en nombre d'octets
    taille_fichier_source   ← NbOctFichierNonCompresse
    taille_Entier_non_signé ← Taille_de(Entier_non_signé)
    Pour i variant de 0 à taille_Entier_non_signé-1 Faire
      j ← taille_Entier_non_signé-i-1
```

```
    tab_octets[j] ← taille_fichier_source
    // décalage d'un octet à droite ce qui revient à diviser par 256
    taille_fichier_source ← taille_fichier_source/256
  FinPour
  Pour i variant de 0 à taille_Entier_non_signé-1 Faire
    Écrire(fcible,tab_octets[i])
    NbOctEntete ← NbOctEntete+1
  FinPour
  Pour k variant de 0 à NbSymboles-1 Faire
    // pour chaque élément de TabArbres on écrit :
    // -un octet pour le symbole
    // -nb_octets_occ octets pour la valeur de l'occurrence du symbole
    // -nb_octets_code_binaire octets pour le code binaire du symbole

    // -- écriture du symbole sur un octet --
    Écrire(fcible,(*TabArbres[k]).symbole)
    NbOctEntete ← NbOctEntete+1

    // -- écriture du nombre d'occurrences sur nb_octets_occ octets --
    occurrence_a_ecrire ← (*TabArbres[k]).occurrence
    Pour i variant de 0 à nb_octets_occ-1 Faire
      j ← nb_octets_occ-i-1
      tab_octets[j] ← occurrence_a_ecrire
      // décalage d'un octet à droite ce qui revient à diviser par 256
      occurrence_a_ecrire ← occurrence_a_ecrire/256
    FinPour
    Pour i variant de 0 à nb_octets_occ-1 Faire
      Écrire(fcible,tab_octets[i])
      NbOctEntete ← NbOctEntete+1
    FinPour

    // --écriture du code_binaire sur nb_octets_code_binaire octets--
    code_binaire_a_ecrire ← (*TabArbres[k]).code_binaire
    Pour i variant de 0 à nb_octets_code_binaire-1 Faire
      j ← nb_octets_code_binaire-i-1
      tab_octets[j] ← code_binaire_a_ecrire
      // décalage d'un octet à droite ce qui revient à diviser par 256
      code_binaire_a_ecrire ← code_binaire_a_ecrire/256
    FinPour
    Pour i variant de 0 à nb_octets_code_binaire-1 Faire
      Écrire(fcible,tab_octets[i])
      NbOctEntete ← NbOctEntete+1
    FinPour

    // -- écriture du nombre de bits sur un octet --
    Écrire(fcible,(*TabArbres[k]).nb_bits)
    NbOctEntete ← NbOctEntete+1
  FinPour
Fin
// --- écriture du codage ---
Procédure huffman_ecrire_codage(fsource,fcible)
Déclarations
  Paramètres fsource, fcible                      en Fichiers
```

```
  Variables  code_binaire_symbole, nb_bits_symbole en Entier_non_signé
  Variable   nb_bits_Entier_non_signé             en Entier_non_signé
  Variables  octet, octet_a_ecrire                en Caractère
  Variables  resultat_lecture,resultat_ecriture,nb_bits_tampon en Entiers
  Variable   tampon                               en Entier_non_signé
Début
  nb_bits_tampon ← 0
  tampon         ← 0

  nb_bits_unsigned_int ← Taille_de(Entier_non_signé)*BITS8
  Tant Que((resultat_lecture ← Lire(fsource,octet))<>FIN_DE_FICHIER) Faire
    code_binaire_symbole ← Dictionnaire[octet].code_binaire
    nb_bits_symbole      ← Dictionnaire[octet].nb_bits

    // on positionne le code_binaire_symbole afin
    // de l'ajouter à la fin du tampon
    // étape 1 : on déplace les valeurs binaires complètement à gauche
    // ce qui revient à multiplier par :
    //           2 à la puissance (nb_bits_unsigned_int-nb_bits_symbole)
     code_binaire_symbole ← (code_binaire_symbole*puissance(2,(nb_bits_
unsigned_int-nb_bits_symbole)))
    // étape 2 : on déplace les valeurs binaires
    //          à droite de nb_bits_tampon ce qui revient à diviser
    //          par 2 à la puissance nb_bits_tampon
   code_binaire_symbole ← (code_binaire_symbole/puissance(2,nb_bits_tampon))

    // on range le code binaire à la fin du tampon en l'additionnant
    tampon ← tampon + code_binaire_symbole
    nb_bits_tampon ← nb_bits_tampon + nb_bits_symbole

    // on regarde si le tampon contient plusieurs octets de données
    Tant Que ((nb_bits_tampon/BITS8)>0) Faire
      // alors on écrit un octet dans le fichier ce qui revient à diviser
     // par 2 à la puissance nb_bits_unsigned_int-BITS8 pour avoir l'octet
      // le plus à gauche du tampon en partie droite du
      // résultat du calcul
      octet_a_ecrire ← (tampon/puissance(2,(nb_bits_unsigned_int-BITS8)))
      Écrire(fcible,octet_a_ecrire)
      NbOctDonnees   ← NbOctDonnees+1
     // on retire l'octet du tampon, ce qui revient à décaler de BITS8 bits
      // sur la gauche donc à multiplier par 256
      tampon ← tampon*256
      // et on met à jour son nombre de bits
      nb_bits_tampon ← nb_bits_tampon-BITS8
    FinTantQue
  FinTantQue
  // si le tampon contient encore des bits significatifs, on les écrit
  Si (nb_bits_tampon <>0) Alors
    octet_a_ecrire ← (tampon/puissance(2,(nb_bits_unsigned_int-BITS8)))
    Écrire(fcible,octet_a_ecrire)
    NbOctDonnees ← NbOctDonnees+1
    tampon       ← tampon*puissance(2,nb_bits_tampon)
    nb_bits_tampon        ← 0
```

```
    NbOctFichierCompresse ← NbOctFichierCompresse+1
  FinSi
  NbOctFichierCompresse   ← NbOctEntete + NbOctDonnees
Fin

// ====================================
// = décompression du fichier source =
// ====================================
Fonction huffman_decompression(NomFichierSource) en Entier
Déclarations
  Paramètre NomFichierSource    en Chaîne
  Variables code_retour         en Entiers
  Variable  NomFichierCible     en Chaîne
  Variables fsource, fcible     en Fichiers
Début
  code_retour ← 0

  // génération du nom du fichier cible
  NomFichierCible ← concatenation(NomFichierSource,".decomp")

  fsource ← ouvrir(NomFichierSource,"lecture")
  Si (fsource = PAS_OUVERT) Alors
    code_retour ← FICHIER_NON_TROUVE
  FinSi
  fcible ← ouvrir(NomFichierCible,"écriture")
  Si (fcible = PAS_OUVERT) Alors
    code_retour ← CIBLE_NON_GENEREE
  FinSi

  Si ((fsource <> PAS_OUVERT) ET (fcible <> PAS_OUVERT)) Alors
    huffman_initialise_TabOcurrences()
    huffman_initialise_TA(TabArbres)

    // on calcule la taille du fichier à décompresser
    NbOctFichierCompresse ← huffman_calcule_taille_fichier(fsource)

    // lecture de l'en-tête du fichier et mise à jour de TabArbres
    huffman_lire_entete(fsource)
    NbOctDonnees ← NbOctFichierCompresse-NbOctEntete

    // reconstruction de l'arbre binaire
    huffman_construire_arbre_binaire()

    // décodage des données compressées
    huffman_lire_codage(fsource,fcible)
  FinSi
  fermer(fsource)
  fermer(fcible)
  retourner code_retour
Fin
// --- calcul de la taille du fichier ---
Fonction huffman_calcule_taille_fichier(fentree) en Entier
Déclarations
```

```
  Paramètre fentree        en Fichier
  Variables taille, retour en Entier_non_signé
  Variable  octet          en Caractère
Début
  taille ← 0
  Tant Que (NON Fin_de_fichier(fentree)) Faire
    retour ← Lire(fentree,octet)
    Si(retour <> FIN_DE_FICHIER) Alors
      taille ← taille+1
    FinSi
  FinTantQue
  rembobiner(fentree)
  retourner taille
Fin
// --- lecture de l'en-tête ---
Procédure huffman_lire_entete(fentree)
Déclarations
  Paramètre fentree                                        en Fichier
  Variables nb_symboles, nboctetsocc, nboctetscodebinaire  en Caractère
  Variables symbole, nbbits, un_octet                      en caractère
  Variables nb_octets_occ, nb_octets_code_binaire   en Entier_non_signé
  Variables i,j,k, occurrence, code_binaire         en Entier_non_signé
  Variable  nb_octets_entete                        en Entier_non_signé
  Variables nb_bits, taille_fichier_source          en Entier_non_signé
  Variable  taille_Entier_non_signé                 en Entier_non_signé
  Variable  arbre                           en Pointeur d'arbre_huffman
Début
  nb_octets_entete ← 0

  // --- lecture des 3 premiers octets ---
  // premier octet = nb de symboles à lire, valeurs possibles:0 à 255
  //            (on ajoute 1 pour retrouver la valeur entre 1 et 256)
  Lire(fentree,nb_symboles)
  nb_octets_entete ← nb_octets_entete+1

  // attention à ne pas augmenter nb_symboles de type Caractère
  // si sa valeur est 255, nb_symboles passe à 0 et non à 256
  NbSymboles ← nb_symboles+1

  // deuxième octet = nombre d'octets utilisés (nb_octets_occ)
  //                  pour lire la valeur occurrence d'un symbole
  Lire(fentree,nboctetsocc)
  nb_octets_entete ← entete+1
  nb_octets_occ    ← nboctetsocc

  // troisième octet = nombre d'octets utilisés pour lire le
  //                   code binaire d'un symbole
  Lire(fentree,nboctetscodebinaire)
  nb_octets_entete       ← entete+1
  nb_octets_code_binaire ← nboctetscodebinaire

  // --- lecture des 4 octets suivants ---
  taille_fichier_source  ← 0
```

```
taille_Entier_non_signé ← Taille_de(Entier_non_signé)
Pour i variant de 0 à taille_Entier_non_signé-1 Faire
  Lire(fentree,un_octet)
  nb_octets_entete      ← nb_octets_entete+1
  taille_fichier_source ← (taille_fichier_source*256)+un_octet
FinPour
NbOctFichierNonCompresse ← taille_fichier_source

// --- lecture des symboles et de leur information ---
// pour chaque feuille on lit :
// - un octet pour le symbole
// - nb_octets_occ octets pour la valeur de l'occurrence du symbole
// - nb_octets_code_binaire octets pour le code binaire du symbole
// - puis on range les informations dans TabArbres
k ← 0
Pour j variant de 0 à NbSymboles-1 Faire
  // -- lecture du symbole sur un octet --
   Lire(fentree,symbole)
   nb_octets_entete ← nb_octets_entete+1
  // -- lecture du nombre d'occurrences sur nb_octets_occ octets --
  occurrence ← 0
  Pour i variant de 0 à nb_octets_occi-1 Faire
    Lire(fentree,un_octet)
    nb_octets_entete ← nb_octets_entete+1
    occurrence       ← (occurrence*256)+un_octet
  FinPour
  // -- lecture du code_binaire sur nb_octets_code_binaire octets --
  code_binaire ← 0
  Pour i variant de 0 à nb_octets_code_binaire-1 Faire
    Lire(fentree,un_octet)
    nb_octets_entete ← nb_octets_entete+1
    code_binaire     ←(code_binaire*256)+un_octet
  FinPour
  // -- lecture du nombre de bits sur un octet --
  Lire(fentree,nbbits)
  nb_octets_entete  ← nb_octets_entete+1
  nb_bits           ← nbbits
  // on met à jour le tableau des occurrences
  TabOcurrences[symbole] ← occurrence
  // on range les  informations dans TabArbres
  arbre ← allouer(arbre_huffman))
  (*arbre).gauche       ← AUCUNE_ADRESSE
  (*arbre).droite       ← AUCUNE_ADRESSE
  (*arbre).symbole      ← symbole
  (*arbre).code_binaire ← code_binaire
  (*arbre).nb_bits      ← nb_bits
  (*arbre).occurrence   ← occurrence
  TabArbres[j]          ← arbre
FinPour
NbOctEntete←nb_octets_entete
Fin
// --- lecture du codage ---
Procédure huffman_lire_codage(fsource,fcible)
```

```
Déclarations
  Paramètres fsource, fcible                                en Fichiers
  Variable   octet                                          en Caractère
  Variable   retour_lecture                                 en Entier
  Variables  tampon, temp, nb_bits_Entier_non_signé en Entiers_non_signés
  Variables  nb_bits_tampon, val_bit, masque        en Entiers_non_signés
  Variables  nb_octets_a_lire, nb_octets_a_ecrire   en Entiers_non_signés
  Variable   noeud_courant                     en Pointeur d'arbre_huffman
Début
  retour_lecture ← 0
  tampon         ← 0
  temp           ← 0
  nb_bits_tampon ← 0
  masque         ← 1

  nb_bits_unsigned_int ← Taille_de(Entier_non_signé)*BITS8
  masque               ← masque*puissance(2,(nb_bits_unsigned_int-1))
  nb_octets_a_lire     ← NbOctDonnees
  nb_octets_a_ecrire   ← NbOctFichierNonCompresse

  Tant Que (nb_octets_a_ecrire>0) Faire
   // si on peut ajouter au moins un octet au tampon, on le remplit
   Tant Que ((nb_bits_tampon<(nb_bits_unsigned_int-BITS8)) ET (nb_octets_a_
lire>0)) Faire
      octet ← 0
      retour_lecture ← Lire(fsource,octet)
      Si (retour_lecture <> FIN_DE_FICHIER) Alors
        nb_octets_a_lire  ← nb_octets_a_lire-1
        temp   ← octet
      temp   ← (temp*puissance(2,(nb_bits_unsigned_int-(nb_bits_tampon+BITS8))))
        tampon ← tampon + temp // remplacer le + par un OU binaire
                               // dans les langages C, C++ et Java
        nb_bits_tampon ← nb_bits_tampon +BITS8
      FinSi
   FinTantQue
   noeud_courant ← Racine
   Tant Que ((nb_octets_a_ecrire>0) ET (NON(((*noeud_courant).gauche=AUCUNE_
ADRESSE) ET ((*noeud_courant).droite = AUCUNE_ADRESSE)))) Faire
      // on fait une opération de filtrage binaire qui correspond à un ET
binaire
     val_bit ← tampon ET_BINAIRE masque
     val_bit ← val_bit/puissance(2,(nb_bits_unsigned_int-1))
     tampon  ← tampon*2
     nb_bits_tampon--
     Si (val_bit = 0) Alors
       noeud_courant ← (*noeud_courant).gauche
     sinon
       noeud_courant ← (*noeud_courant).droite
   FinTantQue
   // on a atteint le symbole
   Écrire(fcible,(*noeud_courant).symbole)
   nb_octets_a_ecrire ← nb_octets_a_ecrire-1
  FinTantQue
```

```
Fin
Procédure affiche_rapport()
Début
        Écrire("Taille du fichier à compresser : ",NbOctFichierNonCompresse)
        Écrire("Taille du fichier compressé    : ",NbOctFichierCompresse)
        Écrire("Taille de l'en-tête du fichier compressé :",NbOctEntete)
        Écrire("Taille des données du fichier compressé  :",NbOctDonnees)
      TauxCompression ← 100*(1-(NbOctFichierCompresse/NbOctFichierNonCompresse))
        Écrire("Taux de compression:",TauxCompression)
Fin
```

Le programme ajoute l'extension « .huff » au fichier compressé et l'extension « .decomp », au fichier décompressé.

Les programmes sources C, C++ et Java téléchargeables qui implémentent cet algorithme se nomment respectivement : `huffman.c`, `huffman.cpp`, `huffman.java`.

La commande de compilation pour les programmes C et C++ est :

```
$ make huffman
```

La commande de compilation pour le programme Java est :

```
$ javac huffman.java
```

La syntaxe pour exécuter le programme compilé Java est :

```
$ java huffman
```

Le premier exemple montre deux exécutions du programme, compression et décompression, sur un fichier Word de 200 pages avec une répartition « homogène » des octets. Le taux de compression obtenu est de 37,9 % :

```
$ ls -l Fichier.doc
-rw-rw-rw-@ 1 lery  lery  941056  6 jan 18:59 Fichier.doc
$ huffman -c Fichier.doc
Taille du fichier à compresser :    941056 octets
Taille du fichier compressé    :    584370 octets
    Taille de l'en-tête du fichier compressé :      1799 octets
    Taille des données du fichier compressé  :    582571 octets
Taux de compression : 37.9 %
$ huffman -d Fichier.doc.huff
$ ls -l Fichier.doc*
-rw-rw-rw-@ 1 lery  lery  941056  6 jan 18:59 Fichier.doc
-rw-r--r--  1 lery  lery  584370 29 jan 02:04 Fichier.doc.huff
-rw-r--r--  1 lery  lery  941056 29 jan 02:04 Fichier.doc.huff.decomp
```

Le deuxième exemple montre le traitement d'une image possédant un fond relativement uniforme. Le taux de compression est de 71,9 % :

```
$ ls -l image2.tif
-rw-r--r--@ 1 lery  lery  6700540 19 jan 16:45 image2.tif
$ huffman -c image2.tif
Taille du fichier à compresser :   6700540 octets
Taille du fichier compressé    :   1883619 octets
```

```
    Taille de l'en-tête du fichier compressé :      1799 octets
    Taille des données du fichier compressé  :   1881820 octets
Taux de compression : 71.9 %
$ huffman -d image2.tif.huff
$ ls -l image2.tif*
-rw-r--r--@ 1 lery  lery  6700540 19 jan 16:45 image2.tif
-rw-r--r--  1 lery  lery  1883619 29 jan 02:05 image2.tif.huff
-rw-r--r--  1 lery  lery  6700540 29 jan 02:06 image2.tif.huff.decomp
```

Le troisième exemple montre le traitement d'une image déjà compressée au format jpeg. Le taux de compression est seulement de 2,6 % :

```
$ ls -l image2*
-rw-r--r--@ 1 lery  lery  253095 19 jan 16:45 image2.jpg
$ huffman -c image2.jpg
Taille du fichier à compresser :    253095 octets
Taille du fichier compressé    :    246428 octets
    Taille de l'en-tête du fichier compressé :      1543 octets
    Taille des données du fichier compressé  :    244885 octets
Taux de compression :  2.6 %
$ huffman -d image2.jpg.huff
$ ls -l image2*
-rw-r--r--@ 1 lery  lery  253095 19 jan 16:45 image2.jpg
-rw-r--r--  1 lery  lery  246428 30 jan 23:07 image2.jpg.huff
-rw-r--r--  1 lery  lery  253095 30 jan 23:07 image2.jpg.huff.decomp
```

# Index

## G



## H



## I



## L



## M



## N



## P



## Q



## R



## S

# T



# V



# W